鬼谷子的心理智慧

仇超◎编著

中国纺织出版社

内 容 提 要

鬼谷子是中国历史上一位极具神秘色彩的人物，被誉为千古奇人。从古至今，人们都在研习、揣摩他的纵横捭阖之术与极高的智慧，希望借鉴他的思想和智谋助自己在竞争中获胜。

本书汇集了《鬼谷子》的心理智慧和谋略精华，并结合涵盖商场、职场、处世等各个领域的经典案例，深入浅出地解析了"鬼谷子"的心理智慧和谋略精华，融哲理性、故事性、实用性于一体，希望带给读者不一样的阅读体验和收获。

图书在版编目（CIP）数据

鬼谷子的心理智慧 / 仇超编著. --北京：中国纺织出版社，2015.1（2024.12重印）
ISBN 978-7-5180-1007-3

Ⅰ.①鬼… Ⅱ.①仇… Ⅲ.①纳横家②《鬼谷子》—通俗读物 Ⅳ.①B228-49

中国版本图书馆CIP数据核字（2014）第225137号

责任编辑：闫　星　　　　　责任印制：储志伟

中国纺织出版社出版发行

地址：北京市朝阳区百子湾东里A407号楼　邮政编码：100124

销售电话：010—67004422　传真：010—87155801

http://www.c-textilep.com

E-mail：faxing@c-textilep.com

中国纺织出版社天猫旗舰店

官方微博http://weibo.com/2119887771

天津千鹤文化传播有限公司印刷　各地新华书店经销

2015年1月第1版　2024年12月第25次印刷

开本：710×1000　1/16　印张：21

字数：245千字　定价：38.00元

前 言
Preface

鬼谷子，姓王名诩（或利），又名王禅，号玄微子，汉族，春秋战国时期卫国朝歌人。春秋战国时期著名的思想家、道家、谋略家、兵家、教育家，是纵横家的鼻祖，是中国历史上一位极具神秘色彩的人物，被誉为千古奇人。长于修身养性，精于心理揣摩，深明刚柔之势，通晓纵横捭阖之术，独具通天之智。常入云梦山采药修道，因隐居周阳城清溪之鬼谷，故自称鬼谷先生。

鬼谷子为纵横家之鼻祖，他通天彻地，兼顾数家学问，人不能及。一是神学：日星象纬，占卜八卦，预算世故，十分精确；二是兵学：六韬三略，变化无穷，布阵行军，鬼神莫测；三是游学：广记多闻，明理审势，出口成章，万人难当；四是出世学：修身养性，祛病延寿，学究精深。他的弟子有兵家：孙膑、庞涓；纵横家：张仪、苏秦。

鬼谷子主要著作有《鬼谷子》，又叫《捭阖策》，侧重于权谋策略以及言谈辩论技巧。《鬼谷子》共有十四篇，其中第十二篇、十四篇已经失传。本书所论述的十三篇、十四篇内容是综合史料记载及百家争鸣的资料整理而成的。

《鬼谷子》一书，历来被人们称为智慧禁果，旷世奇书，它在中国传统文化中颇具特色，是乱世之学说，乱世之哲学。它的哲学是实用主义的道德论和伦同，讲求名利与进取，是一种讲求行动的实践哲学，其方法论是顺应时势，知权善变。其主要内容是纵横术，纵横术是外交家的权谋，充满了诈

谋、阴谋、诡道，更是一种交际的心理智慧。现代社会充满了尖锐、激烈、复杂、纷繁的竞争，在这些竞争中，我们更需要缜密的思维，智慧的谋略，极富价值的纵横术。无疑，《鬼谷子》给我们展示了其可贵的价值，它以其独特的谋略风采，心理智慧，引起了人们的重视。在现代生活中，人们借鉴了书中的心理智慧，将其谋略思想广泛应用于经济活动之中，运用心理智慧在激烈的竞争中取得最后的胜利。

　　本书以政治、军事、外交、商务、职场以及日常生活中的故事作为经典案例，篇章分原文、译文、论述、心理支招四个部分，深入浅出地解读和剖析了《鬼谷子》的心理智慧和谋略精华。本书遵循批判地继承的原则，去其阿谀奉承等封建糟粕，汲取善于处理人际关系的精华；去其弄权斗术等封建糟粕，汲取谋略方法的精华，从而达到开卷有益。

编著者

2014年6月

目 录
Contents

第一篇

捭阖术

在鬼谷子的思想体系中，『捭阖』是一对非常重要的哲学概念。『捭』为开启，『阖』为闭藏，这既是万事万物发展变化的规律，也是纵横家游说活动的根本方法。在鬼谷子看来，『捭阖之术』既是世间万物的根本道理，更是解决一切矛盾的钥匙，通过游说中的应对、较量，最后达到『乃可以纵，乃可以横』，而无敌于天下。

第一节　闭藏之术——聚敛锋芒成大事

鬼谷子曰："即欲捭之，贵周，即欲阖之，贵密。"

鬼谷子说："如果要运用开启之术，贵在周详完备；如果要运用闭合之术，贵在隐藏保密。"

鬼谷子的这一闭藏之术与老子所说的"大巧若拙，大辩若讷"不谋而合，意思就是说那些大智慧的人、真正有本事的人，尽管有满腹学识，但平时很懂得隐藏自己，从来不自作聪明；有的人尽管能言善辩，但表现得好像不会说话一样。早在几千年以前，鬼谷子就一语道破了智慧人生的玄机，那就是我们无论处于什么位置，锋芒必不可露，不要随处显示自己的聪明。一个人有绝顶的聪明，有满腹才华，那固然是好事，但在合适的时机运用才华而不被或少被人所妒忌，避免功高盖主，这才是最大的才华。

人们常常用"聪明"这样的华丽字眼儿来形容一个人的智慧，实际上，"聪明"是个值得玩味的词，它虽然透露出"智慧"，但也隐含着"不稳重、浮躁、爱表现"的意思，所以，有时候聪明也是一个贬义词。真正的聪明人，不会随便显露自己的聪明，甚至给人的感觉是愚蠢笨拙的，表现得既谦虚又谨慎。有人认为谦虚或谨慎是一种消极的人生态度，实际上，倘若一个人能够谦虚诚恳地对待他人，就会赢得他人的好感；如果他能够谨言慎行，还有可能赢得他人的尊重。所以，做一个大智若愚的人，深藏自己的智

慧，这才是人生至善至美的境界。

汉武帝即位之初，下诏征求贤良有识之士，东方朔也赶来凑热闹，他上书说：臣自幼失去父母，由兄嫂养大，12岁开始学书法，3年之后文史知识足资运用；15岁学击剑；16岁学诗书，背诵22万言；19岁学习孙武兵法，战阵排列，也背诵了22万言，臣身高九尺三寸，眼睛明亮如宝珠，牙齿整洁如有序的贝壳，像孟贲一样勇敢，像庆忌一样敏捷，像鲍叔一样廉洁，像尾生一样忠信。像我这样的人，可以做陛下的大臣。这份奏章自视甚高，油腔滑调，偏偏汉武帝觉得此人比较奇特，下令东方朔等诏于公车。

有一天，东方朔陪汉武帝游上林苑，汉武帝指着苑中一棵树，问东方朔："此树叫什么名字？""叫善哉。"东方朔随口答道。汉武帝暗中叫人将这棵树做了记号，并记下东方朔说的树名。几年后，汉武帝和东方朔又来到那棵树前，汉武帝问东方朔："此树叫什么名字？""叫瞿所。"东方朔随口答道。

汉武帝脸色一沉，呵斥道："你竟敢欺君，同一棵树，为何有两个名字？"东方朔不慌不忙地回答："陛下，马长大之后，我们才叫它马；在它小时候，我们却称之为驹；鸡也一样，在它小时候，我们叫它雏。这棵树也有一个生长过程，我以前叫它'善哉'，现在叫它'瞿所'，有什么好奇怪的？"汉武帝明知东方朔是在诡辩，但对他的足智多谋非常欣赏，就没有追究。

东方朔聪明绝顶，但一直没能得到汉武帝的重用，大多时候只是郎官，仅供汉武帝取乐而已。东方朔也曾满怀壮志，上书陈请农战强国的大计，但是，汉武帝始终没有采纳他的意见，这主要是因为东方朔不懂得运用"闭藏之术"，总是自作聪明。

一个拥有大智慧的人，从来不会到处炫耀自己的聪明和才华，因为他懂得更好地保护自己，这样的人才是真正有智慧的人。有人说，聪明伶俐，人见人爱！其实并不是这样，那些到处显露聪明的人实际上并没有受到人们的喜欢，相反，他们会处处受到排挤，最后郁郁不得志。我们深究其原因，就

是他们锋芒太露，太过张扬，从来不掩饰自己的聪明，甚至为了表现自己的聪明才智，他们常常口若悬河、直抒胸臆，丝毫不考虑别人的感受；或者毫不留情地当面指出对方的错误，不给对方台阶下。也许，他们表现自己时是得意的，但随后就会沦落为失意者。因为他自以为很聪明的行为，无形之中给自己人生路上设置了莫大的阻碍，还会因为抢了人家的风头而招人妒忌，有的人因为聪明外露而葬送了自己的前程，也有的人因为聪明外露而招来了杀身之祸。

心理支招

鬼谷子的闭合之术，旨在要求我们懂得隐藏自己的才华与聪明，尤其是在某些人面前或一些特定的场合。一个人随意展露自己的才华并不值得推崇，难得的是他要学会隐藏自己的锋芒，聚敛才华方能成大事。有人说："聪明人能装得不让人觉得聪明，那才是真聪明。"那些表面上聪明的人，人们是不喜欢的，聪明并不是坏事，但太过锋芒毕露就是坏事了，因为会招人嫉妒，另外还会得罪人。所以，尽可能地隐藏自己的聪明才智，做人生路上的大智者。这是一种心理智慧，更是我们维系和谐人际关系的宝贵钥匙。

第二节　忍辱负重——卧薪尝胆终成功

鬼谷子曰："粤若稽古圣人之在天地间也，为众生之先。观阴阳之开阖以令物，知存亡之门户，筹策万类之终始，达人心之理，见变化之朕焉，而守司其门户。故圣人之在天下也，自古至今，其道一也。变化无穷，各有所归，或阴或阳，或柔或刚，或开或闭，或弛或张。"

鬼谷子说："纵观古今的历史，可知圣人生活在世上便是要成为众人的先导。仔细观察阴阳两类事物的开合变化并加以判别、分辨，进而了解事物存亡的途径，筹划万事万物从开始到结束的发展过程，通晓人们思维变化的规律，揭示事物变化的征兆，从而把握事物变化的关键。所以说圣人在世上的作用，从古至今都是一贯的。尽管事物的变化没有止境，然而他们最终都各有归宿。或者是属阴，或者是属阳；或者是柔弱，或者是刚强；或者是开放，或者是封闭；或者是松弛，或者是紧张。"

现代社会复杂多变，生活中的每一个人都无法完全做到坦然和随心所欲，因此，适当地了解和运用一些"捭阖之术"是十分必要的。当周边的环境对自己发展有利时，我们应该积极采取"捭"的战略，开启自己，积极主动地进攻，以便获得更大的胜利。但是，一旦周边的环境对自己十分不利，我们就要采取"阖"的战略，收敛自己，积蓄力量，等待时机。不过，在这里，"阖"的战略并不是指消极地等待时机的来临，而是应该积极地创造条

件，等待时机，使当前形势朝着有利的方向转换，一捭一阖，一阴一阳，循环始终。

　　相传，勾践战败后，他接受了大臣文种的建议，收买了吴国太宰伯喜丕向夫差称臣纳贡求降，越王和王后到吴国给夫差为奴做妾。夫差答应了，却在吴国对勾践夫妻极尽羞辱，勾践在夫差面前一副感恩戴德五体投地的奴才相，嘴里还感激夫差不计前嫌以德报怨，宽宏仁慈。勾践在夫差面前表现得十分恭敬，称自己为贱臣，小心翼翼，百依百顺。夫差要上马，勾践就跪下来让夫差踏在自己的背上。夫差生病了，勾践在夫差面前寝食难安，问病尝粪，一边吃着夫差的大便，还一边说出自己的忠诚之志："恭喜大王，大王的病就快好了。"

　　就这样，勾践以自己的忠诚打动了夫差，终于，夫差下令让勾践回到越国。勾践回到越国之后，立志报仇雪恨，他唯恐眼前的安逸消磨了自己的志气，于是在吃饭的地方挂上一个苦胆，每逢吃饭的时候，就先尝尝苦味，并问自己："你忘了会稽的耻辱了吗？"他还把席子撤去，用柴草当褥子，这就是后人一直传诵的"卧薪尝胆"。

　　经过多年的努力，勾践召集诸大夫，向他们宣告说："我准备和吴国开战，决一生死，希望士大夫同心协力，跟吴王夫差颈臂相交肉搏而亡，是我最大的愿望。从国内考虑，我们的国力不足以损伤吴国，与国外的诸侯结盟也不能毁灭它，那么，我将抛弃国家，离开群臣，手举刺刀，更换姓名，改变容貌，去当奴役，侍奉吴王，以便找机会刺杀他，我虽然知道这样做危险太大，要被天下人所羞辱，但我决心已定，如果那种方法还不可行，我也一定要想办法实现自己的诺言！"

　　后来，越国与吴国在五湖决战，吴国军队大败，越军包围了吴王的王宫，攻下城门，活捉了夫差，在灭掉吴国两年之后，越国称霸诸侯。

　　在吴王夫差面前，勾践简直跟奴才差不多，甚至比奴才还卑贱，受到了夫差的百般侮辱不说，嘴里还要感激夫差不计前嫌以德报怨，并自称"贱臣"。这样的姿态，比委曲求全更甚，勾践所受的侮辱和苦难那不是普通人

能及的，但他都忍下了。其实，他早就有了复国大计，之所以在夫差面前百般受辱，那是为了赢得夫差的信任，这样自己就可以早日回到越国施行复国大计。那看似的委曲求全，实则是勾践采用的"阖"的策略，在兵败吴国后，勾践便隐去锋芒，忍气吞声，暗中积蓄力量，用种种措施来慢慢转化不利的形势。一旦形势有利于自己的时候，就马上采取"捭"的策略，主动征战，一举吞并了吴国。

心理支招

鬼谷子认为，忍辱负重，也是有目的的，如果一个人不管遇到何人何事都采取忍耐的态度，那这样的忍耐就是愚蠢的。在忍耐的同时，我们应该问自己"为什么忍耐""忍耐需要达到什么样的目的"，当心中有计划，那就必须忍耐；羽翼未丰，也需要忍耐。这样的忍耐是一种智谋，因为在委曲求全的同时，他早已将所有计划掌控于胸中，忍耐不过是为赢得最后成功拖延时间而已。

第三节　进退之术——低调智慧铸就明日辉煌

鬼谷子曰："故捭者，或捭而出之，或捭而内之；阖者，或阖而取之，或阖而去之。捭阖者，天地之道。捭阖者，以变动阴阳，四时开闭以化万物；纵横、反出、反复、反忤必由此矣。"

鬼谷子说："所谓开启，就是或者开启而展示使用，或者开启而收纳闭藏；所谓闭合，就是或者闭合而采纳使用，或者闭合而摒弃不用。开启和闭合，是天地之间运行的规律。开启和闭合，是阴气和阳气的变化运动，四时节令的开始和终止变化也如同开启和闭合一样，可以促进事物的发展变化。事物的离返与复归都是由开启与闭合的变化来实现的。"

鬼谷子在这里所说的"闭合"与"开启"其实就是人生中的"进退之术"，人生需要不断前进，偶尔也需要韬光养晦，适时低头，这不仅是一种隐藏才智、不露真心，暂收锋芒，静观其变，然后等待时机而动的谋略，同时也是一种纵横捭阖的策略。

人们都说刘备一生有"三低"，这是最著名的人生策略，低调行事，却奠定了他霸业的基础。

一低就是桃园三结义。在桃园与他结拜的人。身份都不怎么样：一个是酒贩张飞，一个是在逃的杀人犯关羽。而刘备身为皇亲国戚，是大名鼎鼎的刘皇叔，却肯与他们结拜为兄弟。但正是这两位看起来不怎么样的义兄，却

成为刘备事业最坚实的基础，五虎上将张翼德、儒将武圣关云长，成为刘备的左右手。

二低就是三顾茅庐。当时的孔明不过是未出茅庐的后生小子，刘备却前后三次登门求见。论身份地位，论年龄，刘备都可以称得上是孔明的长辈了，却吃了两次闭门羹，连关羽和张飞都忍无可忍了，但刘备却毫无怨言，一点都不觉得自己丢了脸面。后来，孔明出山了，为刘备勾勒出宏伟的建国蓝图，他自己也成为千古名相。

三低就是礼遇张松。张松只是一个卖主求荣，想把西川献给曹操的人。但曹操因为大破马超之后，骄傲自满，几次避开不见张松，见面了也兴师问罪，想要将其处死。而刘备却不同，他先是派了赵云、关云长在境外迎候张松，而自己却在境内迎接，宴饮三日。张松深受感动，终于把本来打算送给曹操的西川地图送给了刘备，这一次，刘备把西川纳入了蜀国之界。

有时候，我们也会为刘备的懦弱而暗暗着急，其实我们都错了，刘备那是表面的懦弱，却为自己赢来了蜀国霸业，这就是鬼谷子所倡导的"进退捭阖之术"。世人都说曹操是枭雄，从这里我们不难看出，曹操这个高傲的狂者。在他有生之年失去了统一中国的最后良机，为司马懿做了嫁衣；而习惯于低调行事的刘备却获得了天府之国的川内平原。刘备是真英雄，没有一点气势的架子，而曹操傲气冲天、狂态显露，所以难成霸业。

低调行事是一种品格，一种风度，一种修养，一种胸襟，一种智慧，更是一种处世的最佳姿态。低调行事，可以保护自己不受伤害，还可以与他人建立融洽的关系，还可以暗暗蓄积力量，在不显山不露水中成就一番伟业。学会低调行事，就是不喧闹、不造作，不会招人嫌、招人妒，是一种谦虚的态度。即使你有满腹才华，能力远比别人优秀，也要学会藏拙，这是一种人生智慧。低调行事，也就是说该说的话，做该做的事。虽然，争强好胜是事业前进的基础，没有上进心，很难争取到功名，但这样做既需要精力，更需要费力，最终也不一定得到好结果。所以，低调行事，保持自己的温文尔雅，在雷厉风行中坚持自己的远见卓识，在退避三舍中卧薪尝胆，是你的不

会丢掉，但不是自己的，你也争取不来。

楚庄王当政三年以来，没有发布一项政令，在处理朝政方面没有任何作为。

有一天，一个担任右司马官职的人，给楚庄王出了个谜语，说："臣见到过一种鸟，它落在南方的土山上，三年不展翅，不飞翔，也不鸣叫，沉默无声，这只鸟叫什么名呢？"楚庄王知道右司马是在暗示自己，就说："三年不展翅，是在生长羽翼；不飞翔、不鸣叫，是在观察民众的态度。这只鸟虽然不飞，一飞必然冲天；虽然不鸣，一鸣必然惊人。你放心吧，你不一定了解我啊。"

半年以后，楚庄王亲自处理政务，废除十项不利于楚国发展的刑法，兴办了九项有利于楚国发展的设施，诛杀了五个贪赃枉法的大臣，起用了六位有才干的读书人当官参政，把楚国治理得很好。不久，楚国称霸天下。

楚庄王当政三年虽然没有发布一项政令，表面上看似乎毫无政绩，实则他是在暗暗为日后的崛起做准备，鸟儿不展翅，那是因为羽翼未丰，不飞翔、不鸣叫，那只是在观察民众的态度。楚庄王平时没什么表现，实际上都是不显山不露水，不鸣则已，一鸣必然惊人。果然，韬光养晦三年，楚庄王施行了大的政策，将国家治理得很好，不久，楚国称霸于天下。

心理支招

进退之术，旨在要求我们懂得低调做人。山峰从来不张扬自己的高度，并不影响它的耸立云端；大海从来不夸耀自己的深度，并不影响它容纳百川；大地从来不炫耀自己的厚度，并不影响它承载万物。人生在世，我们并不需要高调地张扬自己，炫耀自己，而是需要低调行事。

第四节　捭阖交锋——针尖巧对麦芒

鬼谷子曰："是故圣人一守司其门户，审察其所先后，度权量能，校其伎巧短长。夫贤、不肖；智、愚；勇、怯；仁、义有差。乃可捭，乃可阖；乃可进，乃可退；乃可贱，乃可贵；无为以牧之。"

鬼谷子说："所以，圣人要始终把握事物发展变化的关键，仔细估量对方的智慧，测量对方的能力，再比较技巧方面的长处与短处。至于贤良和不肖，智慧与愚蠢，勇敢和怯弱，都是有区别的。所有这些，可以开放，也可以封闭；可以晋升，也可以辞退；可以轻视，也可以敬重，要靠无为来掌握这些。"

　　捭阖原本的意思是开合，捭就是拨动，阖就是闭藏。战国时期著名战略家、军事家鬼谷子认为一开一合是事物发展变化的普遍规律，是掌握事物的关键。在日常交际中，我们的言语沟通其实就经常会运用"捭阖之术"。当对方处于开启状态时，他的心扉是敞开的，对我们是信任的，是不加防备的。我们可以准确地知道对方的真实情感、动机、意愿等，而一旦了解了这些真实信息，我们就可以对症下药，有针对性地运用言语对策，及时应对。

　　三国时期，曹操与刘备都是深谙捭阖之术的英雄，曾经脍炙人口的"曹操煮酒论英雄"就是双方捭阖交锋的经典之作。

　　曹操挟天子以令诸侯，势力强大。刘备起兵未久，势力尚弱，为防曹操

谋害，便闭藏自己，在后院种菜，以为韬晦之计。

有一天，曹操召见刘备，两人在小亭旁煮酒畅饮。酒至半酣，两人遥看天上变幻的风云，好像神话传说中的龙一样奇妙。曹操感叹地说："龙这种东西，好比世上的英雄。使君啊，你来说说看，当今世上，有谁能够称得上英雄？"

刘备问："袁术拥有淮南，兵广粮足，算得上英雄吗？"曹操摇了摇头，刘备又问："荆州的刘表、益州的刘璋、江东的孙策，以及张绣、张鲁、韩遂等人，他们算得上英雄吗？"曹操还是不停地摇头："这些碌碌无为的人，何足挂齿！"刘备又问："袁术的堂兄袁绍，虎踞河北，麾下人才济济，应该算得上一个英雄吧？"曹操说："袁绍看上去厉害，其实胆子很小。虽然他有很多聪明的谋士，可他自己却欠缺一个领导人应有的决断能力。像他这种人啊，干起大事来总是不愿意付出，见到一点小利益又不顾危险，不算什么真英雄。"

刘备说："除此之外，我实在是不知道了呀。"曹操说："能叫做英雄的人，应该是胸怀大志，腹有良谋，有包藏宇宙之机，吞吐天地之志的人。"刘备问："那谁能被称为英雄？"曹操用手指指刘备，然后又指向自己，说："现今天下的英雄，只有使君和我两人而已！"

刘备听到此话，吃了一惊，手里的筷子和勺子顿时都掉到了地上。这时正好大雨倾盆而降，雷声大作，刘备才从容地低头捡起筷子和勺子说："因为打雷被吓到了，才会这样。"曹操笑着说："大丈夫也怕打雷吗？"刘备说："圣人听到刮风打雷也会变脸色，何况我这个无名小卒呢？"就这样刘备将刚才的一幕掩饰了过去。

曹操这一番与刘备的捭阖之说，无疑精彩绝伦。席间，曹操多次以言语试探刘备的反应，意欲得到实情，刘备却十分谨慎小心，始终不以真情流露。后来，曹操经过反复拨动和试探，差一点儿就要成功，不过刘备的闭藏之术毕竟技高一筹，后来终于得以三分天下，与曹操、孙权成鼎足抗衡之势。

在日常交流中，当对方处于闭藏状态时，他的心扉是紧锁的，对我们是不信任的，是加以防备的。我们没办法了解引起对方行为和情绪变化的真正原因，只能靠猜测或主观臆断来作出分析，就好像被蒙上眼睛打猎一样，难以集中目标，若我们不能触及对方的内心，就难以完成沟通工作。

所以，我们在进行良好沟通的时候，最佳的做法就是让对方处于开启的状态。当对方处于开启的状态之时，我们可以闭藏起来，以更仔细地观察对方的性格特征、兴趣爱好、优缺点，观察对方的情绪变化，喜怒哀乐之情。当然，也可以敞开自己的心扉，和对方进行心与心的交流，用自己的思想去影响对方，用自己的情感去感化对方。总而言之，当对方处于开启状态之时，他们便在明处，不管我们在明处还是暗处，都可以比较自如地选择有效的方法对之进行游说。

心理支招

我们与对方进行言语交流的时候，最担心对方闭藏起来，一言不发，什么都不会说，任凭自己一个人在说，说的又都是一些空洞的大道理，结果对方根本听不进去，这无疑在浪费口舌，这样的游说产生不了任何作用。所以，借用鬼谷子的"捭阖之术"，我们在与人沟通的时候，一定要想办法让对方开口，对方说得越多，谈话成功的可能性就越大。我们要想办法揣摩对方的心理，要设身处地为对方着想，尊重他人，理解他人，这样才有可能使对方对我们敞开心扉。

第五节　开启之术——启人心扉，使其畅所欲言

鬼谷子曰："审定有无以其实虚，随其嗜欲以见其志意，微排其所言，而捭反之，以求其实，贵得其指。阖而捭之，以求其利。或开而示之，或阖而闭之。开而示之者，同其情也，阖而闭之者，异其诚也。可与不可，审明其计谋，以原其同异。离合有守，先从其志。"

鬼谷子说："考察他们的有无与虚实，通过对他们嗜好和欲望的分析来揭示他们的志向和意愿。适当贬抑对方所说的话，当他们开放以后再反复考察，以便探察实情，切实把握对方言行的宗旨，让对方先封闭而后开放，以便抓住有利时机。或者开放，使之显现；或者封闭，使之隐藏。开放使其显现，是因为情趣相同；封闭使之隐藏，是因为诚意不一样。要区分什么可行、什么不可行，就要把那些计谋研究明白，判断其中相同与不同的地方。计谋有与自己一致的，也有不一致的，都要确立自己的意向加以信守，如果可行，要先顺从对方的意向。"

　　在这里，鬼谷子所说的"开启之术"，就是打开对方的心扉，让对方畅所欲言。鬼谷子提倡，假如可行，我们需要先顺从对方的意向，从对方感兴趣的话题说起。许多拜访过罗斯福的人，都会对其广博的知识感到惊奇，而且，在他身上有个显著的特点，那就是和谁都有共同话题。不管是纽约政客，还是一位外交家，罗斯福都知道与他谈论些什么。有人问罗斯福是如何

做到这一点的，他回答："我每接见一位来访者，都会在这之前的一个晚上阅读有关这位客人所特别感兴趣的东西，以便找到令人感兴趣的话题。"心理学认为，每个人都有自己的兴趣，都对和自己有共同兴趣的人有着特殊的好感。所以，当对方听到你对他的兴趣爱好也这么感兴趣，还如此了解的时候，他就会产生"同好"心理而倍感亲切。

斯科特先生是一家食品店的老板，库尔曼曾向他推销自己所在保险公司有史以来最大一笔寿险：6672美元。其实，在斯科特先生第一次推销的时候，似乎并不顺利。当库尔曼问道："斯科特先生，是否方便可以耽误您一些时间呢？我想跟您聊一聊人寿保险的事情？"斯科特有些不悦："我工作比较忙，如果我听你说保险那就是浪费时间。我今年已经63岁了，前面几年我就停止买保险了。我的孩子们已经长大成人了，他们可以很好地照顾自己，现在家里只有我、妻子、女儿，即使我有什么意外，她们也有足够的钱来过余下的生活。"

眼看出师不利，如果换作其他人听到斯科特这番合情合理的话，肯定会沮丧万分。不过乐观的库尔曼并不灰心，依然向他问道："斯科特先生，像您这样成功的人，在事业或家庭之外，应该还会有一些别的兴趣，比如对医院、宗教、慈善事业的资助。您想过这个问题吗？假如您百年之后，这些机构将怎么运转呢？"

听到这样的话，斯科特沉默了，库尔曼意识到自己说到关键问题上了，于是趁热打铁，继续说下去："斯科特先生，假如您选择购买我们公司的寿险，不管你是否健在，您资助的事业都将会继续运转下去。7年之后，如果您还在世的话，您每月将收到5000美元的支票，一直到您去世。假如您觉得这些钱用不着，那您可以用它们来完成您的慈善事业。"

听了这样的话，斯科特的眼睛亮了，脸上也多了笑容。他笑着说："确实，我资助了3名尼加拉瓜传教士，这件事对我异常重要。你刚才说假如我买了保险，那3名传教士在我死后依然可以得到资助，那我一共需要花多少钱来买这份保险呢？"库尔曼回答说："6672美元。"最终，斯科特先生购买了

这份寿险。

可以说，以上这个案例是一次成功的谈判。在实际沟通过程中，最忌讳的是当我们说出自己的某些想法或观念之后，对方持冷漠的态度，这将使整个谈话陷入一种僵局，假如不及时暖和气氛，或者说几句话暖场，那我们的沟通有可能会终止。在这个案例中，库尔曼也遭遇了这样的窘境，不过，信心十足而又机智的他并没有引导谈话走向死胡同，而是转换了一个话题，开启对方心扉，让对方畅所欲言。

库尔曼开始意识到对于像斯科特这样的成功人士，跟他们谈寿险所带来的收益并不会使其心动，而他更注意到，像斯科特这样的成功人士都有一些特别的兴趣，比如喜欢做慈善，假如自己向他解释购买了寿险还可以帮助自己继续做慈善事业，那岂不是把话说到了对方的心里吗？果然，斯科特听说购买寿险可以帮助自己做慈善事业，便表现出极大的兴趣。在库尔曼的心理诱导下，斯科特开始重新审视购买寿险这件事，当然，最终库尔曼达成了这笔交易。

心理支招

在沟通过程中，我们应该率先向对方传递友好的信息，激起对方说话的欲望。当你的话题使对方产生了浓厚的兴趣，对方就会不由自主地打开话匣子。所以，当谈话陷入尴尬局面时，一定要通过转移话题激起对方的兴趣，使谈话正常进行，比如"看来你对书法挺有研究的"。

每个人都有自己感兴趣的事物或话题，我们不妨去迎合他的兴趣，积极主动地寻找出共同话题，这比漫无目的地乱说一通强百倍。比如，假如你了解到他以前是一个歌手，那么你就可以说"那时候唱歌辛苦吗？""感觉你声音很独特，唱歌肯定很好听"。

第六节　三思而言——谨慎"虚妄之语"

鬼谷子曰："捭阖者，道之大化、说之变也；必豫审其变化。吉凶大命系焉。口者，心之门户也；心者，神之主也。志意、喜欲、思虑、智谋，此皆由门户出入。故关之以捭阖，制之以出入。"

鬼谷子说："开启和闭藏是万物运行规律的一种体现，是游说活动的一种形态，人们必须首先慎重地考察这种变化，祸福大事系结在此。口是心灵的门面和窗户，心灵是精神的主宰。意志、情欲、思想和智谋都要由这个门窗出入。因此，用开启和封闭来把守这个关口，以控制出入。"

口，乃心之门户。我们则需要控制好这个门户，用开启和封闭来把守这个关口，谨慎为佳。有句话叫作"祸从口出"，在生活中，我们要学会谨言慎行，平时与他人交往时一定要把好口风，什么话该说，什么话不该说，什么话可以信，什么话不可信，这都需要"三思"，在大脑里多绕几个圈子，心中有个衡量，这样才能建立和谐、融洽的人际关系，避免犯下不可挽回的错误。现代社会人际关系较为复杂，自然而然就会流出一些闲言碎语，有时候，你可能因一句无心之话而得罪了别人；有时候，我们可能无意中成为别人攻击的对象。

有一次，曾国藩与好友为学业争论了起来，后来，他回家反省："彼此持论不合，反复辩诘。余内有矜气，自是特甚，反疑别人不虚心，何以明于

责人而暗于责己也？"后来，曾国藩为友人之母亲拜寿，席间，浮躁的语言多，在与同僚讨论诗文时多有浮夸之语，对此，曾国藩又回家反省："平日辩论夸诞之人，不能遽变聋哑，惟当谈论渐低卑，开口必诚，力去狂妄之习。此二习痼弊于吾心已深。前日云，除谨言静坐，无下手处，今忘之耶？"

几天过后，曾国藩设家宴为父亲祝寿，席间又因为虚妄之语而与友人发生了口角。父亲曾麟书看不过去，就责令曾国藩亲自登门向朋友道歉，虽然，在此之前他知道自己的毛病，如今，父亲的一席话，使其醒悟了过来，对此，曾国藩在日记中这样写道："小珊前与予有隙，细思皆我之不是。苟我素以忠信待人，何至人不见信？苟我素能礼人以敬，何至人有谤言？且即令人有不是，何至肆口谩骂，忿戾不顾，几于忘身及亲若此！此事余有三大过：平日不信不敬，相恃太深，一也；此时一语不合，忿恨无礼，二也；龃龉之后，人之平易，我反悍然不近人情，三也。恶言不出于口，忿言不反于身，此之不知，遑问其他？谨记于此，以为切戒。"

一直以来，曾国藩都主张"谨言慎行"，由于身居要职，他对自己更是严格要求，一言一行都需要慎重考虑，这一修身行为成为其事业成功的绝对保证。现代社会，我们一样需要"谨言"，最好是少说话为妙，以免言多必失，祸从口出。交际场合通常极其微妙，它看似平静如水，实则暗藏汹涌，因此，作为活跃于其中的一员，要知道哪些话该说，哪些话不该说。

曾国藩曾经这样说："做官的人，比一般人办事方便得多，做大官的人，往往他想都没有想到，就已有人帮他把事办好了。不仅他自己是这样，就连他的家人往往也是一言九鼎，颐指气使，翻手为云，覆手为雨，无限风光尽被占，这就是'一人得到，鸡犬升天'。所以，那些位高权贵的人，就需要对自己的言语格外小心，包括自己家人的言语也应谨慎有加。"

以曾国藩的身份和地位，平日自然会有许多同乡找他商量，请求帮助。对此，他所遵守的是"银钱则量力相助，办事则竭力经营"。同时，他嘱咐家人，不能到衙门里说公事，即使碰到了也要保持沉默。如果闯入了衙门，

一方面会有失乡绅的气度，一方面也会使自家受辱。哪怕自家有事，也宁愿吃亏，不可与他人争辩，以免留下话柄。

等到升职为两江总督的时候，曾国藩手中权势更大了，他随之变得更加谨慎，他曾写信给弟弟曾国荃："捐务公事，我的意思是老弟绝不多说一句话为妙。大凡人官运极盛的时候，他们的子弟经手去办公务也格外顺手，一唱百和，一和百应。然而闲言碎语也因此而起，怨恨诽谤也由此而生。"

曾国藩虽是一个天不怕地不怕的人，但是，他最怕的就是言语不当而留下话柄，那些闲言、诽谤、怨恨就因此接踵而来。因此，他觉得任何时候，语言要谨慎，该沉默时就一定保持沉默。以至于许多后人在评论他时，所使用的形容词是：固执、高傲、不多言。在官场活跃了十多年的曾国藩，自然十分清楚官场的险恶，有可能因为一句话不当而丢性命，因此，他索性选择沉默，不说话似乎更安全些。

心理支招

鬼谷子倡导，言语既需要开启，同时更需要封闭，也就是沉默。在曾国藩从政八经中，其中有一条：沉默是一种态度，拖也是一种工作方法。一个人需要卓越的口才，相应地，他同样需要适当的沉默。可能，在许多人眼中，沉默比较负面，如果常常沉默的话，感觉会被人看不起。其实，很多时候，沉默是交际家经常用到的方法。沉默，相当于迷魂阵，让别人看不透你的真实目的，对手也就不知道从何下手。而且，之所以保持沉默，是因为时机还不成熟，一旦这件事已经达到不可逆转的程度，再出言就可以定乾坤。

第七节　言投意合——成就你的说客之名

鬼谷子曰："周密之贵，微而与道相追。捭之者，料其情也；阖之者，结其诚也。皆见其权衡轻重，乃为之度数，圣人因而为之虑。其不中权衡度数，圣人因而自为之虑。其中不权衡度数，圣人因而自为之虑。"

鬼谷子说："周详保密中最重要的在于微妙而与道相追随。让对方开启，是为了判断对方的实情；让对方闭合不言，是为了结交对方的诚意。这样做，都是为了能使对方显露实情，以权衡比较谋略的得失程度，圣人也是按照这样的方法进行考虑的。如果是不合适的谋略，圣人也只能自行考虑谋划了。"

沟通中，言投意合，往往会成就你的说客之名。比如，《战国策》中触龙劝说赵太后就是很经典的故事：大臣们劝说赵太后为了国家利益把儿子长安君送到齐国当人质，赵太后不但不肯，还立下毒誓禁止别人再来劝说自己。触龙却独辟蹊径，见到赵太后，先从自己的脚有毛病，身体也不太好开始，说饮食、日常起居，以便拉近与赵太后的心理距离。然后，触龙以自己的小儿子不争气，想在自己死之前把他安顿好为切入点，慢慢诱导赵太后意识到，把长安君送到齐国是为了赵国好，也是为了长安君好，就这样，触龙因言投意合，成功地说服了赵太后。

三国时期，邓芝受命出使东吴。邓芝到了东吴，孙权对他很怀疑，因

此不肯接见。过了两天，邓芝给孙权写了一封书信。孙权一看，只见信上写道："臣今到此，非但为蜀，并且为吴。若大王不愿见臣，臣就走了。"孙权犹豫不定，一些大臣也都想刁难一下邓芝。后来，孙权采纳了张昭"先给邓芝个下马威"的意见，在殿前放一个沸腾的油鼎，命武士各执兵器，站立在两侧，召邓芝入见。

邓芝听孙权召见他，便从馆舍出来，毫无惧色，昂首走入大殿。邓芝进入殿内，就对孙权说："我特为吴国利害而来，大王却设兵置鼎，以拒一儒生，可见大王度量太小。"孙权听后，觉得很惭愧，忙令人赐坐。邓芝问道："大王欲与魏和呢，还是与蜀和呢？"孙权说："孤非不欲和蜀，但恐蜀主年幼国小，不足敌魏。"邓芝侃侃道："大王为当世英雄，诸葛亮亦一代豪杰。蜀有山险关隘，吴有三江，若互为唇齿，进可兼并天下，退可鼎足峙立。如大王甘心事魏，魏必然会征大王入朝，索王子做质子，一不从命，便起大兵讨伐，那时蜀国再顺江东下，臣恐大王两面受敌，江东之地不能复有了，请大王熟思！"为赢得孙权的信任，表示诚意，邓芝又说："若大王以为愚言是不可取的谎言，吾愿立即死在大王面前，以杜绝说客之名。"说着，邓芝撩起衣服，就假装向油鼎跳去。孙权忙令人将邓芝拦住，请入后殿，以上宾之礼相待。

在整个过程中，邓芝言语中透露出蜀国因地势险要而有一定的"利用价值"，做到了言投意合："诸葛亮亦一代豪杰，蜀有山险关隘，吴有三江，若互为唇齿，进可兼并天下，退可鼎足峙立。如大王甘心事魏，魏必然会征大王入朝，索王子做质子，一不从命，便起大兵讨伐，那时蜀国再顺江东下，臣恐大王两面受敌，江东之地不能复有了，请大王熟思！"最终邓芝凭着敏捷的思维，伶俐的口齿，说服了孙权。

公元前659年夏天，晋国兴兵攻伐虢国。伐虢就必须经过虞国，但是如果虞国不借道给晋国，晋国就束手无策。大臣荀息建议晋献公把自己国家的两件国宝——千里马和玉璧送给虞国国君虞公，晋献公接受了荀息的建议，于是，晋献公向虞国国君传递出这样的信息："只要你借道予我，我就把两件

国宝送给你。"同时，派人把千里马和玉璧送给虞公，虞公不听谋臣宫之奇的劝告，借路给晋国。晋军经虞国到达虢国，攻占了虢国的都城，迫使虢国迁都上阳。公元前655年，晋国聚集精兵良将，再次向虞国借路攻伐已迁都上阳的虢国。虽然，宫之奇劝说虞公道："虢虞两国相互依存，虢国灭亡了，虞国也就日薄西山了。所谓'辅车相依，唇亡齿寒'说的正是虢虞两国今天的形势。还请大王三思而行。"可是虞公再次拒绝宫之奇的劝告，借路给了晋国。

晋献公摔阖的"利诱"之计正好击中了虞国国君爱财的特点，如此一来，他自然同意了晋国"借道"的请求。而且，尽管身边大臣苦心规劝，但虞国国君还是答应对方的再次"借道"，以致最后葬送了自己的国家。

心理支招

在日常沟通中，让对方畅所欲言是为了判断对方的实情；让对方沉默，是为了结交对方的诚意，言语之间使对方与自己情投意合。在言语交流过程中，我们要想对方所想，急对方所急，充分表达出自己对对方的同情和理解之情，拉近双方之间的距离，为接下来的沟通奠定基础。

第二篇 反应术

鬼谷子的反应术，指的是投石问路以观回应，然后再行对策之术，也就是有意识地刺探对方情况的谋略。比如，鬼谷子所倡导的『听其言，观其行』，指的是听话外之音，察不言之言。他主张通过某种言辞或行动，让对方开口说话，然后从其言行中判断出其真意。

第一节　以史为训——吸取教训，反败为胜

鬼谷子曰："古之大化者，乃与无形俱生。反以观往，复以验来反以知古，复以知今；反以知彼，复以知己。动静虚实之理，不合于今，反古而求之。事有反而得复者，圣人之意也，不可不察。"

鬼谷子说："在古代能以'大道'来化育万物的圣人，其所作所为都能与自然的发展变化相吻合。反顾以追溯过去，再回首以察验未来；反顾以考察历史，再回首以了解今天；反顾以洞察对方，再回首以认识自己。动静、虚实的原则，如果在未来和今天都得不到应用，那就要到过去的历史中去考察前人的经验。有些事情是要反复探索才能把握的，这是圣人的见解，不可不认真研究。"

公元643年，魏徵病死，李世民非常悲痛，说："以铜为镜，可以正衣冠，以史为镜，可以知兴替，以人为镜，可以明是非。魏徵一死，我失去了一面镜子。"李世明所倡导的"古为今用"其实就是鬼谷子所说的"以史为训"。当我们在做一件事情的时候，既要了解、研究过去历史的经验和方法，又要结合当前的实际情况，对未来的发展趋势作出预见，才能以防不测。而当自己经验不足的时候，则应"以史为训，去粗取精，去伪存真，由此及彼，由表及里"，参考过去成功或失败的经验与教训，并要引以为鉴。

福特一世16岁就独闯天下，凭借拥有杰出的管理专家和机械专家，福

特公司成为世界上最大的汽车公司。但是，成功后的荣誉让福特一时得意忘形，认为这一切都是自己的功劳，面对他人提出的意见总是置之不理，整天沉浸在成功的喜悦之中，开始享受生活，不思进取。面对福特如此居功自傲，当年追随他一起创业的老功臣纷纷离去，公司每况愈下，几乎濒临破产。

1945年，福特二世上任，接过几乎已是烂摊子的福特公司，福特二世深知父亲失败的原因。于是，他开始礼贤下士，励精图治，高薪聘请一大批管理精英，使福特公司很快起死回生，重新达到了巅峰，再现昨日的辉煌。但是，在成功的荣誉面前，福特二世又重蹈覆辙，喜欢在公司里独断专行，将自己看作公司至高无上的统治者，使整个公司人心惶惶，在80年代初期，福特二世被逼交出大权，同时，被公司除名。

正所谓"福兮祸所伏，祸兮福所倚"，当自己因为昨天的成功而喜悦的时候，危机有可能已经靠近了你。虽然，福特二世刚开始吸取了父亲的教训，但是，当他自己站在成功的巅峰时，却浑然忘记了前人的经验和教训，最终摔得更惨。

21岁的和田一夫经营了一家位于静冈县热海家的蔬菜水果店，结果被一场大火烧毁，失去了所有。不过，和田一夫并没有陷入绝望，他将烧成平地的100坪土地拿去做抵押，借钱买了块300坪的土地盖了一个超级市场——八佰伴。超级市场在和田一夫的经营下，发展得越来越好，这时和田一夫打算进军亚洲，第一站是新加坡。

1972年，和田一夫和日本野村证券公司第一次去新加坡，然而出师不利。由于新加坡租金太贵，完全超出了自己的预算；曾经有一段日本杀害新加坡的国仇家史。和田一夫表示，对日本百货公司来说，70年代是一个必须面对历史的时代。

回到日本后，公司董事们纷纷反对投资新加坡。不过，和田一夫始终坚信"零售业成功的因素是要消费者口袋里装着钞票"。70年代初，他在新加坡开辟了第一个亚洲市场，1976年，受到世界石油危机的影响，巴西八佰伴

被迫关门。和田一夫总结说："不该死守一个地方，要大胆调动资金，分散资产。"然后，八佰伴从东南亚开到了中国，进入了全盛时期，八佰伴集团坐上了世界零售业第一把交椅。

1997年，在日本负责掌管日本八佰伴公司的和田一夫的弟弟，因被指控欺骗日本财政部而被法庭判定有罪，当时也判定和田一夫结束所有海外企业，回日本受审。一夜之间，和田一夫变成了一个连累八佰伴股东和员工的罪人。这时，和田一夫作出决定，宣布"自我破产"，交出所有财物，搬到一个租来的房子里。

如今，和田一夫成立了"和田一夫企业咨询公司"，他的日常工作就是通过网络给许多企业家回答问题，为企业团体作演讲。同时，他以探讨自己的失败撰写了《从零开始的经营学》，这本书成为日本经典著作之一。对此，和田一夫这样说："失败是我的财富，我想将这个企业咨询网络像当年八佰伴一样伸展到亚洲，甚至全世界。"

失败并不可怕，可怕的是我们没有足够的心理承受能力。假如我们的内心足够强大，就可以在失败中不断地积累经验和教训，使之成为自己的财富。这样我们就可以把每一次失败当作考验自己的机会，把它当作超越自己的一次机遇，那么我们就会获得宝贵的经验，再次走向成功。

心理支招

日本著名实业家原安三朗曾说："年轻时赚100万元的经验，并不能成为将来赚10亿元的经验，但损失100万元的经验，倒可以培养赚10亿元的经验，逆境是锻炼人才最好的机会。"遵从鬼谷子的口训，以史为训，接受失败，就会看清成功的本质，从失败的教训中学到东西。成功，总是在经历多次失败之后才姗姗来迟，正确面对失败，才是走向成功的重要素质和能力。

第二节　钓人之网——愿者上钩

鬼谷子曰："言有象，事有比。其有象比，以观其次。象者，象其事，比者，比其辞也。以无形求有声，其钓语合事，得人实也。其张置网而取兽也，多张其会而司之。道合其事，彼自出之，此钓人之网也。"

鬼谷子说："语言有可以模拟的形态，事物有可以类比的规范。既有'象'和'比'在，就可以预见其下一步的言行。所谓'象'，就是模仿事物，所谓'比'就是类比言辞。然后以无形的规律来探求有声的言辞。引诱对方说出的言辞，如果把捕野兽的这个办法也应用到人事上，那么对方也会自己出来的，这就是钓人的'网'。"

在鬼谷子看来，捕猎时要挖好陷阱、多处撒网，把这个办法应用到人事上，便是张开钓人之网，等待对方落网、说出实情。假如对方依然没有说出实情，那就需要变换方法，换用另外一张网，直到对方吐露真言为止。众所周知，姜太公就是用一张看似没有钩和鱼饵，但实际上有很多看不见的钩和鱼饵的钓人之网钓到了周文王这条"大鱼"，最后借此成就了一番事业。

有一次，周文王外出打猎，在溪边遇到了一位钓鱼的老人。老人须发斑白，看上去有七八十岁了。奇怪的是他一边钓鱼，一边不断地唠叨："快上钩呀上钩！愿意上钩的快来上钩啊！"再一看，老人的鱼钩离水面有三尺高，而且是直的，不是弯的，上面也没有钓饵。

周文王很是纳闷，就走过去跟老人攀谈起来。原来这老人姓姜名尚，又名子牙，是远古时代炎帝的后代。在与姜尚的谈话中，周文王发现他是一个眼光远大、学问渊博的人，上通天文，下知地理，对政治、军事等和方面都有研究，尤其是对于当时的政治形势，分析得头头是道。

姜尚的话句句都说到了文王的心里，他本来就到处寻找大贤人，眼前这位不就是自己要找的人吗？周文王恳切地对姜尚说："我们盼望您很久了，请您到我们那里去，帮助我们治理国家吧！"

这就是"姜太公钓鱼"的典故，姜太公看似没有诱饵、没有张网，实际上网却在暗处，就等着周文王上钩，这确实也是姜太公的智慧之处。人生又何尝不是这样呢？看似无网，实则天罗地网，就等着鱼儿上钩。

在"合纵"政策失败之后，掌握"六国封相"的苏秦逃到了齐国。谁料，齐国一位嫉妒苏秦的贵族雇用了一名刺客，命他刺杀苏秦。就在苏秦上朝的时候，刺客乘其不备用尖刀刺进了他的小腹，随后逃得无影无踪。

苏秦遇刺之后，用手按住小腹去上朝，将这件事告诉了齐湣王。齐湣王十分生气，欲下令全国通缉，擒拿刺客。苏秦却劝阻说："大王，您千万不要昭告天下擒拿刺客。相反，您只需等待微臣死后，把我的头割下，号令示众，说苏秦是燕国派来的奸细，到齐国是施行反间计的，今日幸而被诛死，因此您要对杀死苏秦的人赏以千金。这样，刺客就会出现了，然后将其杀之，为我复仇！"说完，苏秦忍痛把插进小腹里的刀拔出来，血流满地而死。

齐湣王按照苏秦所说，把他的头割下来示众，并发布告示要奖赏杀死苏秦的人。结果不到一天，刺客见了赏格，逢人自夸道："杀死苏秦者，是我某人也。"守兵听见了，马上将他擒获。齐湣王下令对刺客进行严刑拷打，逼他供出了幕后人，最后将行凶者一网打尽，为苏秦报了仇。

苏秦以尸体为诱饵，布下了天罗地网，就等着刺客往里钻，没想到那位愚蠢的刺客真的中计了，这才是真正的钓人之网。你见过蜘蛛张网而待吗？你见过蜘蛛捕食吗？闲来无事的蜘蛛总是先把网张好，等待猎物的出现，假

如猎物出现在网外，蜘蛛则与其斡旋，将其逼入死角，最后不巧"落在网中"。一旦猎物被网住了，蜘蛛就开始了捕食行动，只见它不慌不忙地慢慢靠近猎物，这态势无异于取囊中之物。

心理支招

鬼谷子在这里引用了一个用置网猎兽的例子，所说的就是怎样用"钓语"和"象比"去捕获对方实情的道理。其中"象比"就是事例中的置网，而"钓语"就是事例中驱赶野兽的方法。"象比"与"钓语"的有机结合，就是鬼谷子所说的"钓人之网"。所以，在现实生活中，我们要善于运用钓语和象比，如此才能将他人置于网中。

第三节 钓语之术——巧施欲擒故纵

鬼谷子曰："常持其网驱之，其言无比，乃为之变，以象动之，以报其心，见其情，随而牧之。已反往，彼复来，言有象比，因而定基。重之袭之，反之复之，万事不失其辞，圣人所诱愚智，事皆不疑。"

鬼谷子说："如果经常拿着'网'去追逐对方，其言辞就不再有平常的规范，这时就要变换方法，用'法象'来使对手感动，进而考察对方的思想，使其暴露出实情，进而控制对手。自己返过去，使对手返回来。所说的话可以比较类推了，心里就有了底数。向对手一再袭击，反反复复，所有的事情都可以通过说话反映出来，圣人可以诱惑愚者和智者，这些没有什么值得怀疑的。"

鬼谷子所说的"钓语"，其实就是欲擒故纵的计策。假如我们想探知对方的真正内幕和真实想法，就需要学会问话，并且自己少说，应尽可能地让对方多说。这样做，就好像在对方面前张开了一张大网，只要我们准备好了诱饵，调整好了心态，在安静等待中，便可以探知对方内心的真实世界。知对方如何想，我们才能对此施行自己的计策，欲擒故纵，玩儿的就是心计。

欲擒故纵之计，具有心理攻势的作用。当我们巧妙地运用欲擒故纵的战术，就是先让对方放松警惕，消除其戒备心理，采用迂回的心理战术，使对

方接受自己。

孟尝君被驱逐出国后又回国了，谭拾子到国境上去迎接他，并问他："您还怨恨齐国的那些士大夫吗？"孟尝君咬牙切齿地说："我对他们恨之入骨。""恨不得把他们杀了才解气，是吗？"谭拾子问。孟尝君毫不含糊地说："是的。"谭拾子转变话题说道："有些事情是必然要发生的，有些道理是本来就存在着的，您考察过这个问题吗？"孟尝君说："没有。"

谭拾子接着说："必然要发生的事情指的是死亡，本来就存在的道理指的是人们都有追逐富贵而远离贫贱的趋向。这就是我所要说的必然发生的事情和本来如此的道理。请允许我拿集市打个比方好吗？在集市上，一到早晨便热闹非凡人来人往，一到晚上便冷冷清清无人光顾。这并不是说人们早晨喜欢集市晚上讨厌集市，而是因为早晨有生意买卖才使得人们趋之若鹜，晚上没有生意买卖人们只好纷纷离去。齐国的士大夫们在朝政上不过是拿利害做交易罢了，您又何必怨恨他们呢。"听了谭拾子这番话，孟尝君马上取出写有仇人姓名的五百支木札，然后一刀一刀地把它刮掉了，从此不再提起这事。

在这里，谭拾子成功地运用了鬼谷子所说的"钓语之术"，即欲擒故纵之计。他先向孟尝君提出了两个问题，让对方把自己的情绪、想法和观点充分地表露出来，然后针对对方的心理状态、情绪态度和思想观念，转换视角、改变话题，阐述自己的观点。当然，施行这个计策的前提是：了解掌握对方的心境，力图站在对方的立场上设身处地思考问题，精心设计开场白。谭拾子第一句话是"您还怨恨齐国的士大夫吗？"，走进了对方的心灵世界，接着问"恨不得杀了他们，是吗？"表示自己站在了对方的立场上，搭建了一个双方对话的平台。一旦孟尝君真情开始流露，谭拾子就灵活地转变话题，说服了孟尝君。

心理支招

　　欲擒故纵，也就是为了擒住对方，先故意放开他，使其不加戒备，然后再一举歼灭。当然，这个策略与三十六计中的欲擒故纵有异曲同工之妙。当我们想要逼迫对方无路可走，对方就会设法反击，而让对方逃跑则可以削弱其气势。当我们在追击的时候，跟踪对手不要过于逼迫他，以消耗他的体力，瓦解他的斗志，待对方士气减弱、溃不成军，再去捕捉他，就可以避免流血。我们需要等待，等待对方心理上完全失败而信服自己，那就能赢得胜利。

第四节　灵活应变——随机应变赢人心

鬼谷子曰："古善反听者，乃变鬼神以得其情。其变当也，而牧之审也。牧之不审，得情不明；得情不明，定基不审。变象比，必有反辞，以远听之。欲闻其声反默，欲张，反敛，欲高，反下，欲取，反与。"

鬼谷子说："古代善于从反面听别人言论的人，可以改变鬼神，从而刺探到实情。他们随机应变很得当，对对手的控制也很周到。假如控制不周到，得到的情况就不清楚，得到的情况不清楚，心里的底数就不全面。要把模仿和类比灵活运用，就要说反话，以便观察对方的反应。想要讲话，反而先沉默；想要敞开，反而先收敛；想要升高，反而先下降；想要获取，反而先给予。"

在鬼谷子看来，古代善于从反面听别人言论的人，据说可以改变鬼神。他们可以随机应变，对对手的控制也很到位，所以也往往能够探索到实情。在平时的生活中，假如对方很内向、城府很深，我们可以采取感动对方或引起对方注意的办法，让对方暴露真情，以便更多地了解对方。一旦了解了对方，就找到了正确的方法和切入点，自然双方就容易达成共识，那之后的沟通也会顺利很多。

古代有位国王做了一个梦，梦见自己满口牙都掉了。这时有两个大臣愿意为国王解梦，国王问道："满口牙怎么会全掉了呢？到底会预示着发生

呢？"第一个解梦的大臣说："皇上，这预示着在你所有的亲属都死去之后，你才能死，一个都不会剩下。"国王听到这样的话，龙颜大怒，杖了他一百棍。这时轮到第二个解梦人，他说："至高无上的皇上，您将是您所有亲属当中最长寿的一位啊！"国王听了十分高兴，当即拿出一百个金币，奖给第二位解梦的人。

上面这个案例中，同样的一件事情，两人表达的是同一个意思，为什么一个挨打，一个却受赏呢？这是因为后者更灵活多变，他所说的话更中听，这样的话才是国王感兴趣的，如此才会引起国王的注意。人们常常青睐于那些说出自己感兴趣的话的人，他们更愿意对这些人敞开心扉。

美国著名的柯达公司创始人伊斯曼，捐赠巨款在罗彻斯特建造了一座音乐堂、一座纪念馆和一座戏院。为承接这批建筑物内的座椅，许多经销商展开了激烈的竞争。不过，找伊斯曼谈生意的商人大多是乘兴而去，败兴而归，一无所获。其中，"优美座位公司"的经理亚当森也是竞争者之一，他希望自己能够得到这笔价值9万美元的生意。不过，他事先得到了秘书的警告："尽管您很想得到这批订单，不过伊斯曼先生是一个十分严厉的人，而且他公务繁忙，您进去之后，要说什么就赶快说，假如您耽误了他五分钟以上，那你就完了。"

亚当森走进办公室，看见伊斯曼正在埋头看文件，便安静地站着，打量这间办公室。一会儿，伊斯曼抬起头来，问道："先生，你有事吗？"亚当森答非所问地回答："伊斯曼先生，我刚才认真观察了您这间办公室，我本人从事了多年的市内装修，不过到目前为止您这间办公室是我所见过的最精致的办公室。"

这句话说得伊斯曼来了兴致，他有些兴奋地说："这间办公室是我亲自设计的，我太喜欢了。不过现在工作太忙了，有时候都没来得及好好欣赏一下。"亚当森走到墙边，用手在木板上一擦，说："我想这是英国橡木，是不是？意大利的橡木质地不是这样的。""是的，"伊斯曼停下手中的工作，高兴得站起身来回答说："那是从英国进口的橡木，是我的一位研究室

鬼谷子的心理智慧

内橡木的朋友专程去英国为我订的货。"伊斯曼心情极好，便带着亚当森仔细地参观起自己的办公室，一边参观一边作详细的介绍。

这时，亚当森微笑着倾听，他看到伊斯曼谈兴正浓，便好奇地询问起他的经历。伊斯曼便向他讲述了自己苦难的青少年时代……亚当森由衷地赞扬他。结果，亚当森和伊斯曼一直谈到中午。

虽然亚当森直到告别的时候，都没有谈到生意，但最后，他不仅得到了大批的订单，还和伊斯曼成了好朋友。如果他刚开始就大谈生意，肯定会遭到拒绝。亚当森成功的诀窍就在于他灵活应变，善于挖掘出共同的话题，从伊斯曼的办公室入手，巧妙赞美了对方的成就，从而使伊斯曼的自尊心得到了极大满足，最终亚当森也达到了自己的目的。

心理支招

鬼谷子说："古代善于从反面听别人言论的人，可以改变鬼神，从而刺探到实情。他们随机应变很得当，对对手的控制也很周到。假如控制不周到，得到的情况就不清楚，得到的情况不清楚，心里的底数就不全面。"在沟通过程中，我们应该率先向对方传递友好的信息，激起对方说话的欲望。当你的话题使对方产生了浓厚的兴趣，对方就会不由自主地打开话匣子，使谈话持续下去。

第五节　先听后说——倾听是一种好品质

鬼谷子在《反应》篇中这样说道："人言者，动也；己默者，静也。因其言，听其辞。言有不合者，反而求之，其应必出。"

人家说话，是活动；自己缄默，是静止。要根据别人的言谈来听他的辞意。假如其言辞有矛盾之处，就反复诘难，其应对之辞就要出现。

鬼谷子主张，我们在开始说话之前一定要倾听，要根据别人的言谈来听他的辞意，假如其言辞有矛盾之处，则需要灵活应对。沟通是双方通过语言或非语言来交流思想感情的过程，因此，在沟通过程中，我们不仅需要说话，也需要适当聆听。是否能够通过语言来影响其心理，就取决于你是否悉心聆听。良好的聆听会为你捕捉到许多有效的信息，而这些信息将决定你是否能够成功地影响他人心理。说话是一个传递信息的过程，把话说到位，不仅关系到是否准确表达自己的思想，而且还在于自己的思想是否被对方所接受并产生共鸣。简言之，我们要善于通过聆听来洞悉对方的心理需求，再利用语言将自己的思想传递给对方，满足其心理需求。

美国著名的主持人林克莱特在一期节目里访问了一位小朋友，问他："你长大了想当什么呀？"小朋友天真地回答："我要当飞机驾驶员！"林克莱特接着说："如果有一天你的飞机飞到太平洋上空时，飞机所有的引擎都熄火了，你会怎么办？"小朋友想了想："我先告诉飞机上所有的人绑好

安全带，然后我背上降落伞，先跳下去。"

当现场的观众笑得东倒西歪时，林克莱特继续注视着孩子。没想到，很快孩子的两行热泪夺眶而出，于是林克莱特问他："为什么要这么做？"他的回答透露出一个孩子真挚的想法："我要去拿燃料，我还要回来！还要回来！"

一名合格的倾听者需要表现出极大的耐心，因为你要把话听完，这样才可以恰当地表达自己的观点。在法国巴黎的一座教堂外的广场上有两座石雕颇为醒目：一个微倾的头像，面部表情平和专注，光的头显得耳朵特别大，一只大手做掩耳状，好像在倾听巴黎的心跳。这就是倾听，一个简单的动作，但又绝不仅仅是一个简单的动作。

有一次，乔·吉拉德拜访了一个有趣的客户，一开始，客户就喋喋不休地谈论自己的儿子，他十分自豪地说："我的儿子要当医生了。"乔·吉拉德惊叹道："是吗？那太棒了！"客户继续说："我的孩子很聪明吧，在他还是婴儿的时候，我就发现他相当聪明。"乔·吉拉德点点头，回应道："我想，他的成绩非常不错。"客户回答说："当然，他是他们班上最棒的。"乔·吉拉德笑了，问道："那他高中毕业后打算干什么呢？"客户回答："他在密歇根大学学医，这孩子，我最喜欢他了……"话匣子一打开，客户就聊起了儿子小学、中学、大学的趣事。

第二天，当乔·吉拉德再次打电话给那位客户时，客户告知乔·吉拉德已经决定从他那儿买车，原因很简单，他说："当我提起我的儿子吉米有多骄傲的时候，你是多么认真地听。"

认真地倾听，使得乔·吉拉德打动了顾客，赢得了一份订单，如此看来，"倾听"确实是一个讨人喜欢的行为。在日常交际中，我们习惯用语言来交流思想，用心来沟通感情，但是，沟通与交流需要的仅仅是语言吗？这是否定的。很多时候，我们都忽视了耳朵的作用，也就是倾听。倾听是一种交流，更是一种亲近的态度，只有倾听才能领略别样的风景，只有倾听才能真正地走进对方的心里。

布里德奇说："学会了如何倾听，你甚至能从谈吐笨拙的人那里得到收益。"倾听并不是没有任何意义的随声附和，一个优秀的倾听者可以从说话者那里获取大量的信息，赢得对方的喜欢，达到打动人心的目的。不过，倾听也是需要技巧的，除了听之外，还需要适时地重复对方话语中的关键字眼儿。当然，倾听比说话更需要毅力和耐心，假如你只是埋头玩自己的手机，或者把头转向一边，这样无疑会打击说话者的积极性。

心理支招

鬼谷子认为，在沟通过程中，我们需要积极地聆听，让对方尽可能地传递出更多有效的信息，以听出对方的兴趣点，这样我们才有机会把话说到对方的心坎儿上，从而赢得对方的信任。有时候，即使我们不认同对方的做法，也需要表示出理解"您说得很有道理，我非常理解您""谢谢您，如果我站在您的位置，也会有与您一样的想法"。把话说到对方的心坎儿上，他会不自觉地受你影响。

第六节 反说之术——以谬制谬之计

鬼谷子曰："欲开情者，象而比之，以牧其辞，同声相呼，实理同归。或因此，或因彼，或以事上，或以牧下。此听真伪、知同异，得其情诈也。动作言默，与此出入，喜怒由此以见其式，皆以先定为之法则。以反求复，观其所托。故用此者，己欲平静，以听其辞，观其事，论万物，别雄雌。虽非其事，见微知类。若探人而居其内，量其能射其意。符应不失，如蛇之所指，若羿之引矢。"

鬼谷子说："想要了解对方的内情，就要善于运用模仿和类比的方法，以便把握对方的言辞。同类的声音可以彼此呼应，合乎实际的道理会有共同的结果。或者由于这个原因，或者由于那个原因，或者用来侍奉君主，或者用来管理下属。这就要分辨真伪，了解异同，以分辨对手的真实情报或诡诈之术。活动、停止，言说、沉默都要通过这些表现出来，喜怒哀乐也都借助这些模式，都要事先确定法则。用逆反心理来追索其过去的精神寄托。所以就用这种反听的方法。自己要想平静，以便听取对方的言辞，考察事理，论说万物，辨别雄雌。虽然这还不是事情本身，但是可以根据轻微的征兆，探索出同类的大事。就好像刺探敌情而深居敌境一般，首先要估计敌人的能力，其次再摸清敌人的意图，像验合符契一样可靠，像蛇一样迅速，像后羿张弓射箭一样准确。"

鬼谷子倡导反听之后的反说之术，其实就是以谬制谬。平时生活中，面对对方的谬论，我们可以用确凿的事实、严密的论据去反驳，但以谬制谬的方法却不是这样，而是用跟对方同样荒谬的言语进行反击，这同样能达到制

服对方的目的。用简单的话来说，也就是当对方说出错误的言论时，不要去纠正他，而是顺着对方的错误言论，推出错误的结果。一旦结果呈现出对方面前时，对方的错误言论也就不攻自破了。这种方法的巧妙之处在于，相当于对方主动开口承认自己的言语是错误的，对论敌来说，无疑自打耳光。当然，正因为如此巧妙，这一方法才会在辩论中发挥出强有力的作用，让对方没有办法还击，只能哑口无言地呆愣在那里。

朗宁是一名加拿大外交官，1893年出生于中国湖北，其父母是来中国传教的传教士。他从小是喝着中国奶妈的乳汁长大的，30岁时朗宁在国内参加省议员竞选，其竞争对手努力寻找可以攻击朗宁的把柄。当他们不知从何处探知朗宁曾喝过中国奶妈的乳汁时，他们觉得自己胜利在握了。

正式竞选的那一天，当朗宁发表完竞选演说之后，竞争对手齐声起哄："朗宁喝过中国人的乳汁，身上有中国血统，我们怎么可以让他当选加拿大的议员呢？"此话一出，全场一片哗然。

朗宁并不惊慌，他镇定地走上台，目光扫视一周，声音洪亮地回答："我从来不回避小时候喝过中国奶妈的乳汁这个事实，不过按照前面几位先生的逻辑，喝什么奶就具有什么样的血统的话，那在座的先生假如喝过加拿大的牛奶，那是否表示你们有加拿大牛的血统呢？如果刚才这几位说话的先生既喝过加拿大人的乳汁，又喝过加拿大牛的乳汁，那你们是具备人的血统还是牛的血统？或者是人与牛两种血统的混血儿？"

前排发难的反对派顿时哑口无言，而旁听席上响起雷鸣般的掌声。

朗宁的智慧之处在于遭受嘲讽、挖苦的时候，能够从容应对，不乱方寸，而且坦然承认自己喝过中国奶妈乳汁的事实。既不否认这个事实，更无须为此辩解，然后抓住对方荒谬的观点推导出更加荒谬的结论，如此峰回路转，赢得最后的胜利。

楚庄王十分钟爱一匹马，这马穿着华丽绸缎，住着华丽房屋，睡着床铺，连吃的都是切碎的干枣。后来这匹马死了，楚庄王打算用棺材装殓它，并将它风光大葬。对此，大臣们纷纷议论，都认为这种做法欠妥。不过，楚庄王却一意孤行，说有谁再为葬马的事情劝说自己，就会被杀头，结果没有哪位大臣再来劝说了。

这时，楚国田的乐官优孟大哭着走了进来，楚庄王感到奇怪，问他为什么哭。优孟回答说："这匹马是大王最喜欢的，就凭楚国这样大的国家，有什么事情是做不到的呢？大王却只用大夫的礼仪来安葬宝马，太不上档次了，大王应该用人君的礼仪来葬马。"楚庄王问道："怎么可以用人君的礼仪葬马呢？"优孟说："臣请求大王用雕饰过的玉做棺材，派甲士挖穴，让老人和孩子背土。齐、赵两国陪侍在前面，韩、魏两国护卫在后面。庙堂祭祀用太牢为祭品，封给万户大的地方作为它的奉邑。"

听到优孟这样说，楚庄王觉得又似乎太过分了。优孟眼看劝说的时机成熟，就说："假如诸侯听到了这件事，都认为大王您重视马而轻视人。"楚庄王听了，立即说："难道我的过错到了这样的地步了吗？那怎么可以呢？我该怎么办呢？"优孟笑着说："那就请大王将这匹马当作一匹普通的马来埋葬吧，直接在地上挖个坑，用铜铸的大鼎作为棺材，赏赐一些干枣，在棺材里铺一些木兰树的皮，用大红枣将粳米炖煮了做祭品，将它埋葬在人们的肠胃里。"楚庄王觉得优孟说得很在理，就按照他说的安葬了那匹宝马。

楚庄王要给马办丧事，这本来就很荒唐，而将马的葬礼办得跟大夫的葬礼一样简直就是胡闹。但楚庄王却不觉得有什么过错，因为他太爱那匹马了，面对楚庄王如此的决定，大臣们怎敢反驳呢？这时优孟先不指出楚庄王的错误，而是顺着他的想法，推出一系列结论，让楚庄王意识到自己的想法是荒谬的，而优孟则达到了"以谬制谬"的目的。

心理支招

通过鬼谷子的反说之术，我们可以知道，以谬制谬的方式只针对对方的言论是谬的，假如你明明知道对方的言论是正确的，还使用这个方法，那无疑自讨没趣，因为你所推出的结论会证明你的言论是错误的。

即使发现对方的言论是极其荒谬的，也不需要说破，而是先假设对方观点是合理的，然后将对方貌似合理的论点加以引申，推出一个明显错误的谬论。以其人之道还治其人之身，有力驳倒对方的观点，这样的反击才是大快人心的。

第七节 知之始己——自知而后知人

鬼谷子在《反应》篇中这样写道：故知之始己，自知而后知人也。其相知也，若比目之鱼。其伺言也，若声与之响；其见形也，若光之与影。其察言也不失，若磁石之取针，若舌之取燔骨。

要想掌握情况，先从自己开始，只有了解了自己，然后才能了解别人。对别人的了解，就像比目鱼一样没有距离；掌握对方的言论，就像声音与回响一样相符；明了对方的情形，就像光和影子一样不走样。侦察对方的言辞，就像用磁石来吸取钢针，用舌头来获取焦骨上的肉一样万无一失。

早在两千多年以前，古希腊人就把"认识你自己"刻在了阿波罗神庙的门柱上，但是，直到今天，我们也只能遗憾地说，与"认识自己"仍还有一段遥远的距离，究其原因，我们并不了解最真实的自己。一个人名声的好坏、能力的高低，是别人从事物的外表下的定义，根本就不是这个人的本质，自己真正的能力，只有自己心里最清楚。而我们所缺乏的就是：自我认知的能力。只有准确地认知了自己，才有可能获得成功的人生。然而，一个人最难认知的就是自己的内心，最难以回答的就是：我是谁？我想要的生活是什么？不过，当你准确地认知了自己，就能够在这个世界上找到最基本的出发点，就能够去了解他人，从而统帅他人。

爱因斯坦16岁那年，父亲给他讲了一个故事，正是这个故事改变了爱因

斯坦的一生。

昨天我与杰克去清扫南边的一个大烟囱，需要踩着烟囱里面的钢筋踏梯才能进入。杰克走在前面，我在后面，我们俩抓着扶手一阶一阶地爬了上去，下来的时候，杰克依旧走在前面，我还是跟在后面。后来，钻出了烟囱，我发现了一件奇怪的事情：杰克的后背、脸全被烟囱里的烟灰熏黑了，而我身上竟连一点烟灰也没有。我看见杰克的模样，心想我一定和他差不多，脸脏得像个小丑，于是，我到附近的小河里洗了又洗。而杰克看见我全身干干净净，竟以为自己和我一样，只简单地洗洗手就上街了，结果，街上所有的人都笑破了肚子，他们以为杰克是个疯子。

最后，父亲郑重地对斯因斯坦说："其实别人谁也不能做你的镜子，只有自己才是自己的镜子，拿别人做镜子，白痴或许会把自己照成天才的。"

我们之所以无法了解到真实的自我，大部分原因在于我们容易受外界信息的影响，诸如他人的言行等。在那些外界信息的暗示下，我们就有可能出现自我知觉的偏差，好似看见杰克浑身很脏，就以为自己身上也很脏。因此，要想真正地看清自己，我们需要避免陷入别人眼光的谜团中，让自己成为自己的镜子。

年轻时候的富兰克林很自负。有一次，一个工友把富兰克林叫到一旁，大声对他说："富兰克林，像你这样是不行的！当别人与你意见不同的时候，你总是表现出一副强硬而自以为是的样子，你这种态度令人如此难堪，以致别人懒得再听你的意见了。你的朋友们都觉得不同你在一起时比较自在些，你好像无所不知、无所不晓，别人对你无话可讲了，他们都懒得和你谈话，因为他们觉得自己费了力气反而感到不愉快，你以这种态度来和别人交往，不去虚心听取别人的见解，这样对你自己根本没有好处，这样你从别人那里根本学不到一点东西，但是实际上你现在所知道的却很有限。"富兰克林听了工友的斥责，讪讪地说道："我很惭愧，不过，我也很想有所长进。""那么，你现在要明白的第一件事就是，你以前太蠢了，现在还是太蠢了！"这个工友说完就离开了。

这番话让富兰克林受到了打击，他猛然醒悟过来，开始重新认识自己，与内心进行了一次谈话，并提醒自己："要马上行动起来！"后来，他逐渐克服了骄傲、自负的毛病，成为著名的科学家、政治家和文学家。

认知自我是一种胜不骄败不馁的从容，需要冷静思考，这样才有机会赢得成功；认知自我是一种高度自立的洒脱的生活方式，看清生命的本真，创造出属于自己的人生价值；认知自我是一种高度责任心的反省，将勇气与真诚注入自己的言行中，认清前面的方向。所以，剖析内心，在忙碌之后不忘与自己进行一次深入的交谈，从而拥有自我认知的能力。

心理支招

鬼谷子认为，只有准确地了解自己，才能更好地去了解别人。通过认知自己到孕育自己，这是一个美好的人生历程。自我认知是一种严谨的人生态度，自信而不自满，无论是春风得意还是失败困惑，我们依然保持最平常的心态。

第二篇 内揵术

鬼谷子的内揵术是关于进献计策的方法，他主张拉近和游说对象的关系，使其总是想着自己，用道德、党友或财货等手段与游说对象联系在一起。只要自己的意见被采纳了，就可以独来独往了。「内」就是使人采纳自己的计策，「揵」就是设法坚持自己的计策，要想办法让自己的道德与被游说者暗合，从而达到说服他人的目的。

第一节　亲近上司——机智灵巧讨其欢心

鬼谷子曰："君臣上下之事，有远而亲，近而疏，就之不用，去之反求。日进前而不御，遥闻声而相思。"

鬼谷子说："君臣上下之间的事情，有的距离很远却很亲密，有的距离很近却很疏远。有的在身边却不被使用，有的在离去之后还受聘用。有的天天都能见到君主却不被信任，有的距离君主十分遥远却听到声音就被思念。"

鬼谷子道出了复杂的职场关系，为什么同是下属，亲疏关系却是如此变化多端呢？其实，其中最重要的一点就是善于用言语揣摩上司的心思，如此我们才能把握与上司的亲疏关系。在职场中，我们所需要接触较多的就是上司和同事，尤其是上司，他在一定程度上决定了我们职场前途的兴衰，对此，与上司相处，需要我们多长个心眼儿，了解上司的微妙心理，正所谓"知己知彼，百战不殆"。许多人发现，步入职场，一旦与上司接触，自己之前那种喜悦之情就会骤然消失，取而代之的是不安的心理，甚至，在与上司的相处过程中，可谓是痛苦不堪。如果仔细询问原因，他会哭丧着脸说："谁知道，上司的心思这么难猜呢？"在职场中，我们要明白，与上司建立融洽和谐的人际关系多么重要。即使我们十分热爱那份工作，但如果不能与上司和谐相处、愉快共事，那么，职场美梦有可能会变成噩梦。事实上，每个领导都有基本的"上司心理"，我们要想了解上司，自然应该从上司心理

入手。

明朝建国后，有一天，明太祖朱元璋在大殿上想，江南之地已归己有，便吩咐画工将江南山川画于殿壁上。

谁料，画工回答说："臣未遍迹山川，且才识浅薄，不敢奉诏。"朱元璋勃然大怒："小奴才，胆敢违旨抗命，可否知罪？"于是，立即命令刀斧工欲将画工推出去斩首，这时，画工急中生智道："陛下息怒，您遍历九州岛，见多识广，而且是您的江山，您了如指掌，劳陛下先画个轮廓。"朱元璋一听，果然转怒为喜，挥笔画了一个轮廓，让画工开始润色。画工说道："陛下江山已定，岂可动摇。"这话说得朱元璋心头大喜，不但免去了画工的死罪，且赏了画工300银两。

本来要被斩首的画工仅仅凭着自己揣摩上司心理的技巧，不仅保全了性命，而且还得到了上司的赏赐，这就是掌握上司心理的职场决胜技巧。在职场中，上司的位置随时处于高地，这对于位于他之下的下属来说，心中随时像揣了一只兔子，七上八下，稍有不慎，就会因为一句话而毁掉自己的职场美梦。对此，我们需要揣摩上司的心理，了解上司，这样，我们才能"对症下药"，才能把话说到上司心坎儿上，也才能赢得上司的青睐。

生活中，我们不喜欢谁，大可以与对方保持距离，但在工作中就不一样了。一旦自己与上司缺乏沟通，结果只会使双方越来越不信任。那么，如何才能很好地了解上司呢？比如，当上司向你委以重任时，请先了解清楚上司的真意，再衡量做法，以免因误会而带来不必要的麻烦。而且，你在执行任务的过程中，不要抗拒上司的意愿，切合自己的需求，如此，双方合作才会愉快。所有活跃于职场中的人都明白这样一个道理：与上司建立良好的合作关系，对自己的工作百利而无一害。

心理支招

鬼谷子所说的最成功的君臣关系是，你想亲近就亲近，你想疏远就疏

远，当然，这一切都需要我们从上司的心理着手。在生活中，很少有哪个领导不喜欢被下属恭维，这显示出的就是上司的虚荣心理，他们喜欢被人恭维，并且乐于享受被下属恭维的过程。上司的恭维心理是由领导超乎一般人的强烈的自我价值肯定愿望所决定的，对此，作为下属，你应该准备充足的高帽子，适时为上司戴上一顶。

比如，在工作中，当上司向我们提出无力承担或愿意接受某些工作的要求的时候，我们可以将这些要求纳入上司所独具的能力范围之内。适时赞美上司的能力，暗示此类工作只能由上司亲自完成，作为下属无权或无资格插手。当然，并不是所有对上司恭维的人都能得到上司的喜欢，彼此的相约作用也有一定的限制。毕竟，爱听好话，不喜欢听逆耳之言是人类的心理弱点，但高明的恭维者会将好话说得恰到好处。

虽然，在交际场合中，每个人的面子都大过天，但在上司面前，你需要放下自己的面子去维护上司的面子。尤其是当上司的处境不利，缺乏自信，或者不为他人所接纳或赞许时，不要驳了上司的面子。切记，不要当面指责上司。否则，你无异于自讨苦吃。

第二节 有的放矢——"迂回"说服的艺术

鬼谷子曰："事皆有内楗，素结本始。或结以道德，或结以党友，或结以财货，或结以采色。用其意，欲入则入，欲出则出，欲亲则亲，欲疏则疏，欲就则就，欲去则去，欲求则求，欲思则思。若蚨母之从子也，出无间，入无朕，独来独往，莫之能止。"

鬼谷子说："凡是事物都有采纳和建议两方面，平常的东西都与本源相连接，或者靠道德相连接，或者靠朋党相连接，或者靠钱物相连接，或者靠艺术相连接。要想推行自己的主张，就要做到想进来就进来，想出去就出去，想亲近就亲近，想疏远就疏远；想接近就接近，想离去就离去，想被聘用就被聘用，想被思念就被思念。就好像母蜘蛛率领小蜘蛛一样，出来时不留洞痕，进去时不留标记，独自前往，独自返回，谁也没法阻止它。"

在鬼谷子看来，不管是道德、党友还是财货，都需要与游说对象联系在一起。简言之，就是要以说服对象为中心，这样你的说服之术才能左右逢源，才能做到想进来就进来，想出去就出去，想亲近就亲近，想疏远就疏远，想接近就接近，想离去就离去，谁也没办法阻止你被上司重用。

其实，人与人之间的相处，无疑是彼此思想的碰撞和交流。一千个读者就有一千个哈姆雷特，世界上没有两个思想完全相同的人，这就注定了交流中会出现不必要的冲突和摩擦。而以说服对象为中心，就要从对方的角度来

看问题，多用迂回的说服策略。选择巧妙地把对方引入自己的思路，按自己的想法说话，那样自己的意见就能够轻而易举地得到对方的赞同，甚至在谈话中取得决定性胜利，让对方甘愿支持你。

保尔·里奇是《芝加哥日报》的著名记者。有一次，幸运的他与胡佛在同一节车厢，对他而言，这是采访这位著名人物的最好机会。不过他遭遇了一个难题，里奇有好几次把话题都转移到了胡佛最感兴趣的事情上，想启发胡佛说话的欲望，不过胡佛那双机灵、暗蓝色的眼睛告诉他：再多的努力都是徒劳的，我根本不感兴趣。里奇感到很苦恼，自己想给比自己年长且位高权重的知名人士留下一个好印象，不过这位知名人士却对此一点兴趣都没有。在这样的情形下，里奇该用什么方法达到目的呢？就在他毫无办法的时候，他灵机一动，想到了一个在新闻采访中经常使用的沟通策略：对内行故意发表一些外行的错误看法，这样会引发被采访人反驳的兴趣。

于是，当火车正行经内华达州，里奇望着窗外那些寂静而凄凉的荒地和远处烟雾弥漫的群山说："上帝，没想到内华达州还在用锄头和铲子进行人工垦殖呢。"听了里奇的话，胡佛马上接着他的话侃侃而谈起来。

后来，里奇回忆说："正当我想要放弃时，上帝保佑，我对一件事情发表了一些明显错误的看法，而胡佛对这件事是很内行的。"

里奇正是通过自己的心理策略，故意对一件事情发表了一些明显错误的看法，引起胡佛反驳的兴趣，使得根本不想说话的胡佛开始对这件事情发表意见。里奇确定一个方向，引导着胡佛向自己的思路说话，最终里奇获得了第一手的新闻采访资料，出色地完成了一次采访。"对内行故意发表一些外行的错误看法，以此引发被采访人反驳的兴趣"，这不仅是新闻采访中所使用的心理策略，也是日常交际中可借鉴的技巧。

美国经济学家、罗斯福总统的私人顾问亚历山大·萨克斯，在1939年受爱因斯坦等科学家的委托，企图说服罗斯福重视原子弹研究，以便抢在德国前制造原子弹。尽管有科学家们的信件和备忘录，但罗斯福的反应冷淡，他说："这些都很有趣，不过政府若在现阶段干预此事，看来为时过早。"

罗斯福为表示歉意，决定邀请萨克斯于第二天共进早餐。早餐开始前，罗斯福提出：今天不许再谈爱因斯坦的信。萨克斯含笑望着总统说："我想谈一点历史。英法战争期间，在欧洲大陆上不可一世的拿破仑在海上却屡战屡败。这时一位年轻的美国发明家富尔顿来到了这位法国皇帝面前，建议把法国战舰上的桅杆砍掉，撤去风帆，装上蒸汽机，把木板换成钢板。但是，拿破仑却想，船若没有帆就不能航行，木板换成钢板，船就会沉没。他嘲笑富尔顿简直想入非非，不可思议！结果富尔顿被轰了出去。历史学家们在评论这段历史时认为，如果当初拿破仑采纳富尔顿的建议，19世纪的历史就会重写。"萨克斯说完，目光深沉地注视着总统。罗斯福沉思了几分钟，然后斟满酒，递给萨克斯，说道："你胜利了！"

萨克斯终于说服了总统，揭开了美国制造原子弹历史新的一页。迂回地表达反对性意见，可避免直接的冲撞，减少了摩擦。巧妙地把对方引入自己的思路，使对方按你的思路想问题，这样一来，对方更愿意考虑你的观点，而不被情绪所左右。因此，萨克斯最终在谈话中取得了胜利，也使世界科学开始向前迈了一大步。

心理支招

鬼谷子说，凡是事物都有采纳和建议两方面，平常的东西都与本源相连接。我们在说服他人时一定要找到对方的切入点，切忌采用直接的方式，而要采用迂回的说服策略。我们每个人都有自己的一系列的观点和看法，它时刻支撑着我们的自信，同时它也是我们思考的结果。无论是谁，遭到他人直言不讳的反对，特别是受到激烈言辞的痛击时，都会产生敌意，导致不快、反感、厌恶甚至愤怒和仇恨。这时，我们何不迂回地表达自己的意见，让对方按自己的想法考虑问题，这样一来，事半功倍，我们的意见更能被人所接受。

第三节　辨明得失——顺其心意

鬼谷子曰："内者进说辞，揵者，揵所谋也。欲说者，务隐度；计事者，务循顺。阴虑可否，明言得失，以御其志。"

鬼谷子说："所谓的'内'，就是采纳意见；所谓的'揵'，就是进献计谋。想要说服他人，务必要先悄悄地揣测；度量、策划事情，务必要遵循顺畅的途径。暗中分析是可是否，透彻辨明所得所失，以便影响君主的意向。"

在鬼谷子看来，不管是采纳意见还是进献计谋，都需要顺其意、顺其心，这是一切游说的前提和基础。当然，在游说之前，我们需要掌握对方的真实情况，分析和揣测对方的世界，如此才能"对症下药"。所谓的"合其道""顺其意""顺其心"，也不过如此。韩非子曾说："谏诤之难，不在于自己要与足可进言的见识，也不在于在把自己的意见表达清楚，更不在于要有足够的胆量、勇气把话说完，而在于怎么样看透对方喜恶心理，然后根据其需要，提出自己的意见。"

在城濮之战中，郑文公曾经出兵帮助楚国打晋国，所以晋文公对此怀恨在心，一心想要灭掉郑国。他派人去给秦穆公送信，约秦国一同出兵攻打郑国。秦穆公也正想向东扩张自己的势力，便痛痛快快地答应了。

郑文公哪见过这样的阵势，一时不知所措。郑国大夫叔詹提议说："秦晋两国力量强大，我们打不过他们。如果能够说服秦国退兵，只剩下一个晋

国，那就好对付了。"郑文公说："派谁去劝说秦国退兵呢？"这时有人推荐了一名叫烛之武的大夫，于是，郑文公就叫人把烛之武请来了。

烛之武来了，大家一看，他不过是一个白发苍苍，弯腰驼背，走路一瘸一拐的老头子，都忍不住笑了。郑文公却恭恭敬敬地对烛之武说："听说先生能言善辩，想请您去见秦穆公，劝他退兵，不知先生意下如何？"烛之武说："您太抬举我了，我年富力强的时候都没能够为国家做点事情，如今上了年纪，还有什么用呢？"郑文公一听，这是话里有话呢，有感慨自己不被重用的意思，连忙说："过去没有重用先生，那是我的过错。现在国家危急，请先生辛苦一趟吧。要是郑国亡了，对先生也不利呀。"烛之武见郑文公很诚恳，说的话在理，就答应了。

最后烛之武靠着自己"三寸不烂之舌"，向秦穆公陈述了攻打郑国的利害关系，不但使秦穆公撤退了进攻的兵力，而且还留下了两千兵力帮助郑国守卫。

在这里，郑文公善于发现他人内心的真实想法，听了烛之武看似自谦的话，了解了他话里隐含的不满之意，急忙道歉，以此感动了烛之武，从而化解了郑国的危机。

许多下属都遇到这样的情况，当自己向领导进谏时，却不能够被领导采纳，甚至还有可能被领导冷落。其实，究其原因并不在于你所提出的建议和想法不具备可行性，也不是领导平庸无能，而在于进谏之前尚未考虑到其中的利害得失关系。

邹忌身高八尺多，而且身材魁梧，容貌俊朗。有一天早晨，他穿戴好衣帽，照着镜子，问他的妻子："我与城北的徐公相比，谁更美呢？"他的妻子说："您美极了，徐公怎么能比得上您呢？"城北的徐公，是齐国的美男子。邹忌不相信妻子的话，于是又问他的妾："我与徐公相比，谁更美？"妾说："徐公怎能比得上您呢？"

第二天，一位客人来家里拜访，邹忌问客人："我和徐公相比，谁更美？"客人说："徐公不如您美啊。"第二天，徐公来了，邹忌仔细地端详他，觉得自己不如他美；再照镜子看看自己，更觉得远远比不上人家。晚上，他躺在床上想这件事情，说："我的妻子赞美我的原因，是偏爱我；我

的妾赞美我的原因，是惧怕我；我的客人赞美我的原因，是对我有所求。"

对此，邹忌上朝拜见齐威王，说："我确实知道自己不如徐公美。但我的妻子偏爱我，我的妾惧怕我，我的客人对我有所求，他们都认为我比徐公美。如今齐国，土地纵横千里，有一百二十座城池，宫中的姬妾和身边的近臣，没有不偏爱大王的；朝廷中的大臣，没有不惧怕大王的；国内的百姓，没有不对大王有所求的。由此看来，大王您受蒙蔽更厉害了！"

齐威王说："好。"于是下了一道命令："所有大臣、官吏、百姓能够当面批评我过错的，可得上等奖赏；能够上书劝谏我的，得中等奖赏；能够在众人聚集的公共场所指责、议论我的过失，并能够传到我耳朵里的，得下等奖赏。"政令刚一下达，许多官员都来进言规劝，宫门庭院就像集市一样；几个月以后，偶尔还有人进谏；一年以后，即使想进言，也没有什么可说的了。

在案例中，邹忌向领导进谏，所采用的是顺畅的方式，先通过讲述自己的经历，以此推出皇帝所受的蒙蔽更多，最终达到了进谏的目的。而这一进献的良策，必是之前在家里琢磨了许久，考量其中的利害得失关系，如此才能达到这样的效果。在工作中，领导并非完人，由于受各方面因素的影响，使得领导在作决策时有可能存在一种偏差或错误。作为下属，千万不要因为领导出了错误就幸灾乐祸，甚至当场指出其不足之处，这样只会使领导陷入极端尴尬的局面。如果遇到心胸狭窄的领导，他还会恼羞成怒，伺机对你进行报复。

心理支招

鬼谷子认为，在游说之前一定要考虑清楚，辨明得失，这是游说成功的前提。当然，在游说方法上，我们也需要注意。我们可以采取顺势引导的方法，比如，当你发现你的领导在管理方面还运用旧思想，也不重视选拔、培养人才，喜欢事必躬亲，致使公司运转效率下降。那你不妨鼓动领导参加MBA学习，接受国内外的先进管理制度，一起讨论公司目前运转中遇到的问题。到时候，就会使领导改变自己的管理模式，促进工作的有效开展。

第四节 巧妙进谏——忠言不逆耳

鬼谷子曰："方来应时，以合其谋。详思来揵，往应适当也。夫内有不合者，不可施行也。乃揣切时宜，从便所为，以求其变。以变求内者，若管取揵。"

鬼谷子说："向君主进言时应合时宜，以便和君主内心的谋划相吻合。在进言之前一定要事先考虑周详，进言的内容一定要适应形势。凡是内容有不合时宜的，就不可以实行，就要揣量切摩形势，从最有利的地方下手，来改变策略。以灵活多变的形式来争取你的进言被君主采纳，这样就可以像以门管来接纳门揵一样顺当。"

鬼谷子认为，进谏要合乎时宜，就是要既能说到对方的心里，又要在合适的时机说出来。我们经常说忠言逆耳，那么，说服的话怎么听起来总是不顺耳呢？其实就是不合时宜。一般人容易受感情支配，尽管内心有理性的认识，不过依然容易受到反感情绪的影响，于是他们难以听进忠言。所以，我们在说服的时候，不能仅仅有为别人着想的美好愿望，还需要掌握技巧，否则只会适得其反。

有一次，唐太宗兴致勃勃地要带着护卫和近臣去郊外打猎，刚走出宫门，迎面碰上了魏徵。魏徵听说他们要去打猎，对唐太宗说："眼下正是仲春，万物萌生，禽兽哺幼，不宜狩猎，请陛下返宫吧。"唐太宗一听，不高

兴了：哼，我乃是大唐帝王，拥有天下，就算是打了一些哺幼的禽兽，又能怎么样呢？于是马鞭一指，请魏徵让到一旁，自己打马向前，坚持出游。没想到魏徵却不妥协，他干脆站在路中央，挡住了唐太宗的去路。

唐太宗十分生气，回到宫里，见到长孙皇后就说："气煞我也！我一定要杀掉魏徵这个老顽固！泄一泄我心头之恨！"长孙皇后问明事情原委之后，没说什么，只是悄悄回到内室，穿上礼服，然后郑重地来到唐太宗面前叩首道："恭喜陛下！恭喜陛下！"唐太宗一头雾水，吃惊地问："何事如此隆重？"长孙皇后一本正经地说："妾闻有明主才有直臣，今魏徵直言，由此可见陛下英明，所以我才恭贺陛下！"唐太宗一听，知道这是在委婉地批评自己，于是不再责怪魏徵。

实际上，长孙皇后所使用的进谏方法就是符合时宜，先是顺着唐太宗的话说，把原本批评唐太宗的话变成了赞美褒奖的话，这样自然也就使忠言变得顺耳起来，达到了进谏的效果。

劝说是为了对方好，这是根本出发点。所以，要让对方明白你的一番好意，就一定要谨慎行事，不可马虎大意，随便草率。我们在劝说时要保持谦和的态度，语言温和，不要太委婉，否则别人会误以为你是在教训他或假惺惺地同情他。而且，劝说需要选择合适的场合和时机，最好是一对一，避开耳目，千万不要当着他人的面向对方提出忠告，因为这样做，对方就会受自尊心驱使而产生抵触情绪。

春秋时代，晋灵公贪图享乐，派大臣屠岸给他造一座九层的琼台，他怕有人劝阻，便下令说："谁敢进谏一律杀头！"大臣荀息知道后，便来求见晋灵公。晋灵公为了防止荀息劝阻，命武士弯弓搭箭，只要荀息一开口劝谏，便立刻射死他。

荀息见到晋灵公后，故作轻松地对晋灵公说："我今天来拜见大王，并不敢向你规劝什么，只是来给你表演一个特技。我能够把12颗棋子垒起来，再把9个鸡蛋垒上去而不会倒坍。"晋灵公听了，便叫荀息表演。荀息先把12颗棋子垒起来，再把鸡蛋一个个加上去。晋灵公见了，在一旁大叫"危

险"，荀息慢条斯理地说："这有什么危险，还有比这更危险的呢。"晋灵公问他更危险的是什么？荀息说："大王，你造九层高台，弄得国内已没男人耕地，国库空虚，一旦外敌入侵，国家危在旦夕，难道不更危险吗？"晋灵公听了，这才醒悟过来，立刻下令停止了九层高台的工程。

进谏要合乎时宜，其实就是把话说到对方心里。案例中，假如荀息直白地说出来，一定会让晋灵公十分生气，到时候不要说谏言被采纳，估计生命都不保。所谓伴君如伴虎，在现代职场中，上司就相当于我们的君主。假如上司犯了错误，不进谏自然会导致他一错再错，面临失败的危险。而君与臣是一荣俱荣，一损俱损，君的失败会影响到臣的前程。所以，向上司进谏一定要谨慎，合乎时宜。

心理支招

假如进谏需要忠言逆耳，那免不了得罪老板，其后果自然是费力不讨好。所以，向上司进谏需要掌握一定技巧，假如说话方式、进谏的场合把握不好，不仅不能取得进谏的效果，反而会对自己不利。

第五节 以合其谋——巧妙暗合对方心理

鬼谷子曰："言往者，先顺辞也；说来者，以变言也。善变者，审知地势，乃通于天，以化四时使鬼神合于阴阳而牧人民，见其谋事，知其志意。事有不合者，有所未知也。合而不结者，阳亲而阴疏。事有不合者，圣人不为谋也。故远而亲者，有阴德也；近而疏者，志不合也；就而不用者，策不得也；去而反求者，事中来也；日进前而不御者，施不合也；遥闻声而相思者，合于谋待决事也。"

鬼谷子说："凡是谈论过去的事情，要先有顺畅的言辞，凡是谈论未来的事情，要采用容易、变通的言辞。善于变化的人，要详细了解地理形势，只有这样，才能沟通天道，化育四时，驱使鬼神，附合阴阳，牧养人民。要了解君主谋划的事情，要知晓君主的意图。所办的事情凡有不合君主之意的，是因为对君主的意图还有不了解的地方。意见一致了，而不能密切结合是因为只停留于表面亲近，而背地里还有距离。如果与君主的意见没有吻合的可能，圣人是不会为其谋划的。所以说，与君主相距很远却被亲近的人，是因为能与君主心意暗合；距离君主很近却被疏远的人，是因为与君主志向不一；就职上任而不被重用的人，是因为他的计策没有实际效果；辞职离去而能再被返聘的人，是因为他的主张被实践证明可行；每天都能出入君主面前，却不被信任的人，是因为其行为不得体；距离遥远只要听到声音就被思念的人，是因为其主张正与决策者相合，正等他参与决断大事。"

鬼谷子所强调的重点是"以合其谋"，要了解君主谋划的事情，要知晓君主的意图。所办的事情凡有不合君主之意的，是因为对君主的意图还有不了解的地方。简单地说，就是要合了君主的意图。聪明人在说服对方的时候，懂得去暗合对方的心理，这样能让他人感到受尊重。当然，在说话时利用语言来暗合对方的心理，需要"合"得巧妙，千万不能让对方看出破绽。在日常生活中，面对不同的场合、不同的对象，每个人都有自己的心理，他们有着不同的心理需求。当我们与他们进行语言交流的时候，需要从对方的言语中明白其心理需求，或者通过察言观色来洞悉对方的心理，再通过语言表达来暗合对方的心理，令对方无法反驳。

　　一次，曾国藩用完晚饭与几位幕僚闲谈，评论当今英雄。他说："彭玉麟、李鸿章都是大才，为我所不及。我可自许者，只是生平不好诛耳。"一个幕僚说："各有所长：彭公威猛，人不敢欺；李公精敏，人不能欺。"说到这里，他说不下去了。曾国藩又问："你们以为我怎样？"众人皆低头沉思。忽然走出一个管抄写的后生插话道："曾师是仁德，人不忍欺。"众人听了齐拍手。曾国藩十分得意地说："不敢当，不敢当。"后生告退而去。曾国藩问："此是何人？"幕僚告诉他："此人是扬州人。入过学，家贫，办事还谨慎。"曾国藩听后说道："此人有大才，不可埋没。"不久，曾国藩升任两江总督，就派这位后生去扬州任盐运使。

　　众人皆知，曾国藩认为自己"仁德"，希望大家都附和他，希望他的仁德能够得到大家的认可。那位后生，真可谓区区一句话，胜读十年书。正是他抓住了曾国藩自以为"仁德"这一点，暗合其心理，投其所好地进行了赞美，结果就得到了曾国藩的信任，甚至重用。

　　安东尼·提莫克是新英格兰穷牧师的儿子，刚刚从菲利浦斯学院毕业，18岁的他还处于人生事业的起步阶段，所以他是一个办公室的小工，他最大的愿望就是向纽约银行行长推销一些公债券。

　　安东尼·提莫克在替一个商人干点杂活，一个星期只有一块半的工资。不过，老板觉得他是一个十分聪明的小伙子，就让他去销售铁路公债券。因为这样，安东尼·提莫克就有机会与纽约银行行长摩西·泰勒说几句话，他

知道泰勒对铁路很感兴趣，但自己怎么做才能引起这位银行行长的注意呢？

　　有一天，安东尼·提莫克获得了这样一个机会，他走到泰勒的办公桌前，这时泰勒正不耐烦地对一个说话啰唆的人说："说正题！说正题！"不一会儿，泰勒就摇了摇头，把那个人赶走了。接着，他向安东尼·提莫克点头，示意他过去。安东尼·提莫克把公债券放在了办公桌上说："97。"泰勒很奇怪地看了他一眼，拿过他的支票簿问道："你的老板叫什么名字？""伯兰克先生。"提莫克回答。签好了支票后，泰勒又问："伯兰克先生给你多少回扣？""0.25%。"提莫克继续回答，"太少了，你管他要1%的回扣，如果他不付给你，我就替他付。"泰勒开玩笑道，就这样，提莫克成功地把公债券卖掉了，同时，他也成功地引起了银行行长的注意，3年后，他就成了百万富翁。

　　提莫克凭借着敏锐的眼光，看出泰勒是一个有着强烈脾气的人，他喜欢使用简洁的语言，讨厌那些繁文缛节。所以，当提莫克了解了泰勒的心理要求之后，他就一直使用简洁的语言来应付他，不说一句废话，这暗合了泰勒的心理，泰勒再也不会大声说"说正题"，也不再为难提莫克。后来，泰勒继续购买提莫克的公债券，还在其他事情上给了他有力的支持。提莫克用这个简单的方法暗合了许多人的心理，自然得到了他们的鼎力支持。然而，提莫克之所以如此成功，是因为他早就深谙这个心理策略的重要性，那就是：从最细微的细节里去迎合他人的心理。

心理支招

　　以合其谋，才是鬼谷子的终极目标。在游说过程中，我们也要把话说到对方的心坎儿上，迎合其心理、其谋划，这才是最关键的。每个人都比较自我，一旦对方的言语触碰了心里的禁忌，他们像被攻击的刺猬一样，用尖锐的语言反击对方，为难他人。鉴于这样的心理特点，为了获得对方的好感与信任，我们需要了解对方的心理需求，同时，还需要通过语言来暗合对方的心理，这样才会说服对方，令对方无法反驳。

第六节　随机应变——劝说要因人而异

鬼谷子曰："不见其类而为之者见逆，不得其情而说之者见非。得其情，乃制其术。此用可出可入，可楗可开。"

鬼谷子说："在情况还没有明朗之前就去游说的人，定会事与愿违，在还没掌握实情的时候就去游说的人，定要受到非议。只有了解情况，再依据实际情况确定方法，这样去推行自己的主张，就可以出去，又可以进来；既可以进谏君主，坚持己见，又可以放弃自己的主张，随机应变。"

鬼谷子告诉我们在情况还没有明朗之前就去采取游说的人，一定会失败，在还没掌握实情就去游说的人，也会受到非议。只有了解了情况，再按照实际情况确定具体的方法，这样去推行自己的主张，就可以出去，又可以进来；既可以进谏，坚持自己的观点，又可以放弃自己的主张，随机应变。

有一次，唐太宗去洛阳，路上住在显仁宫。大队人马安顿下来，侍女奉茶，太宗一看茶盘、茶杯都是几年前来这儿时用过的旧银器，心中很是不快，命人把总管叫来，狠狠地训斥了一通。总管心想：贞观初年，皇上您自己省俭得很，怎么如今嫌这嫌那的呢？心里不明白，嘴上却只好认错，赶忙命御厨将皇上的晚餐多加了几样海鲜。晚上，太宗来到餐桌前，瞥了一眼，又大为不悦："怎么搞的，海味不见新奇，山珍又少得可怜，总管哪里去了？快把他贬为百姓！"说罢拂袖而去。

第二天，魏徵知道了事情的来龙去脉，便来到太宗的内宫。这时的魏徵已是唐太宗的宠信之臣，进出较为方便，与太宗讲话亦自在得多了。行过君臣之礼后，魏徵转入正题："陛下，臣闻皇上为总管侍奉不好而发脾气，臣以为这是个不好的苗头。"

唐太宗不解："我大唐国家殷实，多花几个小钱有什么了不起？再说，我可是一国之君啊！"魏徵深感唐太宗"当局者迷"，便决计为他指点"迷津"："陛下，正因为您是一国之君，所以您一开头，马上上行下效，整个社会就要形成一种奢靡的风气，那就糟了。"

"爱卿，请不要把话说得这么严重。国君就我一人，其他人谁敢向我看齐？"魏徵越发感到问题的严重性，他想：皇上经常把隋亡的教训挂在嘴上，何不以此来警策皇上呢？

"陛下，当年隋炀帝巡游，每到一地，就因地方上不献食物或贡物不精而被责罚。如此无限制地追求享受，结果使老百姓负担不起，导致人心思变，江山丢失。皇上怎么能效法隋炀帝呢？"这一招真灵，唐太宗果然大为震惊："难道我是在效法隋炀帝吗？"

"是的，陛下！像显仁宫这样的供应，如果知足的话，会很感满足的。但如果隋炀帝来，即使供应再丰盛精美一万倍，也难填他的欲壑。"唐太宗听了既震惊又感动："爱卿，除了你，其他人是讲不出这种话的啊！"

虽然，魏徵在进谏时一向直来直去，不过，这并不能说魏徵进谏就是乱说一气。在魏徵进谏之前，他已经摸清整件事情的来龙去脉，自然知道应该从哪方面着手。他先是劝说不要让朝廷内外形成一种奢靡的风气，没想到被唐太宗一句"我大唐国家殷实，多花几个小钱有什么了不起？再说，我可是一国之君啊"驳回来了。这可怎么办呢？直谏的魏徵灵机一动，皇上可是经常把隋亡的教训挂在嘴上，何不通过这个来警策皇上呢？果然，听到魏徵提到了隋亡的教训，唐太宗才幡然醒悟。

进谏成功，自然仕途一帆风顺。这个道理在现代社会一样适用，在职场中拼搏的人，有哪个不想一步高升呢？但是，要想实现这个梦想，就需要

经常和领导打交道，只有得到了领导的欣赏和肯定，才可以在职场中拼出风采。而要得到领导的重视，则需要通过向领导提出意见和建议展示自己的能力和才华。

心理支招

在古代，衡量忠臣的一个重要标准就是"文死谏、武死战"。也就是说，当君主犯错的时候，大臣们要"冒死直谏"。不过，韩非子并不赞同让大臣去做无谓的牺牲，而是主张"进谏"要因人而异，从实际情况出发，具体问题具体分析，要懂得随机应变，这才是智慧的进谏。

第七节　明哲保身——淡泊于名利

鬼谷子曰："故圣人立事，以此先知而揵万物。由夫道德、仁义、礼乐、计谋，先取《诗》《书》，混说损益，议论去就。欲合者，用内，欲去者，用外。外内者必明道数，揣策来事，见疑决之，策无失计，立功建德。治民入产业，曰'揵而内合'。上暗不治，下乱不悟，揵而反之。内自得，而外不留，说而飞之。若命自来，己迎而御之；若欲去之，因危与之，环转因化，莫知所为，退为大仪。"

064

鬼谷子说："圣人立身处世，都以自己的先见之明来议论万事万物。其先见之明来源于道德、仁义、礼乐和计谋。首先摘取《诗经》和《书经》的教诲，再综合分析利弊得失，最后讨论是就任还是离职。要想与人合作，就要把力量用在内部，要想离开现职，就要把力量用在外面。处理内外大事，必须明确理论和方法，要预测未来的事情，就要善于在各种疑难面前临机决断，在运用策略时要不失算，不断建立功业和积累德政。要善于管理人民，使他们从事生产事业，这叫作'巩固内部团结'。如果上层昏庸，不理国家政务，下层纷乱，不明为臣事理，各执己见，事事抵触，还自鸣得意；不接受外面的新思想，还自吹自擂。在这种情况下，如果朝廷诏命自己，虽然也要迎接，但又要拒绝。要拒绝对方的诏命，要设法给人一种错觉。就像圆环旋转往复一样，使旁人看不出你想要干什么。在这种情况下，急流勇退是最好的方法。"

所谓"急流勇退谓之知机"，这句话正应了鬼谷子的谋策。对于许多人而言，能够坐到一个万众瞩目的位置，这是一种无上的荣耀，只要不是到了山穷水尽的地步，绝对不应该轻言放弃自己的位置。不过，一个人不管做什么事情，都逃不出事物发展的客观规律，那就是从好到不好，从不好到好，这是事物发展的一个过程。我们要把握自己的规律，该进则进，该退则退。

　　春秋后期，越国的名臣范蠡精通韬略，足智多谋，拜为大夫。勾践三年，吴王夫差大破越军，勾践俯首称臣。作为越国大夫的范蠡在吴国做了两年的人质，三年后回到越国，他与文种拟订兴越灭吴九术，策划和组织了越国"十年生聚，十年教训"的复国大计。为了实施灭吴战略，也是九术之一的"美人计"，范蠡跋山涉水，终于在苎萝山浣纱河访到德、才、貌兼备的巾帼奇女——西施，并帮助谱写了西施深明大义献身吴王，里应外合兴越灭吴的传奇篇章。

　　范蠡追随越王勾践二十多年，苦身戮力于灭吴，成就越王霸业，被尊为上将军。他辅佐勾践卧薪尝胆，图强雪耻。然而范蠡深知勾践的为人，只可同患难，不可共安乐，于是在举国欢庆之时，范蠡急流勇退，携妻带子，秘密离开了越国。

　　后来，他辗转来到齐国，改了姓名，带领儿子和门徒在海边结庐而居。垦荒耕作，兼营副业并经商，没过几年，就积累了数千万家产。他仗义疏财，施善乡梓，范蠡的贤明能干被齐人赏识，齐王把他请进国都临淄，拜为主持政务的相国。他喟然感叹："居官致于卿相，治家能致千金；对于一个白手起家的布衣来讲，已经到了极点。久受尊名，恐怕不是吉祥的征兆。"于是，三年后，他再次急流勇退，向齐王归还了相印，散尽家财给知交和老乡。

　　就这样，一身布衣的范蠡第三次迁徙到了陶，在这个居于"天下之中"的最佳经商之地，他重新经商，没过几年，成了巨富，于是自称"陶

朱公"。

谁料到就在范蠡隐退之时，勾践曾对他说："先生若愿意留在寡人身边，寡人愿意与你共分越国，若不遵寡人，将身死名裂，妻子为戮！"范蠡当然知道勾践的为人，执意选择离去，最终不告而别。临走之前，他曾写信给文种："狡兔死，走狗烹，飞鸟尽，良弓藏。越王为人，长颈鸟啄，鹰视狼步。可与共患难，而不可共处乐；可与履危，不可与安。子若不去，将害于子，明矣。"后来真如范蠡所预料，在越王的猜忌下，文种自刎而死，一代名臣落得如此下场，只怪他不懂得急流勇退，明哲保身。

心理支招

鬼谷子主张功成身退，明哲保身。所谓"人无千日好，花无百日红"，任何人都不能一成不变。花有花开花落的时候，不能总是开；人也总会有好运气和坏运气的时候。懂得这个道理，就知道自己不会总是成功，总是荣誉在身，也会有走麦城的时候。关键在于自己掌握规律，把握时机，伺机行动，这样才能保全自我。

第（四）篇 抵巇术

鬼谷子认为，任何事物都会出现缝隙，一个小小的缝隙会酿成大的缝隙。这个缝隙的出现是有预兆的，因此要防微杜渐，我们要善于发现预兆，在缝隙萌芽阶段就应该抵住。虽然，抵住这个缝隙的方法有很多，但对于不同的漏洞，要善于分析，争取找到最合适的解决方法。

第一节　宽以待人——学会理解他人

鬼谷子曰："物有自然，事有合离。有近而不可见，远而可知。近而不可见者，不察其辞也；远而可知者，反往以验来也。"

鬼谷子说："万物都有规律存在，任何事情都有对立的两个方面。有时彼此距离很近，却互相不了解；有时互相距离很远，却彼此熟悉。距离近而互相不了解，是因为没有互相考察言辞；距离远却能彼此熟悉，是因为经常往来，互相体察。"

在鬼谷子看来，人与人之间应该互相了解，经常往来，互相体察，这样才能彼此熟悉，关系没有缝隙。每个人都需要被理解，理解是人与人之间相互交流的平台。交流是相互理解的一个决定条件，理解就是懂得对方，就是人与人之间、心与心之间的交流。尤其是朋友之间，更需要宽以待人，不管朋友怎么对自己，但自己一定学会理解朋友，关心朋友，谅解朋友，这样我们才能收获最深厚的友谊。

管仲从小就失去了父亲，自幼与母亲相依为命，他天资聪慧，遇到事情喜欢动脑筋，对一些问题总是寻根究底，他的理想是当一名贤士名流。当时，管仲家庭生活贫困，被生活所迫，他不得不学习做生意。刚开始，他把母亲编好的草帽拿到集市上去卖，但由于自己要价太高，结果整整一天，他一顶草帽也没有卖出去。正当管仲又饿又困的时候，鲍叔牙路过此地，经过

了一番闲聊，管仲的学识以及修养令鲍叔牙很是敬佩。当他了解到管仲的身世之后，对他更是同情，于是，鲍叔牙请管仲到旅馆住下，与其纵论天下大事，管仲在言谈间表现出来的才干令鲍叔牙十分钦佩。他对管仲说："如果你愿意，咱们俩合伙做生意吧？"管仲当即答应了，两人结拜为兄弟。

由于管仲家里比较贫穷，做生意的本钱都是鲍叔牙出的，但是赚来的钱，鲍叔牙总是分给管仲一多半，这令管仲很是过意不去，鲍叔牙却说："朋友之间应该互相帮助，你家里不富裕，就别客气了。"过了一阵子，两人一起去当兵，向敌方进攻时管仲总是躲在后面，而大家撤退时他又跑在了最前面，士兵们纷纷议论管仲贪生怕死，鲍叔牙却替管仲解释说："管仲家里有老母亲，他保护自己是为了侍奉母亲，并不是真的怕死。"管仲听到这些话非常感动，感叹道："生我的是父母，了解我的是叔牙啊！"

后来，齐桓公在鲍叔牙的帮助下取得了王位，便立即封鲍叔牙为宰相。而管仲当时辅佐的则是公子纠，齐桓公继位之后，管仲被囚，鲍叔牙知道自己的才能不如管仲，于是向齐桓公推荐道："管仲是天下奇才，大王若能得到他的辅佐，称霸于诸侯将易如反掌，管仲并不是与你有仇，只是当时效忠公子纠而已，大王若不计前嫌重用他，他也一定会忠于您。"不久之后，齐桓公任用了管仲，在管仲与鲍叔牙的辅佐下，齐国渐渐强盛起来。

鲍叔牙以宽阔的心胸向齐桓公举荐了管仲，虽然管仲的才能远远高出鲍叔牙，但鲍叔牙并没有心生嫉妒，反而处处为管仲着想，凡事都帮着他，他们在历史上成就了一段感人肺腑的友谊。正所谓"举廉不避亲，举贤不避仇"，当我们遇到了比自己更优秀的人时应该心生敬佩，而不是心生不满，甚至心生嫉妒。在生活中，我们常常遇到竞争对手，在与之相处的过程中，不自觉地看他不顺眼，处处想排挤他，其实，这是一种嫉妒现象。鲍叔牙容下了管仲的优秀，所以，他们成就了一段历史佳话。

把掌声送给别人，自己周围也会掌声四起；给别人机会，成功也会走向自己；给别人关照，就是关照自己。每个人都需要被理解，这本来就是相互的。生活中需要理解，工作中需要理解，家庭中需要理解，社会上需要理

解，因为有诸多的理解，我们才能生活得快乐、幸福。

心理支招

　　鬼谷子认为：人与人之间关系疏远，是因为缺乏理解、了解、体谅。理解的形式，其实是人与人之间通过语言交流和沟通所达到的，不过交流和沟通一定要建立在信任的基础之上。我们要学会播种、学会理解、学会了解别人。每个人的生活履历都是一本内容丰富的教科书，都可以供我们阅读和汲取有益的养分。只有很好地了解他人，我们才能善待他人，宽容他人，理解他人。

第二节　巧化干戈——真情促成"将相和"

鬼谷子曰："巇者罅，罅也。罅者，涧也。涧者，成大隙也。巇始有朕，可抵而塞，可抵而却，可抵而息，可抵而匿，可抵而得，此谓抵巇之理也。"

鬼谷子说："所谓'巇'，就是'瑕罅'。而'罅'，就是容器的裂痕。裂痕会由小变大。在裂痕刚刚出现时，可以通过'抵'使其闭塞，可以通过'抵'使其停止，可以通过'抵'使其变小，可以通过'抵'使其消失，可以通过'抵'而夺取器物。这就是'抵巇'的原理。"

在鬼谷子看来，生活中的矛盾是无处不在的。天下万事万物都有合有离，免不了会产生裂缝，产生矛盾。对此，我们一定要善于观察矛盾的征兆，采取不同的态度对待。可以通过"抵"使其闭塞，可以通过"抵"使其停止，可以通过"抵"使其变小，可以通过"抵"使其消失，可以通过"抵"而夺取器物。在这其中，"抵而塞""抵而得"是比较常见的方法。当人与人之间出现矛盾和裂痕的时候，一定要及时查漏补缺，弥补缝隙，使关系重修旧好。

在《三国演义里》，有众人皆知的"诸葛亮三气周瑜的故事"：

赤壁之战结束后，孙刘两家欲取荆襄之地，如此一来，才能全据长江之险，与曹操抗衡。刘备屯兵在油江口，周瑜知道刘备有夺取荆州的意思，便

亲自赶赴油江与刘备谈判。谈判之前，刘备心中忧虑，孔明宽慰说："尽着周瑜去厮杀，早晚让主公在南郡城中高坐。"后来，周瑜在攻打南郡时付出了惨重的代价，不仅吃了败仗，而且还身中毒箭，不过，周瑜还是将曹仁击败。可是，当周瑜来到南郡城下，却发现城池已经被孔明袭取，周瑜心中十分生气："不杀诸葛村夫，怎息我心中怨气！"

周瑜一直想夺回荆州，先后与刘备谈判均无好的结果，这时，刘备夫人去世。周瑜便鼓动孙权用嫁妹之计将刘备诱往东吴而谋杀之，继而夺取荆州。没想到此计又被诸葛亮识破，将计就计让刘备与吴侯之妹成了亲。到了年终，刘备以孔明之计携夫人几经周折离开东吴，周瑜亲自带兵追赶，却被关云长、黄忠、魏延等将追得无路可走。顿时，蜀军齐声大喊："周郎妙计安天下，赔了夫人又折兵！"这次，周瑜气得差点昏厥过去。

过了一段时间，周瑜被任命为南郡太守，为了夺取荆州，周瑜设下了"假途灭虢"之计，名为替刘备收川，其实是夺荆州，不料再次被孔明识破。周瑜上岸后不久，就有大队人马杀过来，言道"活捉周瑜"，周瑜气得箭疮再次迸裂，昏沉将死，临死前还长叹："既生瑜，何生亮？"

既生瑜，何生亮？周瑜的心病根源于嫉妒，为什么不可以同时存在呢？古人曰："人有才能，未必损我之才能；人有声名，未必压我之声名；人有富贵，未必防我之富贵；人不胜我，固可以相安；人或胜我，并非夺我所有，操心毁誉，必得自己所欲而后已，于汝安乎？"在生活中，两个人才能不分伯仲是很正常的，对于这种情况，不妨求同存异。这才是修补关系的最佳办法，而不是心生嫉妒，然后使关系彻底瓦解，直至给自己乃至国家带来重大的损失。

战国时期，蔺相如是赵国著名的政治家、外交家和军事家。当然，在出名之前，他只是宦官缪贤的一个门客，由于受到缪贤的推荐而被派往秦国完成使命，结果促成了历史上著名的事件——完璧归赵。这一才华展露之后，赵王看中了其机智过人和敢作敢为，就重用其为国效力。后来，为了报复赵国，秦王又向赵王提出了渑池相会。这一次，蔺相如又凭借着智勇双全，为

赵国挽回了颜面，促成了著名的"渑池之会"。

蔺相如两次不畏权势，保全了赵国不受侮辱，为赵国立下了大功。对此，深得赵王信任和欣赏的蔺相如，便被赐封为上卿，地位在大将廉颇之上。但是，廉颇却很不服气，他私底下对门客说："我是赵国的大将军，在战场上出生入死，立下了多少汗马功劳，他蔺相如不过是耍耍嘴皮子，有什么本事？竟然爬到我的头上来了，我若是见了他，一定要给他一个下马威。"这些话很快被传到了蔺相如的耳朵里，蔺相如就假装称病不上朝。

有一天，蔺相如坐车出门，不巧冤家路窄，他大老远就看见了廉颇的车马迎面而来。蔺相如马上叫车夫把车退到一条小路上，好让廉颇的车子先过去。蔺相如手下的门客十分不解，他们说蔺相如不该如此胆小怕事。没想到，蔺相如却说："你们觉得秦王和廉将军相比，谁的势力大？"门客回答说："当然是秦王的势力大。"蔺相如回答说："对呀，所以天下诸侯都怕秦王，可是我为了保卫赵国，却敢当面指责他，为什么现在我见到廉颇将军反而怕了呢？因为我知道，秦国之所以不敢对赵国轻举妄动，就是因为赵国文有蔺相如，武有廉颇，如果我们两个人不和，秦国就会趁机来侵犯赵国。为了国家的安宁，我就得忍一时之气。"

廉颇听说了这件事后感到非常羞愧。于是他赤裸着上身，背着荆条，来到蔺相如的府上请罪，并说道："我是个粗人，见识少，气量窄。您如此宽宏大量，这么忍让我，我实在没有脸来见您，请您责打我吧。"蔺相如连忙扶起廉颇，说："你我二人都是赵国的大臣，您能体谅我，我已经万分感激了，怎么还给我赔礼呢？"从此以后，两人成了好朋友，一起为赵国效力。

蔺相如可以说是一个懂得宽容的人，他知道"两虎相斗，必有一伤"的道理，所以他忍耐着，即使自己官职高，但还是谦让有度，先让廉颇的马车过去。这样的宽容和忍耐并没有白费，最后换来了廉颇的理解和羞愧，换来了历史上著名的"将相和"，也换来了赵国的祥和与安宁。

　　鬼谷子认为，有矛盾了，有缝隙了，就应该努力弥补，重新修正，这样才是抵巇术。生活中，我们经常看见两个人因为斤斤计较而争吵起来，结果不仅伤了和气，甚至还有可能为此失去一个朋友。何必呢？面对朋友的苛责，学会理解，你的理解将换来他的理解；面对陌生人的无礼，选择理解，你的理解会让他为自己的行为感到羞愧；面对对手的挑衅，更应该理解，你的理解会让他更加尊重你。

第三节　未雨绸缪——谋定而后动

鬼谷子曰："事之危也，圣人知之，独保其用。因化说事，通达计谋，以识细微，经起秋毫之末，挥之于泰山之本。其施外，兆萌芽蘖之谋，皆由抵巇。抵巇隙，为道术。"

鬼谷子说："当事物出现危机之初，只有圣人才能知道，而且能单独知道它的功用，按照事物的变化来说明事理，了解各种计谋，以便观察对手的细微举动。万事万物在开始时都像秋毫之末一样微小，一旦发展起来就像泰山的根基一样宏大。当圣人将行政向外推行时，奸佞小人的一切阴谋诡计，都会被排斥，可见抵巇原来是一种方法。"

在这里可以体现鬼谷子言说核心的是：经起秋毫之末，挥之于泰山之本。也就是说，世间万事万物在开始时都像秋毫之末一样微小，一旦发展起来就像是泰山的根基一样宏大。事物和矛盾都是从细微发展到巨大的，所谓"千里之堤，毁于蚁穴"，就是这个道理。在平时的生活中，对任何事情都需要防微杜渐、及时修复裂痕和缺口，一旦某个环节出现了缺口，哪怕是很小的缺口，如果不及时修补，那势必酿成大祸。

有一只野狼卧在草地上正勤奋地磨牙，被狐狸看到了，就对它说："天气这么好，我们都在休息玩耍，你也赶紧加入我们的队伍吧！"野狼没有说话，继续磨牙，磨啊磨，把它的牙齿磨得又尖又利。狐狸觉得很奇怪，问

道："现在森林里好安静，你看猎人和猎狗都已经回家了，老虎也在远处转悠，又没有任何危险，你又何必那么使劲地磨牙呢？"

野狼停下来回答说："我磨牙并不是为了娱乐，你想想，假如有一天我被猎人或者老虎追逐，到那时，我想磨牙也来不及了，而平时，我就把牙磨好，到那时就可以保护自己了。"

在日常生活中，我们要想做好一件事情，就必须事先分析情势，学会未雨绸缪。一个人要想有所建树，就必须时刻注意胆大心细，在做任何一件事情之前都必须提醒自己，要三思而后行。先多花些时间，完善硬件设施，未雨绸缪，这样，以后才能过上安逸清闲的日子。试想，在做一件事情之前，我们就想到了哪些情况会发生，这样，等到真正去做的时候，胜算的概率会不会大一些呢？答案是肯定的，所谓"谋定而后动"，这才是获得成功的秘密。

太平运动纷纷而起，杭州被团团围住，王有龄按照地方官"守土有责"的惯例，率杭州军民坐孤城，直至粮草殆尽，断粮长达一个月之久。当时，城内没有食物，就将药材南货，诸如熟地、黄精、枣栗、海苤类，都用来充饥。到后来，只能吃糖、吃皮箱、吃草根树皮，最后甚至到了尸肉充饥的地步。

为了筹备粮食，胡雪岩冒死出城，到上海买了一船救命的粮食，运到了杭州城外的锢江面，恰逢这时，所有进城的通道都已经被断绝，粮食也无法送进城内，只能远远相望。过了几天，陪同胡雪岩一起到杭州送粮的萧家骥打算进城送个消息，随便看看是否有可行的办法将粮食运进城里。对此，胡雪岩同意了萧家骥的决定，在出发之前，胡雪岩问道："你怎么样到达对岸？如何进城？在途中若是遇到了敌人该怎么办？"然而，对于这些至关重要的问题，萧家骥却连想都没想脱口说："在这种情况下，只能见机行事，碰碰运气了。"胡雪岩回答道："这时候做事，不能说碰运气，要想好了再动手。"

原来，胡雪岩有自己的想法：在这危急时刻，绝不能碰运气，历尽了千

辛万苦买回来的救命粮食已经运到了城外，绝不能无果而返。既然决定冒险进城，就一定要有一个好的结果。城外对城内的情况一概不知，而城外有重兵把守，如果不小心被抓住了，肯定会给予重罚，弄不好还会被杀头，而城内，没有一个人认识萧家骥，又不能写一个能证明其身份的文书、信函之类的东西带在身边，进城去有可能还会被当成奸细呢。这样想来，就应该细细预料进城途中所遇到的情况，未雨绸缪，才能求得一个好的结果。

在胡雪岩看来，萧家骥此次进城，事关杭州百姓的安危，需要三思而后行。毕竟，许多事物之间都存在着千丝万缕的联系，一时的疏忽有可能满盘皆输，所谓"牵一发动全身"，其产生的连锁反应，将影响整个事业，最后，导致全面崩溃。胡雪岩正是明白这样的道理，所以，在出发之前，才会细问萧家骥到底是如何打算的。

心理支招

鬼谷子的抵巇术告诉我们，在任何时候都需要防微杜渐。其实，我们在做任何一件事情的时候，都应该未雨绸缪，居安思危，防患于未然。进行充分的准备，再去迎接挑战，我们将有很大的胜算。哪怕事情出现意外，我们也不至于手忙脚乱，而是从容不迫地随着变化的形势而变化。试想，平时不做充分准备，临时抱佛脚是行不通的。在生活中，许多人抱怨自己没有机会，而当机会来临的时候，却由于没做充分准备而与机会擦肩而过，结果只能后悔莫及。所以，在做事情之前，要学会见微知著，未雨绸缪，才能掌控大局。

第四节　灵活抵巇——美国强生集团的崛起

鬼谷子曰："天下纷错，上无明主；公侯无道德，则小人谗贼；贤人不用，圣人窜匿；贪利诈伪者作，君臣相惑，土崩瓦解，而相伐射。父子离散，乖乱反目，是谓'萌芽巇罅'。圣人见萌芽巇罅，则抵之以法。世可以治则抵而塞之，不可治则抵而得之。或抵如此，或抵如彼；或抵反之，或抵覆之。五帝之政，抵而塞之，三王之事，抵而得之。诸侯相抵，不可胜数。当此之时，能抵为右。"

鬼谷子说："天下动乱不止，朝廷没有贤明的君主；官吏们失去社会道德，小人谗言妄为；贤良的人才不被信用，圣人逃匿躲藏起来；一些贪图利禄，奸诈虚伪的人飞黄腾达，君主和大臣之间互相怀疑，君臣关系土崩瓦解，互相征伐；父子离散，骨肉反目，就叫作'轻微的裂痕'。当圣人看到轻微的裂痕时，就设法治理。当世道可以治理时，就要采取弥补的'抵'法，使其'巇'得到弥合继续保持它的完整，继续让它存在下去；如果世道已坏到不可治理，就用破坏的'抵'法，占有它并重新塑造它。或者这样'抵'，或者那样'抵'；或者通过'抵'使其恢复原状，或者通过'抵'将其重新塑造。对五帝的圣明政治只能'抵而塞之'；三王从事的大事就是了解当时的残暴政治，从而夺得并重新建立政权。诸侯之间互相征伐，斗争频繁，不可胜数，在这个混乱的时代，善于斗争的诸侯才是强者。"

在鬼谷子看来，可治则抵而塞之，不可治则抵而得之。世间万物遇到矛

盾和缝隙的时候，假如可以修补就努力修补，这是万物继续发展下去的条件；假如实在没有办法挽救了，那就打碎这个本来的东西，重新塑造一个新的事物。在这里，鬼谷子用国家的存亡作为例子，当然，这样的道理适用任何事物，一旦事物出现了矛盾或裂缝，则需要修补，使其继续保持它原有的完整，继续让它生存下去。比如，美国的强生集团就是这样崛起的，从来不被打垮。

案例一：

1982年9月，芝加哥地区发生了7人在服用美国强生公司生产的"泰来诺尔"成人止痛药片之后中毒身亡的恶性事件。面对公司的这一危机，强生公司及时采取了一系列措施，包括：

立即成立危机事件处理小组细致调查，并承诺首先考虑公众和消费者的利益；

抽调大批人马对全部800万片药剂进行检验，并通过媒体，将药品污染的调查结果公诸于众——总计不超过75片，为同一批药品，且全部在芝加哥地区；

花巨资在最短时间内从市场上收回全部的"泰来诺尔"成人止痛片；

推出带有容易识别的"防污染包装"的全新药品，并向受损失的公司和个人免费提供。

这样做的结果是：强生公司的诚意和努力，得到了社会公众和新闻界的认可。事故发生5个月以后，"泰来诺尔"重新夺回了原来市场的70%，而强生公司还因此获得了美国公关协会颁发的银钻奖。

案例二：

我们再来看看中国山东三株集团公司的处理危机的情况：三株企业老板吴斌新靠30万元起家，在短短的几年里，最高销售额达到了80亿元，其产品三株口服液更是家喻户晓。但是，1996年6月，一位77岁老人陈伯顺在服用了三株口服液后不久病故。一时之间，三株的这起人命官司震惊全国。由于三株公司没有采取强有力的抵巇术以及及时的补救方法，没过多久，三株公司销声匿迹，淡出了人们的视线。

两家公司遭遇的几乎是相同的危机事件，然而，不同的处理方法却有着不同的结局，这就是灵活抵巇术的作用。当事物出现矛盾或缝隙的时候，我们最先考虑

如何补救以及是否有补救的方法。假如问题不是特别严重，那肯定要采取补救的方法，不到万不得已，绝不放弃。只有到了无法补救的地步，我们才会另外寻找其他可以彻底代替其原来事物的东西。所谓"穷则变，变则通"，就是这个道理。

在孙膑初到魏国时，魏王想考查一下他的本事，以确定他是不是真有才华。有一次，魏王召集朝中大臣，当面考查孙膑的智谋。魏王坐在宝座上，对孙膑说："你有什么办法让我从座位上下来吗？"庞涓在一旁出谋说："可在大王座位下生起火来。"魏王说："不行。"孙膑说："大王坐在上面嘛，我是没有办法让大王下来的。不过，大王如果是在下面，我却有办法让大王坐上去。"魏王听了，得意扬扬地说，"那好，"说着就从座位上走了下来，"我倒要看看你有什么办法让我坐上去。"

周围的大臣一时没有反应过来，也都嘲笑孙膑不自量力，等着看他出洋相。这时候，孙膑却哈哈大笑起来，说："我虽然无法让大王坐上去，却已经让大王从座位上下来了。"众人这才恍然大悟，对孙膑的才华连连称赞。魏王也对孙膑刮目相看，孙膑很快就得到了魏王的重用。

孙膑是我国古代著名的军事家，他的《孙膑兵法》蕴含着变通的哲学。其实，从这个故事中我们可以看出，孙膑本是个善于变通的人。当魏王提出"如何让自己从座位上下来"时，孙膑并没有依照常人的思维来分析，而是表示"有办法让大王坐上去"，这无疑变通了魏王所出的难题，以巧取胜，所以，他受到了魏王的重用。

心理支招

鬼谷子的抵巇术告诉我们，当一件事情实在无法做下去的时候，不妨变通一下，打碎之前的想法，重新拟定一个新的想法，说不定就变通了。王国维在《人间词话》里说："诗人对于宇宙，须入乎其内，又须出乎其外。入乎其内，故能写之。出乎其外，故能观之。入乎其内，故有生气。出乎其外，故有高致。"这就是告诉我们，无论是做人还是做事，都需要灵活变通，不能太死板，也不必拘泥于某个方面，这样才能在复杂的社会中左右逢源，获得成功。

第五节　疑中之疑——巧施反间计

鬼谷子曰："自天地之合离、终始，必有巇陈，不可不察也。察之以捭阖，能用此道，圣人也。"

鬼谷子说："自从天地之间有了'合离''终始'以来，万事万物就必然存在着裂痕，这是不可不研究的问题。要想研究这个问题就要用'捭阖'的方法。能用这种方法的人，就是圣人。"

鬼谷子认为，万事万物都存在着裂缝，这是不可不研究的问题。既然万事万物都存在漏洞，假如在敌我较量过程中，我们完全可以从细微之处发现敌人的矛盾和漏洞所在，在疑中再布下疑阵，使敌人内部产生矛盾，那我们就可以万无一失。核心就是分化离间，在敌人之间或内部挑拨是非，引起纠纷，制造隔阂，破坏敌人内部团结，使之反目成仇。假如敌人内部团结一致，就会形成强大的力量，难以分出胜负。而反间计就是要把敌人分散开来，不管是哪部分遇到危难，其他部分只能袖手旁观，这就是抵巇术。

公元1134年，韩世忠镇守扬州。南宋朝廷派魏良臣、王绘等去金营议和。二人北上，经过扬州。韩世忠心里极不高兴，生怕二人为讨好敌人，泄露军情。可他转念一想，何不利用这两个家伙传递一些假情报。等二人经过扬州时，韩世忠故意派出一支部队开出东门。二人忙问军队去向，回答说是

开去防守江口的先头部队。二人进城，见到韩世忠。忽然一再有流星庚牌送到。韩世忠故意让二人看，原来是朝廷催促韩世忠马上移营守江。

第二天，二人离开扬州，前往金营。为了讨好金军大将聂呼贝勒，他们告诉他韩世忠接到朝廷命令，已率部移营守江。金将送二人往金兀术处谈判，自己立即调兵遣将。韩世忠移营守江，扬州城内空虚，正好夺取。于是，聂呼贝勒亲自率领精锐骑兵向扬州挺进。

韩世忠送走二人，急令"先头部队"返回，在扬州北面大仪镇的二十多处设下埋伏，形成包围圈，等待金兵。金兵大军一到，韩世忠率少数兵士迎战，边战边退，把金兵引入伏击圈。只听一声炮响，宋军伏兵从四面杀出，金兵乱了阵脚，一败涂地，先锋敲擒，主帅仓皇逃命。金兀术大怒，将送假情报的两个投降派囚禁起来。

反间计的妙处在于，可以巧妙地利用敌人的间谍反过来为我所用。在《孙子兵法》里就尤其强调间谍的作用，认为将帅打仗一定要事先了解敌方的情况，要准确掌握敌方的情况，而这些不要靠鬼神，不要靠经验，需要靠间谍去完成。

三国时期，赤壁大战前夕，周瑜巧用反间计杀了精通水战的叛将蔡瑁、张允，就是个有名的例子。曹操率领号称的八十三万大军，准备渡过长江，占据南方。当时，孙、刘联合抗曹，但兵力比曹军要少得多。

曹操的队伍都由北方骑兵组成，善于马战，但不善于水战。正好有精通水战的降将蔡瑁、张允可以为曹操训练水军。曹操把这两个人当作宝贝，优待有加。一次东吴主帅周瑜见对岸曹军在水中排阵，井井有条，十分在行，心中大惊。他想一定要除掉这两个心腹大患。

曹操一贯爱才，他知道周瑜年轻有为，是个军事奇才，很想拉拢他。曹营谋士蒋干自称与周瑜曾是同窗好友，愿意过江劝降。曹操当即让蒋干过江说服周瑜。周瑜见蒋干过江，一个反间计酝酿成熟。他热情款待蒋干，酒席筵上，周瑜让众将作陪，炫耀武力，并规定只叙友情，不谈军事，堵住了蒋干的嘴巴。

鬼谷子的心理智慧

周瑜佯装大醉，约蒋干同床共眠。蒋干见周瑜不让他提及劝降之事，心中不安，哪里能够入睡。他偷偷下床，见周瑜案上有一封信。他偷看了信，原来是蔡瑁、张允写来，约定与周瑜里应外合，击败曹操。这时，周瑜说着梦话，翻了翻身子，吓得蒋干连忙上床。过了一会儿，忽然有人要见周瑜，周瑜起身和来人谈话，还故意看看蒋干是否睡熟。蒋干装作沉睡的样子，只听周瑜他们小声谈话，但听不清楚，只听见提到蔡瑁、张允二人。于是蒋干对蔡瑁、张允二人和周瑜里应外合的计划确认无疑。

他连夜赶回曹营，让曹操看了周瑜伪造的信件，曹操顿时火起，杀了蔡瑁、张允。等曹操冷静下来，才知中了周瑜的反间之计，但也无可奈何了。

周瑜之所以能成功，就是因为他知道曹操是一个多疑的人，只要让他产生一丝的怀疑，那就会有利于自己。有时候，我们需要去发现敌人内部之间的矛盾，使其成为我们进攻的漏洞。假如对方没有矛盾或缝隙让我们可乘，那我们就要随时注意捕捉和利用敌人阵营中的内部矛盾，人为地给对方制造裂缝、矛盾，使之互相猜疑，瓦解内部团结，使其形成内乱，比如周瑜适用的反间计就是如此。

心理支招

鬼谷子认为凡事都有漏洞，那我们就不妨以此攻之，这就是反间计。反间计可以分为几种，有的是利用敌方阵营中的同乡亲友关系打入敌人内部，探测消息；有的是收买敌方的官员充当间谍，比如战国时期秦国贿赂收买赵王的宠臣郭开，借刀杀人除掉名将李牧；有的是用乾坤大挪移的方法，借力打人，让敌方的间谍为我所用；还有就是故意散布一些虚假的情报，以牺牲自己为代价，诱使敌人上当，进入自己的谋划之中。

第六节　知进知退——适时深隐而待

鬼谷子曰："圣人者，天地之使也。世无可抵，则深隐而待时；时有可抵，则为之谋。可以上合，可以检下。能因能循，为天地守神。"

鬼谷子说："圣人是天地的使者。当世道不需要'抵'的时候，就深深地隐居起来，以等待时机；当世道有可以'抵'的弊端时，对上层可以合作，对下属可以督察，有所依据、有所遵循，这样就成了天地的守护神。"

鬼谷子强调，深隐待时，当世道还没有满足力挽狂澜条件的时候，就隐居起来，静观时局变化，预测时局的发展趋向，等待有利的时机。其核心就是人生要懂得知进知退，进步是人生所需要的坚实力量，但退步也是人生中不可或缺的大智慧。知进，就是不断地追求进步，追求更高更强的人生；而知退，就是懂得适时从容，懂得放弃，懂得淡定，懂得和解，成就人生的另一种美丽。只有将这两者结合起来，才是完美的人生。知进知退，方能知人生！

康多莉扎·赖斯，出生于1954年11月14日。素有"神童"之誉的她，从小就跟着当小学音乐教师的母亲弹钢琴，4岁时就开了第一个独奏音乐会。不但学习成绩极其出色，跳了两次级，而且网球和花样滑冰玩得也特别出色。16岁时，她进入丹佛大学音乐学院学习钢琴，梦想成为一名职业钢琴家。她在音乐方面独具的天赋和他人难以企及的家学，似乎没有人能够轻易地否

认，大家都相信过不了几年她就会成为乐坛翘楚。

可是，出人意料的是她打起了"退堂鼓"，开始了崭新梦想的破冰之旅。原来在著名的阿斯本音乐节上，她受到了打击。"我碰到了一些11岁的孩子们，他们只看一眼就能演奏那些我要练一年才能弹好的曲子，"她说，"我想我不可能有在卡内基大厅演奏的那一天了。"于是，她开始重新设计自己的未来并发现了新的目标——国际政治。"这一课程拨动了我的心弦，"她说，"这就像恋爱一样……我无法解释，但它的确吸引着我。"她从此转而学习政治学和俄语，并找到了她一生追求的事业。

赖斯并没有追随儿时的梦想成为一名钢琴家，而是在大家都看好的情况下选择了"退却"，并开始了崭新梦想的破冰之旅。她发现自己再坚持下去，难以取得超越别人的成就，所以，她果断地选择了放弃，舍弃了前进，选择了退步。在一阵休憩之后，她重新设计了自己的未来，果然，她似乎更适合混迹于政坛。如果当初她不是决然地舍弃，那么现在就不会成为一名出色的政治家了。

2004年雅典奥运会，刘翔以12秒91的成绩夺冠，成为亚洲第一位田径直道项目奥运冠军。2007年国际田联大奖赛洛桑站，刘翔以12秒88的成绩打破世界纪录。大家都把目光聚焦在这个"飞人"身上，把所有的希冀都投向了2008年的北京奥运会。

然而，在2008年8月18日，北京奥运会男子110米栏预赛，"飞人"刘翔在出场之后突然宣布退出比赛。作为卫冕冠军、中国田径最大夺金点，刘翔退赛令人唏嘘，人们看着那个一瘸一拐走出田径场的背影，那一天是2008年8月18日。在很多人看来，这个"黑色8·18"突如其来，因为一直以来人们看好刘翔卫冕成功。就在比赛前几天，还有关于他训练中跑出12秒80的传闻。

事实上，刘翔退赛并不突然，至少有一些先兆。从年初冬训，刘翔腿部肌肉就出现不适。经过一系列调整后，他参加了两站室外比赛，都拿到了冠军，但是成绩并不理想，最好的一次仅跑出13秒18。然而这两站比赛进一步加剧了刘翔腿部的不适，之后"飞人"放弃了美国的两站比赛。对于跨栏运

动员来讲，臀大肌和起跨腿的脚踝是最容易受伤的部位，刘翔则因为踝伤上演了退赛一幕。应该说，这是刘翔近几年成绩最糟糕的一年。不过，刘翔本人对于退赛看得很开，他说："每个人都会碰到挫折，只是我之前的道路一直都比较顺利，没有碰到过，所以大家觉得比较严重。我觉得我很快就走了出来，人生总有起伏，不可能一帆风顺。"

虽然在万众瞩目下刘翔宣布退赛，难免令人扫兴，甚至有的人还发出了唏嘘之声。但是，如果当时的刘翔选择了继续前进，那只会给自己的身体造成更大的伤害，或许我们就再也见不到"飞人"的光彩了。可见，他及时的退却是为了积蓄力量，修养身体，为下一次的比赛做好准备，这样一来，我们就很理解他当时的举动了。正如刘翔所说"人生总有起伏，不可能一帆风顺"，正是这个坚强的小伙子，知进知退赢得了别样的人生。

心理支招

诸葛亮身居茅庐，其实就是等待明主。这正应了鬼谷子所说的"深隐而待"。人生本来就有起有伏、跌宕不定，当你懂得了退一步，自然就会更进一步。有时候，退一步是为再进一步做准备，进一步是为了更好地权衡取舍。所以，当你敢于选取退一步，并没有阻碍人生的前进；当你敢于舍弃退一步，选取进一步，也不会影响人生的光芒。只有知进知退，才能够铸就人生的辉煌，才能赢得属于自己的人生。

第（五）篇　飞箝术

鬼谷子所说的飞箝术，「飞箝」之「飞」，就是飞扬、褒奖，制造声誉；「箝」就是「钳制」。飞箝的意思就是说先为对方制造声誉来赢取欢心，再以各种技巧来钳制他。飞箝术，也就是用褒奖的手段来钳住对方之术，通过「量智能、权财力、料气势」，最终达到用褒扬之词来收服人心，让对方为我所用。

第一节　度权量能——察人之所异

鬼谷子曰："凡度权量能，所以征远来近。立势而制事，必先察同异，别是非之语，见内外之辞，知有无之数，决安危之计，定亲疏之事，然后乃权量之，其有隐括，乃可征，乃可求，乃可用。"

鬼谷子的心理智慧

鬼谷子说："只要善于揣度人的智谋，考量人的才干，就能吸引远近人才。要造成一种声势，使事情获得成功，就得先观察人们相同和不同之处，区别议论的是与非，了解对内对外的各种进言，掌握其真假，决定事关安危的计谋，确定与谁亲近和与谁疏远。然后再看看这样做的利弊得失。衡量这些关系时，如果还有不清楚的地方，就要进行研究，进行探索，使之为我所用。"

鬼谷子主张"度权量能"，也就是如何识别人才，先观察人们相同和不同之处，区别议论的是与非，了解对内对外的各种进言，掌握其真假，确定与谁亲近和与谁疏远，这就是如何识人。现代社会，人们越来越关注那些古代遗留下来的文化瑰宝。比如很多在商海驰骋多年的老板，枕边必备一本《孙子兵法》；而很多人还通过《三国演义》来学习一些做人、说话的技巧。尤其是作为一个领导者，也应该学学古代兵法术的选人术，这样才能因地制宜地有效利用人才。

现代领导者，必须具备识人的能力，能够快速识别下属的真面目。很多

时候，领导容易被下属的外表迷惑，而作出错误的判断。领导要想识别下属的真面目，就应该学会由表及里，抓住下属的主要特点，揭开下属的伪装面具，看清楚其真实面目。领导者在识人的实际过程中，他们往往容易被下属的外表和漂亮的言辞所欺骗，并且委以重任，结果因为他一个人而导致整个任务失败。因此，领导者不要以外表看人，而是需要以才看人。

刘备是如何识人的呢？他经常会因为一次谈话，就能发现人才。比如庞统、邓芝、马忠等因见面与语而"大奇之"。刘备在与马忠谈过一次后，"虽亡黄权，复得狐笃，此为世不乏贤也"。而在刘备临终的时候，曾告诫诸葛亮，"马谡言过其实，不可大用，君宜察之"。但是诸葛亮却不以为然，后来他首次伐魏，就用马谡作为先锋，结果导致街亭之失。

其实，刘备不但善于识别下属的才能，而且对于人的品性也有较高的鉴定能力。在当阳战败的时候，有人说赵云已经北去投曹，结果刘备却说："子龙不弃我走也。"没过多久，赵云果然抱着刘备的儿子阿斗回来了。

另外，刘备对于人才往往可以给予体谅，甚至作出重大牺牲。比如刘备起兵伐吴时，黄权谏曰："吴人悍战，又水军顺流，进易退难。臣请为先驱以尝寇，陛下宜为后镇。"刘备不听，令权督江北诸军，防备魏师。刘备败后，黄权还蜀无路，被迫降魏。因此，执法官准备按法"收权妻子"。刘备却说："孤负黄权，权不负孤也。"对待黄权的妻子仍和往日一样。裴松之对刘备颇为赞赏，他认为刘备能斟酌是非，区别对待，对于这件事，他认为刘备胜过汉武帝甚多。

刘备出生于一个贫困之家，与母以贩鞋织席为生。在他年轻的时候，已学会结交豪侠，人人争附。尽管这样，有的上层豪强还是看不起他，当刘备升为平原相的时候，豪绅刘平还曾派刺客去杀害他。不过，当刺客受到刘备殷勤款待之后，十分感动，不但不忍心下手，而且还如实地吐露了自己的来意。后来，刘备、关羽、张飞桃园三结义，更是成为千古佳话。公元201年，刘备驻兵新野，荆州豪杰归附者越来越多，刘备渐渐意识到自己之所以屡遭挫败，主要是因为缺少优秀的参谋大将，于是，他开始留心寻访此类的人

才，于是有了刘备三顾茅庐的历史典故。对于刘备识人、用人，可以用"千里马常有，而伯乐不常有"来总结。

心理支招

鬼谷子告诉我们，只有善于识人，才能更好地用人。通常情况下，一个人的行为往往体现了其追求。当一个人进入工作状态，他就会为了加薪、升职而付出无限的努力，并极力追求一些在自己能力之上的荣誉。而那些平时只是默默专注于自己的工作的人，他们不会刻意去表现自己，突出自我，以致他们的身份也显得无足轻重，这样的人没有什么追求，只求当一天和尚撞一天钟。领导则可以通过下属在工作中的表现来判断下属是否可靠。

一般来说，一个人的所言即为心中所思，因而更能真实地反映和表达其真实的思想感情。在很多企业或公司中，有很多潜在的人才，他们在很多时候都不得志，从他们嘴里说出的大都是真心话，都是肺腑之言，不带一点虚伪与做作；而那些心中没有远大志向的人，他们就喜欢在人前说虚伪的话，说假话，以此来吸引他人的注意。因此，领导者可以通过下属的所言，辨别其心志，从而更有效地使用人才。

对于一个领导者来说，要善于辨别下属的才华，这是作为一个领导者必须具备的识人能力。下属之中有很多潜在人才，这就需要领导者去发现他们。因为他们是人才，那他们身上必然有着人才的优秀素质，他们或有初生牛犊不怕虎的胆略或有出污泥而不染的可贵品质。总而言之，如果他是一个人才，就会有不同于常人的地方。而领导者要善于发现这些人的不同之处，发掘其潜在的才能，这样才能使其发挥出卓越的能力。

第二节　知人善任——巧施"飞箝之术"

鬼谷子曰："引钩箝之辞，飞而箝之。钩箝之语，其说辞也，乍同乍异。其不可善者，或先征之，而后重累；或先重累，而后毁之；或以重累为毁；或以毁为重累。"

鬼谷子说："借用引诱使对方说出真情，然后通过恭维来钳住对手。钩钳之语是一种游说辞令，其特点是忽同忽异。对于那些没法控制的对手，或者先对他们威胁利诱，然后再对他们反复试探；或者先对他们反复试探，然后再摧毁他们；或者在反复考验中，毁灭对方，或者把摧毁对方作为反复考验。"

鬼谷子认为，在用人之时需要反复考察，反复验证，这就是所谓的知人善任。现代领导者要想掌握高超的用人之道，必先做到知人善任。知人，就是要了解别人，也就是对人的考察、识别、选择；善任，也就是对人要使用得当。所谓的知人善任，就是要认真地考察别人、确切地了解别人，把每个人都安排在适当的岗位上，让他们充分发挥自己的特长、施展才干，这才是一个领导者的重要工作之一。就好比一台机器，有了先进的设计、合理的结构和科学易行的操作规程，还必须有高质量的操作人员。通常情况下，路线确定之后，人就成了决定因素，就是这个道理。

学诚法师非常慈悲，又有观察力，他对每一位弟子的特点都了如指掌，

如何学修、承担，能够最大限度地帮助弟子成长，法师都有周到的考虑。

以前在广化寺，有时某个岗位缺人，法师就会说："某某可以做。"有时候法师提出的人选出乎所有人的意料，甚至大家认为最不合适的人，当他真的承担了那个岗位后，结果做得却非常好。弟子们感到，虽然同行之间彼此接触很多，但对身边的人，大家却不一定很了解。各人有什么特点、什么意愿，其实并不了解。而学诚法师虽然接触弟子的时间比较少，却更加了解每一个人，知道每一个人的长处、心愿、能力，一旦有了机会，就会安排合适的弟子去承担，最后事实总能证明他的选择是非常正确的。

学诚法师的观察力是弟子们公认的，大家都觉得不可思议，这正是法师悲智功德的体现。

俗话说："不知人之短，不知人之长；不知人长中之短，不知人短中之长，则不可用人。"可以说，知人是用人的前提，每个人的问题优点并存，长短处并存，有的人内秀而外拙，才不外露，不容易被发现；有的人博学多智，却只会纸上谈兵，这样的才能很难展现出来。我们如何去了解这些人，那就需要从信任出发，从了解入手，知其德才学识，明其优劣长短，从其发展的前景把握，要想准确、清楚地了解一个人，不能只看文凭和档案，也不能仅仅凭感觉和印象，而是需要深入了解，全面分析，这样才能辨其才能，明其本质，才能真正做到"善任"。

在知人善用方面，曹操深谙其中的道理。

《三国志·魏志·张辽传》记载，曹操征张鲁前，给合肥护军薛悌一封密函，上书"贼来乃发"。不久孙权率十万众来围合肥。此时张辽、李典和乐进三人共守合肥，众人拆开密函一看，曹操在信中对合肥的防御和进攻作出了周密的部署：若孙权至，张、李二将军出战，乐进守城。这三位将军"素皆不睦"，然而张辽在曹操的指示下表示坚决出战，以攻为守，此举感动了另外二人，决定放弃私怨，愿意听从张辽的指挥，共同抗敌。乐进生性怯懦，过于谨慎，正好适合守城。结果合肥一战，张辽与李典在逍遥津以步卒八百，破孙权军十万，创下了史上有名的以少胜多的战役。

话说："夫兵，诡道也。至于合肥之守，悬弱无援，专任勇者，则好战生患；专任怯者，则惧心难保。且彼众我寡，众者必贪惰；我以致命之师，击贪惰之卒，其势必胜。"在这里，不能不归功曹操知人甚深，他不仅了解张、李、乐三人平日的隔阂，更对三人的作战能力、用兵特点以及性格修养都了如指掌。因此这封密函不仅调解了三将的关系，又通过适当的分工，使三将的优劣互补，最大限度地发挥了三将在防御作战中的整体优势。

心理支招

鬼谷子之所以重视对人才的反复考察，反复验证，其目的在于如何善任。善任的重点在于扬长避短，不过，怎样才能扬长避短呢？要学会量才使用，有的人善于管理，有的人懂业务，在选才时要以"质"为依据，以"质"为调配，这样才能使人才的质得以体现；要注意团队结构，人才群体的组成应注意知识结构、年龄层次、专业类型、性格特点等合理搭配，这样才能产生人才资源的互补效应。此外，我们要注意重用性交流，也就是选拔优秀的人才可以担任重要岗位。

第三节　选才之道——观其言，察其行

鬼谷子曰："其用或称财货、琦玮、珠玉、璧帛、采色以事之。或量能立势以钩之，或伺候见涧而箝之，其事用抵巇。"

鬼谷子说："想要重用某些人时，可先赏赐财物、珠宝、玉石、白璧和封地，以便对他们试探；或者通过衡量其才能创造气氛，来吸引他们；或者通过寻找机会来控制对方，在这个过程中要运用抵巇之术。"

鬼谷子认为，想要重用某些人时，可赏赐财物、珠宝等贵重物品，试其是否贪心；或授以权力、用名利地位吸引，试其能力优劣；或运用抵巇，暗中找出弱点漏洞，最后予以钳制。现代领导者若想重用某人时，应该考察其态度、能力等，通过试探找出其弱点或漏洞，最后为自己所用。比如，有时候，领导者需要考察一个人是否清廉，那么你就可以让他处理财务，以此来判断他是否是一个清廉的人。因为，每一个人在面对金钱诱惑的时候，都会忍不住伸出罪恶的手。比如，你可以把他调到容易拿到回扣的岗位，经过一段时间的观察，你就能清楚地了解对方是否清廉。如果他在工作期间，欲望膨胀，见钱眼开，那就表明他不是清廉的。

拿破仑总是花很多时间来研究自己的下属到底对什么最动心，钱财？权力？美名？而后他总是发现人们对于那些迷惑人的头衔是毫无招架之力的，因此，当他一旦找到下属的弱点和漏洞，他就有了应付的办法。

拿破仑为了能让他新创立的地位在那些拥戴者的维持下永远不倒，因此他对赏赐从来不吝惜，他创立并封赐了许多崇高的头衔和荣誉。在建立自己的王朝之后，他制定了一种荣誉勋章，并且将1500余枚十字勋章授予了他的臣民；他重新启用了法兰西陆军上将的官衔，将这一高位奉赠给了18位将官；同时授予优异的士兵"大军"的光荣头衔。这些光荣的头衔，让他的臣民感激他、拥戴他，他新创的帝位也因此得到了巩固。

拿破仑正是不吝惜地向自己的臣民授予这样或那样的头衔，所以他的臣民都会感激他、拥戴他，使他新创的帝位得到了巩固。尽管头衔是虚的，但是它们的功效却非同小可。拿破仑就是利用那毫无物质价值的但却是最迷惑人的头衔，让他的将士甘于为他浴血奋战，让他的臣民拥戴他，使自己的帝位得到了巩固。很少有人像拿破仑一样清楚头衔的价值，也很少有人能比他更懂得人是多么迫切地想得到这种极具诱惑的东西。

有一次，鲁哀公问孔子道："应该选取什么样的人才呢？"孔子回答道："弓与箭协调，然后才能要求它射中；马老实善良驯服，然后再要求它是骏马；人一定要忠实、诚恳、稳重、朴实，这以后才能要求他的智慧和才能。现在有人不忠实、不诚恳、不稳重朴实，却富有智慧、才能，像这样的人犹如豺狼一般，不能让自己靠近它。因为这个缘故，先要看他确实是仁厚、诚恳的人，然后才亲近他，如果这个人又有智慧才能，然后再任用他。所以说，亲近仁厚的人并任用他的才能。选取人才的方法，不仅要听他说，更要观察他的行动。言语是用来抒发他胸中的志向和感情的，能干事的人，一定能用语言表达出来。因为这个缘故，先要看他说的，然后考察他的行为。用言语来考察他的言行，即使有为非作歹的人，也无法掩饰他的真情。"哀公说："说得好。"

孔子说："选取人才的方法，不仅要听他说，更要观察他的行动。言语是用来抒发他胸中的志向和情感的，用言语来考察他的言行，即使有为非作歹的人，也无法掩饰他的真情。"其实，在日常生活中，与人交往，要想了解对方的真实心理，我们依然需要观其行，察其言，因为对方的言行是没有

办法掩盖的，它能清楚地反映其内心所想。

此外，领导者还可以通过提问来选拔人才、辨别人才。

1. 不断追问

领导者要善于使用"穷之以辞"来观察对方的反应。你可以针对某个问题对其进行追问，而且越问越深入，使人难以招架，并以此观察对方的反应。通常那些缺乏自信的人，在你的追问之下，就显得手足无措，一副慌张的样子，甚至不知道如何来应对；而那些充满自信的人，即使面对一连串的问题，他们也能从容不迫，保持镇定，思路清晰地来回答你的问题。

同时，你也可以通过对方的表情来判断其是什么样的人。如果他对一件事情并不是很了解，就会流露出慌张的表情，左顾右盼，不知所措；而对事情完全了解的人就会保持镇静，连眼睛也不眨一下。

2. 多方面质问

领导者可以对下属进行多方面的质问，从中可以观察对方到底知道多少。实际上，如何来判断对方到底了解多少，并不只是靠问题的表面形式，而是要注重问题的深度。有的问题只是形式上的问题，不足以挖掘出对方更深层的东西，比如"你平时都喜欢干什么"。而有的问题则可以直接进入重点，通过对方的回答看出对方的才能、思想程度，比如"你对这个问题是怎么看的？"领导在向下属提问的时候，要多问一些有深度的问题，而不是为了提问而提问。

一般而言，我们会被一个人的外表和言行举止所蒙骗。当你对其进行多方面的质问之后，你就会发现这样的事实的确存在。比如，那些平时看似应变有方的人，在面对提问时却支支吾吾，或是答非所问；而看似不够机灵的人，却往往能提出解决问题的有效方法。

3. 坦率询问

作为领导者还要善于使用这样的办法，那就是把自己的秘密坦率地说出来，以此来考验下属是否值得信赖。对方是否能守住秘密，你不妨故意泄露个秘密给他，试探一下他，如果他能够坚守这个秘密，那么他无疑是值得你

信赖的。如果他听了你的秘密后很快跑出去告诉别人，这种无法守密的人，就不要重用，不能信任，需要敬而远之。而那些能够为你保守秘密的人，才是值得你信任的人。

心理支招

除了鬼谷子所说的以财货、珠宝去试探下属的反应，我们还可以通过喝酒判断其态度。领导者要想判断出对方的态度，你可以请他喝酒，以此来观察他的态度。有的人虽然平时显得彬彬有礼，工作也做得很到位，但是三杯酒下肚就会露出真实面目，他们只会满嘴牢骚，以此发泄心中的不满。那么，你就可以判断出他一定是个经常怀有不满且有强烈的嫉妒心甚至害人之心的人。

一般而言，人们在酒醉之后都会表现出真实的一面，所说的话也是平时不敢说的，所做的事情也是平时不敢做的。俗话说："酒后吐真言。"而领导者可以在下属酒醉之后，观察其言行，透析其真实的面目。

第四节　知其好恶——以箝术赢人心

鬼谷子曰："将欲用之于天下，必度权量能，见天时之盛衰，制地形之广狭、阻险之难易，人民货财之多少，诸侯之交孰亲孰疏，孰爱孰憎，心意之虑怀。审其意，知其所好恶，乃就说其所重，以飞箝之辞，钩其所好，乃以箝求之。"

鬼谷子说："要把'飞箝'之术向天下推行，必须考量人的权谋和才干，观察天地的盛衰，掌握地形的宽窄和山川险阻的难易，以及人民财富的多少，诸侯间交往中谁与谁亲密，谁与谁疏远，谁与谁友好，谁与谁相恶。要详细考察对方的愿望和想法，了解他们的好恶，然后针对对方所重视的问题游说他，先用'飞'的方法诱出对方爱好之所在，最后再用'箝'的方法控制对方。"

鬼谷子认为，想要控制对方，必须知道对方的喜好，然后投其所好，这样才能有效地控制对方。著名口才大师卡耐基说："即使你喜欢吃香蕉、三明治，但是你不能用这些东西去钓鱼，因为鱼并不喜欢它们。你想钓到鱼，必须下鱼饵才行。"简单地说，当我们在与对方接触的时候，需要"忘记"自己的兴趣与爱好，以对方的喜好为主，这样能让对方感觉受重视、受尊重，继而赢得对方的好感与信任。许多人总是忽视了对方的喜好，从来不考虑别人，这样的人永远不会得到对方的认同。

富兰克林年轻的时候，在费城开了一家小印刷厂，在州议会的复选中，他被推举为宾夕法尼亚议会下院的书记员。可就在这紧要的关头，却出现了危机。一个新当选的议员在正式选举之前为难他，那位议员公开发表了一篇反对演讲，演说篇幅很长，措辞尖锐，在那位议员眼里，富兰克林简直一文不值。面对这种出人意料的状况，富兰克林有点手足无措了。

后来，富兰克林听说他收藏了几部十分名贵而罕见的书，于是，他就给那位议员写了一封短信，表示自己十分钦佩他的学识，很想读一读他所收藏的珍贵书籍，希望他能答应自己的恳求，让自己得以饱览他那些珍贵的书籍。那位议员一接到富兰克林的信，就马上把书送来了，一个星期后，富兰克林准时送还了那些书籍，还附了一封十分热情的信，表达了自己的感谢。

后来，富兰克林在议院偶尔碰到那位议员，那位议员开始主动跟富兰克林打招呼，而且十分客气。临别的时候，他答应富兰克林会尽他所能给予帮助。于是，他们成了很好的朋友，直到那位议员过世。

知道议员喜好收集名书，富兰克林投其所好，表示自己十分钦佩他的学识，很想读一读他所收藏的珍贵书籍。慢慢地，那位议员不仅对他取消了偏见，而且还成了不错的朋友。在平时生活中，我们要了解对方的喜好、性格和欲望所需，揣摩其心理，投其所好，让对方感到愉悦，深信不疑。如此一来，利用情趣把对方吸引住了，对方才肯为你的事情付出努力。所以，我们在提出自己诉求的时候，尽量避免谈论自己，投其所好，使对方产生一种优越感，继而影响其心理，使对方乐意予以帮助。

赫蒙是一名矿冶工程师，毕业于美国的耶鲁大学，同时又在德国的弗莱堡大学拿到了硕士学位。按理说，以这样优秀的资历，赫蒙应该很好找工作。

但是，当赫蒙带着所有的文凭去找美国西部的大矿主赫斯特的时候，却遇到了麻烦。原来那位大矿主是一个脾气古怪而又比较固执的人，他自己没有文凭，因此就瞧不起那些有文凭的人，对那些文质彬彬又喜欢讲理论的工程师尤其讨厌。所以，当赫蒙前去应聘递送文件的时候，还以为老板会很喜

欢自己，没想到赫斯特毫不客气地说："我之所以不想用你就是因为你曾经是德国弗莱堡大学的硕士，你的脑子里装满了一大堆没有用的理论，我可不需要什么文绉绉的工程师。"

赫蒙听了，先是一愣，不过聪明的他很快就有了应对之策，他不仅没有生气，反而心平气和地回答说："如果你答应不告诉我父亲的话，我要告诉你一个秘密。"赫斯特点点头，于是赫蒙小声地说："实际上我在德国的弗莱堡并没有学到什么，那三年就是玩耍过来的。"没想到赫斯特听后笑呵呵地说："好，那明天你就来上班吧。"

赫蒙了解到"赫斯特是一位脾气古怪而又固执的人，他自己没有文凭，所以就不相信有文凭的人，更不喜欢那些文质彬彬又专爱讲理论的工程师"。于是，在与赫斯特正式交谈的时候，赫蒙投其所好，告诉对方"其实我在德国的弗莱堡并没有学到什么，那三年就好像是稀里糊涂地混过来一样"，最后，由于赫蒙运用了投其所好的策略轻易地在一个非常顽固的人面前通过了面试。

心理支招

鬼谷子认为，要想控制他人，一定要知其喜好，再投其所好。山田久二是日本非常有名的推销大王。他成功的秘诀就是说话看对象，见什么人说什么话，积极求同。他不仅模仿对方的口音、语言、身体姿态，还依据对方的爱好、职业等特点来装扮自己，使对方感觉特别亲近可靠。其实，每个人都希望他人与自己是同类，而模仿对方无疑给对方一种惺惺相惜的感觉。

每个人都有自己的兴趣爱好，如果你表现出对他人的喜好很感兴趣，这会令对方心情相当愉悦。因此，我们在谈话过程中，需要了解对方的兴趣爱好，尽可能地先从对方的兴趣爱好切入。每个人都渴望得到他人的尊重与认同，尤其是自己所取得的成绩。我们在求人办事的时候，不妨从对方得意的事情说起，给对方戴一顶高帽子，他一定会乐意帮助你的。

第五节　人尽其才——用人如器，扬长避短

鬼谷子曰："用之于人，则量智能、权财力、料气势，为之枢机，以迎之、随之，以箝和之，以意宣之，此飞箝之缀也。"

鬼谷子说："如果把'飞箝'之术用于他人，就要揣摩对方的智慧和才能，度量对方的实力，估计对方的士气，然后以此为突破口与对方周旋，进而争取以'飞箝'之术达成妥协，有意识地适应对方。这就是'飞箝'的秘诀。"

鬼谷子认为，用人需要人尽其才，善于揣摩对方的智慧和才能，度量对方的实力，估计对方的士气，然后扬长避短，有意识地适应对方，这就是飞箝术。君子用人如器，各取所长。这个道理告诉我们，用人不能学医生看病，专挑毛病，所谓"人无完人，金无足赤"，每个人都有缺点，用人不应该看他不能干什么，而应该看他能干什么，找他的长处，这样才能实现"人尽其才，物尽其用"。

有一次，魏徵在家里接待一位前来求职的年轻人，这位年轻人在魏大人面前表现得不善言谈，不懂世故，脾气古怪。推荐人站在旁边极其尴尬，认为他肯定没有录用的希望。出乎意料，魏徵却留下了这位年轻人，因为魏徵从这位年轻人不通世故的短处中，看到了他铁面无私、刚直不阿的长处，于是任命其为"监库门"。

这位年轻人上任之后，果然恪尽职守，库亏之事很少发生。

扬长避短是领导者用人的基本方略，一个优秀的领导者应该学会容忍下属的缺点，同时积极地发掘他们的优点，学会用长处弥补其短处，这样让每个下属都能发挥专长。世界上没有两片树叶是相同的，人亦是如此，每个人都有自己的独特价值，假如领导者能够让下属发挥自己的所长，通过互补，缺陷就会越来越少，这样通过资源整合，以一人之长补另一人之短，整体效果就提升了。

有一次，曾国藩收到了学生李鸿章的一封书信，在信中，李鸿章向恩师推荐了三位年轻人，希望他们能在恩师的帐前效力。没过几天，家人来报："李大人推荐来的人在庭院等候。"曾国藩心生一计，他悄悄地在离他不远的地方停了下来，暗暗观察这几个人。只见其中一个人不停地用眼睛观察着屋内的摆设，似乎在思考着什么；另一个年轻人则低着头规规矩矩地站在庭院里；剩下的那个年轻人虽然相貌平庸，却气宇轩昂，背负着双手，仰头看着天上的浮云。

观察了一会儿，曾国藩便回到了房间。很快，他就召见了这三位年轻人，和他们攀谈起来。慢慢地，曾国藩发现，不停打量自己客厅摆设的那个年轻人和自己谈得最投机，自己的喜好习惯，似乎他早已熟悉；相比之下，另外两个人的口才就差一点了，不过，那个抬头看云的年轻人虽然口才一般，但对人对事都有自己的看法，不过，说法比较直。最后，出人意料的是，曾国藩并没有对那个与自己谈得最投机的人委以重任，而是让他做了一个有名无权的虚职；他派那个很少说话的年轻人去管理钱粮马草；而那个看云的年轻人却被派去军前效力，而且，曾国藩再三叮嘱，这个年轻人要重点培养。

众人听到曾国藩这样安排，都十分疑惑，对此，曾国藩道出了原委："第一个年轻人在庭院里等待的时候，便用心打量大厅的摆设，刚才他与我说话的时候，明显看出他对很多东西不甚精通，只是投我所好罢了，由此可见，此人善于钻营，有才无德，不足托付大事；第二个年轻人遇事唯唯诺

诺，沉稳有余，魄力不足，只能做一个刀笔吏；最后一个年轻人不焦不躁，竟然还有心情仰观浮云，就这一份从容淡定便是少有的大将风度，更难能可贵的是，面对显贵他能不卑不亢地说出自己的想法而且很有见地，这是少有的人才啊！"曾国藩一席话说得众人连连点头称是。"不过，他性情耿直，很可能会招来口舌是非。"说完，曾国藩不由得叹息一声。

原来，那位观云的年轻人就是刘铭传，他没有辜负曾国藩的厚望，在后来的征战中脱颖而出，并因为战功赫赫被册封了爵位。然而，也正如曾国藩所预料的那样，性情耿直的刘铭传被小人中伤，黯然离开了台湾。在等待的时候，三位年轻人神态各异，曾国藩不仅观察出了其中的端倪，还加以了分析，从而了解了三位年轻人真正的才学，发出了后面的感慨。如此看来，人尽其才，扬长避短，才能将人才为我所用。

心理支招

鬼谷子认为，在用人方面需要遵循扬长避短的原则。日本著名的松下集团领导者松下幸之助曾说："一个人的才干再高，也是有限的，且往往是长于某一方面的偏才，而将众才为我所用，将许多偏才融合为一体，就能组成无所不能的全才，发挥出无限巨大的力量。"要用好人才，就必须"择人任势"，一个人，不可能具备各种才能，胜任一切岗位，某一特定人才总有最适合他的位置。这就需要领导者在"知人"的基础上，对人才的适用上给予恰当的安排，形成人员配置的最佳组合机构，达成最佳组合。

第六节　飞箝美言——学会赞美他人

鬼谷子曰："用之于人，则空往而实来，缀而不失，以究其辞，可箝可横，可引而东，可引而西，可引而南，可引而北，可引而反，可引而覆，虽覆能复，不失其度。"

鬼谷子说："如果把'飞箝'之术用于外交，可用华美的辞藻套出对方的实情，保持联系，勿使失误，以便考究游说的辞令。这样就可以把握关键实现合纵，也可以实现连横；也可以引而向东，也可以引而向西；可以引而向南，也可以引而向北；可以引而返还，也可以引而复去。虽然如此，还是要小心谨慎，不可丧失其节度。"

鬼谷子认为，"用之于人，则空往而实来，缀而不失，以究其辞"，假如把"飞箝"用于外交，那可以用赞美的语言套出对方的实情。在今天这物欲横流、人际关系隔膜极深的浮躁社会里，精神的慰藉众望所归成了人们心里无限的渴望。许多人不轻意对他人流露赞许的情感，让美好的言辞硬生生地压抑在心底深处，人类情感的交流也就渐渐走向沙化的荒漠。人与人之间的肯定和赞许，在很大程度上，能架起心与心相通的桥梁。人们之间的相互赞美可成为人际关系趋向友好和改善的润滑剂。学会赞美别人，必定能够融化彼此间寒冷的坚冰，必定能洞穿相互间心灵的隔膜。意外的赞美常常会使人喜悦倍增，拉近彼此之间的距离，从而能够更好地说服对方

甘愿为自己效力。

有一次，卡耐基到邮局寄一封挂号信，人很多。卡耐基发现那位管挂号信的职员对自己的工作已经很不耐烦了，可能是他今天碰到了什么不愉快的事情，也许是年复一年地干着单调重复的工作，早就烦了。因此，卡耐基对自己说："我必须说一些令他高兴的话。他有什么真的值得我欣赏的吗？"稍加观察，卡耐基立即就在他身上看到了值得自己欣赏的一点。

因此，当他在接待卡耐基的时候，卡耐基很热忱地说："我真的希望能有您这种头发。"

他抬起头，有点惊讶，面带微笑。"嘿，不像以前那么好看了，"他谦虚地回答。卡耐基对他说，虽然你的头发失去了一点原有的光泽，但仍然很好看。他高兴极了。双方愉快地谈了起来，而他说的最后一句话是："相当多的人称赞过我的头发。"

卡耐基说：我敢打赌这位仁兄当天回家的路上一定会哼着小调；我敢打赌，他回家以后，一定会跟他的太太提到这件事；我敢打赌，他一定会对着镜子说："我的确有一头美丽的头发。"想到这些，我也非常高兴。

卡耐基只是意外地赞赏了那位职员，就使本来不愉快的职员露出笑容，并开始愉快地和卡耐基聊起来。如果卡耐基什么话都没有说，那位职员虽然碍于工作情面不得不管理挂号信，但是态度上肯定不会面带微笑。至少，他在卡耐基的赞美声中，是乐意帮忙的，而不是仅仅当工作一样死板地处理。学会真诚地赞美他人，并让它成为一种习惯，那么，你就会发现寻找一个人值得赞美的一点多么容易。而赞美别人，不仅让他人感到喜悦，也会使自己的心情变得愉快起来。

清代著名诗人、文学评论家袁枚，他的特长就是给人戴高帽子，而且每一次都百发百中。他考取功名后，被朝廷任命为地方县令。上任之前，他特地去向老师尹文瑞辞行。

尹文瑞问他："你年纪轻轻就得到朝廷重用，一定要谨慎行事，做好应付官场上各类事务的准备。不知道你都做了哪些准备？"袁枚说："老师，

我已经准备好了100顶高帽子，其他没准备什么。"尹文瑞是乾隆时期的一位名臣，不仅知识渊博，而且德行操守堪称一流。听了袁枚的话，尹文瑞很不高兴地说："年轻人怎么搞这一套，太庸俗了！"袁枚恭敬地回答："现在社会上人人都喜欢戴高帽子，不准备不行。说句真心话，世上有几个具备老师您这样的品德和操守，却不喜欢别人送高帽子的人呢？"尹文瑞听罢，不禁频频点头，转忧为喜。从尹文瑞那儿回来后，其他弟子纷纷问袁枚和老师谈得怎么样。袁枚说："我准备的100顶高帽子只剩下99顶了，还没上任就送给了老师一顶。"

在潜意识里，我们都渴望得到别人的赞美。由此及彼，别人也渴望我们的赞美。所以，学会赞美别人往往会成为你处世的法宝。或许他不会因为我们一句意外的赞美而彻夜不眠，但是他会为了我们一句不经意的赞美而喜悦，也会对我们充满感激。一句意料之外的赞美之词，会让他兴高采烈，这个时候，你再拜托他帮一个小忙，我想他是十分乐意的。

心理支招

鬼谷子认为，华丽的辞藻可以让人们感到欢喜，从而利于自己探明实情。事实证明，生活中不经意的一句赞美能收到很大成效。人总是喜欢被赞美的，即使明知对方讲的是奉承话，但是心里还是免不了沾沾自喜，这是人性的弱点。在交际中，学会恰当赞美他人，让他人乐意为我们效力。

第六篇 忤合术

『忤合』，其实就是灵活应变的策略，鬼谷子先生认为世间的事物没有永远是高贵的，也没有永远居于权威地位的。圣人应该『无所不作』『无所不听』，主张『因事为制』，善于『向背』，精于『忤合』。任何事情都有正有反，有顺必有逆，有利必有不利，有直便有曲。我们要善于从曲中见直，从直中见曲，从利中见不利，从不利中见利。

第一节　危中求机——变不利为有利

鬼谷子曰："凡趋合倍反，计有适合。化转环属，各有形势。反覆相求，因事为制。是以圣人居天地之间，立身御世，施教扬声明名也，必因事物之会，观天时之宜，因之所多所少，以此先知之，与之转化。"

鬼谷子说："凡是要趋向合一或背叛分离，都要施以与理相合的计谋。变化转移，像环一样连接无缝隙，而且各有不同的形式。彼此反复相求，根据事情的实际作出处理。所以圣人生存在世界上，他们的立身处世，都是为了说教世人，扩大影响，宣扬声名。他们一定会根据事物的变化，观察合适的时机，根据国家教化宜多或宜少的地方，预先察知、调整而使计谋随之转化。"

在鬼谷子看来，"必因事物之会，观天时之宜，因之所多所少，以此先知之，与之转化"。也就是说，凡事要根据事物的变化，观察合适的时机，根据国家教化宜多宜少的地方，预先察知、调整而使计谋随之转化。很多时候，我们会面临危机，这时候就要想办法转化，变不利为有利。马云曾说："作为一个商人，我觉得危机中总会含有机会，我是以非常积极的态度看待金融危机的。"俗话说："乱世造英雄。"乱世，本来就是一片狼藉、混乱，在这样一个糟糕的环境里，怎么会有机遇呢？又哪里会出英雄呢？的确，在乱世中是没有任何机遇发展而言的，但是，如果将时机把握得当，自

会出人头地。许多人不相信在乱世中能有什么机遇，其实，乱世就是一个创业和发展的好时机，如果你能够把握适当的时机，就可以在一片乱世中脱颖而出，一举成为乱世中的英雄。

巴菲特说："当别人贪婪时我恐惧，当别人恐惧时我贪婪。"如何看待乱世？他却这样说："我喜欢乱世，乱世的东西很是便宜，就像一个色鬼来到了女儿国，每次的危机都是一次买入的绝好机会。"他为什么对乱世情有独钟呢？是的，巴菲特作为世界首富之一，他正是在危机中投资股票而发家致富的。

2008年，经济性危机席卷全球，在这样一个人心惶惶的时刻，巴菲特却发现了其中的绝好机会，他毫不犹豫地购买了许多公司的股票，比如通用、比亚迪等。当美国的华尔街陷入一片狼藉时，巴菲特却兴致勃勃地开始自己的投资，他趁机买下了所有之前一直看好但却无机会买进的股票。

等到经济危机平息后，巴菲特成为最后的赢家，跨入了世界首富的行列。

巴菲特发现了隐藏在经济危机中的商机，并以此跨入了世界首富的行列。其实，我们每个人都是可以成功的，只要你以积极的态度去看待危机，以敏锐的眼光发现其中的商机，那么，成功就是属于你的。谁说只有在顺境中才会成功，事实上，危机越大，机会则越多，很多时候，我们在危机面前一败涂地，那是因为没能发现其中的绝好机会。

胡雪岩所在的那个年代，市场不稳，社会动荡不安。然而，面对这样一个环境，胡雪岩并没有一蹶不振，而是将更多的精力和时间都花费在生意上。胡雪岩敢于在乱世中寻找机遇，当其他人在乱世中无所事事的时候，他的事业却已经开始了。

被信和钱庄解聘后，胡雪岩等待王有龄的归来。当王有龄捐官成功归来，胡雪岩在乱世中看到了商机，想亲自创办钱庄。为什么会选择创办钱庄呢？原因是多方面的，胡雪岩曾在钱庄当了几年的伙计，对这门生意自然十分熟悉，另外，胡雪岩本人对这个行业很感兴趣。但是，真正促使他去行动的原因则是，这是一个绝好的商机。胡雪岩认为，在乱世中，如果能顺利开

设一家钱庄，肯定会成为一桩好生意。

当时，太平天国运动似乎有愈演愈烈的趋势，而农民起义则密集于长江中下游以及湘、闽一带。在这样一个兵荒马乱的年代，做一般的生意会遭到严重的冲击。可对于钱庄这个行业来说，无疑是一个好机会，由于市场动荡不安，而随之将是银价的起落比较大，这样一来，钱庄就有了低进高出的机会。当时，胡雪岩说："只要看得准，兑进兑出，两面好赚。"不管是银票汇兑，还是放出，都会大赚一笔。

眼光敏锐的胡雪岩抓住了这样的商机，义无反顾地开办了自己的钱庄。果然，由于他经营有方，再加上人们的大力支持，钱庄的生意日益兴隆，不久，还开了分店。就这样，抓住了一个好的机会，胡雪岩从一个身无分文的小伙计跃身变成大商人。处于乱世，其实，并不像我们所想的那样，没有发展的机遇，相反，如果善于应付乱世，把握机会，你同样可以走向成功。胡雪岩就是一个在乱世中脱颖而出的英雄，因抓住了时机，而一跃成为大名鼎鼎的红顶商人。

现代社会，当然不存在乱世，但是，我们却时常遭遇危机。许多人总是将危机看作灾难，心中认定只要危机出现，便会衍生许多困难与麻烦。其实，危机，顾名思义，机遇藏在危险之中。对于那些善于把握机遇的人来说，危机并不完全是灾难，其中还隐藏着许多机遇。只要变不利为有利，抓住机遇，就一定会成功，似乎，隐藏在危险中的机遇带给我们成功的可能性更大一些。

心理支招

鬼谷子告诉我们，任何事情都是可以转化的，比如机遇。在生活中，好事与坏事是可以互相转化的，甚至，一件好事中有可能隐藏着坏的契机，而一件坏事中往往隐藏着良好的征兆。当危机来临时，不要失去信心，而是善于看到机遇和光明，这样，你才能求得更多的机遇。那么，你所遭遇的坏事就有可能变成好事。

第二节 审时度势——识时务者为俊杰

鬼谷子曰："世无常贵，事无常师。圣人无常与，无不与；无所听，无不听。成于事而合于计谋，以之为主。合于彼而离于此，计谋不两忠，必有反忤。反于是，忤于彼；忤于此，反于彼；其术也。"

鬼谷子说："世间没有永恒的高贵，事情没有固定的模式。圣人经常作为而无所不为，常听天下，而无所不听。假如事情必然能成功，而且又合乎计谋的原则，就应该以此作为主体。虽然合乎别国君主的意思，可惜却背离自己君主的原则，这就叫'计谋不两忠'。其中必有顺逆的道理存在，既背叛自己君主，又忤逆别国君主；既忤逆自己君主，又背叛敌国君主，这就是'反忤之术'。"

鬼谷子认为，世间没有永恒的高贵，事情没有固定的模式。圣人经常作为而无所作为，经常听天下，而无所不听。假如事情一定会成功，而且又合乎计谋的原则，那就应该以此作为主体。古人云："天下大事，顺势者昌，逆势者亡。"人生是一个风云变幻的舞台，几乎每一天都会发生变化，因此，我们需要看清时务，必要时顺势采取适宜的计策，如此这样，才能保全自己的位置，相反，不顺应形势，迟早会吃亏。任何时候，只有顺应形势谋求发展、寻找机会，才能保全自己。在《三国志》里，司马微说："平庸的书生文士怎么会认清天下的大势呢？能认清天下大势的人才是杰出的人

物。"的确，因为只有看清了局势，方能顺势而为。在现实生活中，我们常常用"顺"来表示美好，那些懂得顺水推舟、顺势而为的人，才能达到圆满的人生。

曾国藩凭着自己几十年的仕宦生涯，对官场的险恶看得最清楚。平定太平天国运动之后，清政府对曾国藩的弟弟很不放心，欲其速离军营而不令其赴任浙江巡抚。面对这一形势，曾国藩无奈，只好以病情严重为由，奏请曾国荃开浙江巡抚缺，回乡调理，避开锋芒，不巧这正是朝廷的意思。

曾国荃回乡修养，本是曾国藩的韬晦之计，顺应形势，暂时退避是为了永久保住自己的既得利益。不过，对于曾国荃来说，他却是一个不甘寂寞的人，尤其对于朝廷有意牵制曾家兄弟的举措很不满，流露出憎恨。曾国藩却自有计策，他多次嘱咐弟弟不要轻易出山，如今时局严重，不必惹祸上身，最好在家静养一年。对此，曾国藩在日记中写道："有见识的人士和相爱的朋友大多奉劝弟弟暂缓出山，我的意思是让弟弟多调养一段有病的身体，在家闭门三年，再插身而出，担当天下的艰巨任务。"同时，他还嘱咐弟弟："弟弟子素的性情就是好打抱不平，发泄公愤，同时又对朋友情谊深厚，非常仗义，这个时候告病在家，千万不要对地方公事干预丝毫。"在曾国藩的耐心劝导下，曾国荃耐着性子在湖南老家待了一年多。

直到清政府颁布诏令命曾国荃改任湖北巡抚，并帮办"剿捻"军务，这时，曾国藩认为形势已经好转，才力促弟弟出山而任事，他说："唯决计出山，则不可再请续假，恐人讥为自装身份太重。余此信已为定论下次不再商矣。"

曾国荃的退隐和出山，均是曾国藩的权宜之计，时局严重，清廷对曾氏兄弟有了疑心，这时，曾国藩看清了局势，规劝弟弟暂时退隐，如此一来，才能永久保住自己的既得利益。如果执意下去，有可能曾国荃的官运不长久。在曾国藩的耐心劝导下，弟弟回老家修养了一年多，这时，清廷已经消除了疑心，打算请曾国荃出山。于是，在顺势的条件下，曾国藩觉得弟弟出山的机会成熟了。因此，这才有了后来曾氏家族在清廷的美名。

俗话说："识时务者为俊杰。"当形势已经发生了变化，而你还在原地执迷不悟，那么，大势所趋，你将被不可抗拒的洪流所淹没。在官场如此，在职场亦如此，顺势而为，让自己时刻处于安全的位置，这才是智者应当有所为之事。在职场中，有可能昨天还得意的职员今天就被勒令离职了，这是一件很正常的事情，比如，本来熟悉的上司调走了，来了一个全然陌生的领导。似乎自己这小职员的命运就一直这样了，可是，自己能怎么样呢？只能看清时务，顺势采取权宜之计才是上策。

心理支招

松下幸之助说："经营，其实就是一种顺势。"在职场中，要想成就一番事业，就必须顺势而谋，在局势变化的过程中，有许多值得我们学习的东西，而只有不断学习才能积累"能量"，就比如曾国荃在老家调养身体一样，一旦时机成熟，我们就会获得成功。

当局势发生了变化，自己之前所渴望的机遇也擦肩而过，这时候，我们该怎么办呢？怨天尤人？还是韬光养晦、蓄势待发？俗话说："不飞则已，一飞冲天；不鸣则已，一鸣惊人。"如何面对既成的局面，唯有不断地提高自己的能力，等待机遇的到来，再迅猛出击，奋起拼搏。我们要想获得成功，就要学会顺势，蓄势待发，时刻准备着，积蓄能量，等待机遇的到来。

第三节　深谋远虑——万事烂熟于心

鬼谷子曰："用之于天下，必量天下而与之；用之于国，必量国而与之；用之于家，必量家而与之；用之于身，必量身材气势而与之。大小进退，其用一也。必先谋虑，计定而后行之以飞箝之术。"

鬼谷子说："将反忤之术运用到天下，一定要根据天下实际情况而运用它；用于治理邦国，一定要根据邦国实际情况运用它；用于治理家族，一定要根据家族实际情况运用它；用于个人，一定要根据自身才能气概运用它。总而言之，不论大小进退，其功用是相同的。因此，一定要先深谋远虑，定下计策谋略之后再运用'飞箝之术'。"

鬼谷子认为，我们在使用飞箝术之前，一定要深谋远虑，把每件事都过滤一遍，以防万一。在生活中，老人常常说："做事之前就要想到后面四步。"其实，向前每走一步，我们都需要相应对的方法，如果不能看得那么远，至少我们需要看见一步。深谋远虑，也就是做事情，不仅需要稳当、周全，而且，不要急于求成，不能只顾眼前利益。一个成大事的人，眼光总是比身边的人看得稍远一点，他不着眼于眼前的利益，而是看得更远。许多人之所以不断地失败，那是因为他们只看到了眼前的利益，做事不彻底，往往在离成功尚差一步时就停止了，自然，他们也就与成功失之交臂了。

汉朝初期，汉高祖刘邦派樊哙以相国名义带兵去平定谋反的燕王绾。发

兵之后，有人揭发樊哙在刘邦生病的时候，与吕后勾结，等刘邦一死，就要把戚夫人一家杀绝。刘邦很生气，就派陈平骑马去传达命令，让周勃代替樊哙指挥军队，并立即在军中把樊哙斩首。

陈平接受任务之后，私下里与周勃商量说："樊哙是功臣，又是吕后的妹夫，皇上只是一时恼怒，想要杀掉他。不过皇上已经病重，未来是什么样的情况，我们也不清楚。所以还是不把樊哙马上斩首，只是把他押回来让皇上自己下命令杀掉为好。"周勃也同意这样做。

后来，在押送樊哙回京的路上，陈平听到刘邦去世的消息。他急忙赶回向吕后报告逮捕樊哙的经过，吕后命令他把樊哙放了。因为他没有按照刘邦的旨意杀了樊哙，所以吕后还是相信他，又让他做太子的老师。以后吕后家族要为樊哙报复陈平，在吕后那里也通不过了。

因为深谋远虑，陈平料到刘邦病重，未来的情况自己又不清楚，但他知道，一旦刘邦去世，吕后必然会成为处理朝中要事的第一人选，而樊哙又是吕后的妹夫。这样谋划而来，这樊哙杀不得，果然，因为慎重考虑之下作出的决策，使得陈平保全了自己。

凡事需要谋划，有准备才有胜利的把握。无论是向上司进谏，还是与客户谈判，都需要我们做一定的准备，否则，很可能会失败。哪怕是请求上司加薪这样的小事情，也不能冒冒失失就提出，在提出请求之前，需要我们考虑措辞、语气、语言表达等，各方面都需要考量，否则，有可能一句话说错，上司就拒绝了你的加薪请求。

春秋战国时期，北方的赵国一心发奋图强，渴望自己快速强大起来。有一次，赵武灵王对臣子楼缓说："我们的东边有齐国、中山，北边有燕国、东胡，西边有秦国、韩国和楼顶。假如不快速强大起来，随时都有被别人消灭的危险。"

楼缓听了十分同意，然后就问富国强兵的策略。赵武灵王接着说："想要变得强大起来，必须进行改革。你看我们穿的是长袍大褂，干活打仗都不方便，胡人的短衣窄袖、皮靴就比我们灵活得多。"楼缓马上领会了赵武灵

王的意图，原来大王要仿照胡人的风俗改变穿着。而且，赵武灵王还要学着胡人一样骑马射箭，克服打仗时全靠步兵、用马拉车的不足。

不过，在与大臣商量的过程中，赵武灵王的意见遭到了大家的反对。后来，大臣肥义说："大王要办大事就不能犹豫，既然认为胡服骑射对国家有利，就不能担心大家的讥笑。"赵武灵王听了十分高兴，开始大力推行自己的改革。

没过多久，赵国的势力就发展壮大起来。公元前305年，赵武灵王亲自率领骑兵打败了临近的中山国，后来又收服了东胡和临近几个部落，成为当时的一方霸主。

赵武灵王眼光长远、胆大心细，真正做到了深谋远虑，因此使自己的国家强盛起来，实在不愧为一代枭雄。俗话说："万事烂熟于心。"如果我们在做每一件工作之前，就将每一步、每一个细节记在心中，这样，每走一步，都不会影响整个大局。特别对于工作来说，尤为如此，或者说，在做一件工作之前，需要将之前所做的类似工作联想一遍，仔细揣摩其中的经验教训，这样，我们开始做事的时候，每走一步都是稳健的，它对于大局来说完全是锦上添花。

心理支招

我们需要学习鬼谷子深谋远虑的智慧。无论是工作，还是与人相处，我们都应该仔细思量事情的始末、细节、方方面面，既要着眼于全局，同时，也不放过细节问题。这样，每成功一步，就是向前走了一大步。相反，如果你着眼于大局，而不考虑细节，稍有不慎，一小步就会毁了大局。其实，这其中蕴含的智慧就相当于下棋一般，摆上了棋盘，在我们心中萦绕的除了细节，还有以往的经验与教训，之前走错的都将得到改正，之前走正确的将继续沿袭下去。在下棋过程中，每走一步，我们都需要顾全大局，如此综合考虑，我们才能赢得整盘棋局。

第四节　知己之主——良臣择主而事

鬼谷子曰："古之善背向者，乃协四海、包诸侯，忤合之地而化转之，然后以之求合。故伊尹五就汤、五就桀，而不能所明，然后合于汤。吕尚三就文王、三入殷，而不能有所明，然后合于文王。此知天命之箝，故归之不疑也。"

鬼谷子说："古代擅长反对和支持之术的人，可以协和四海，包容诸侯，可以驱置到忤合的境地，然后设法变化、转移形势，到最后利用这种势力开创新王朝。所以贤相伊尹五次臣服商汤，五次臣服夏桀，之后才决定一心臣服商汤王。姜太公吕尚三次臣服周文王，三次臣服殷纣王，可是他对殷纣王却无法理解，之后才决定一心臣服周文王。这是关系到天命的地方，所以伊尹和吕尚才归顺商汤和周文王而无所怀疑。"

鬼谷子认为，良禽择木而栖，良臣择主而事，这是毫无疑问的。在伊索寓言里有这样一个小故事：有只螃蟹离开大海来到了岸边的草地上住了下来。有只饥饿的狐狸路过那里，就把螃蟹给吃了。螃蟹临死的时候说："我真是该死，按照我的生活习惯，我应该住在大海里，为什么我要离开大海住到陆地上来呢？"连一只螃蟹都要寻找到一个适合自己的地方，更何况人呢？对于古代臣子而言，遇到一个赏识自己的明主，然后将自己的生与死、荣与辱都托付给对方，这就是他人生中最大的幸运。

比干是商纣王时期的丞相，也是我国古代一位著名的贤臣，被誉为"第一忠臣"。他德行淳厚诚实，敢于直言进谏，一生忠君爱国，体恤百姓。然而，却有人说比干是愚忠，选择了一个残暴的君主，落得个被挖心的悲惨下场。

公元前1029年，由于商纣王横征暴敛，大兴土木，追求个人奢华的生活，导致民不聊生，老百姓苦不堪言，怨声载道。丞相比干实在看不下去了，为此，他多次以叔父的身份语重心长地规劝纣王，但是沉溺在酒色中的纣王哪里听得进去，不仅把比干的话当成耳边风，而且还抱怨比干干涉了自己的私生活。

对此，比干又气又急，叹曰："主过不谏非忠也，畏死不言非勇也，过则谏不用则死，忠之至也。"于是，比干来到摘星楼，强谏三日不去。他的这一行为彻底激怒了纣王，一气之下，纣王杀死了比干，还挖出了他的心。

比干本是一忠臣，却无奈选错了主人。如果他遇到的是一位贤明的君王，又怎会遭遇如此下场呢？宁做良臣，不做忠臣，这才是真正的忠。魏徵曾说："使自己身获美名，使君主成为明君，子孙相继，福禄无疆，是为良臣；使自己身受杀戮，使君主沦为暴君，家国并丧，空有其名，是为忠臣。以此而言，二者相去甚远。"

当隋炀帝荒淫无道，天下英雄豪杰纷纷起兵反隋的时候，魏徵先参加了元宝藏的起义军，不过他觉得自己看不清天下大势，心中没了主意，便出家当了道士。后来，38岁的魏徵被另一支起义军瓦岗军首领李密请出山，并让他掌管军中的文书。在李密的军中，魏徵的地位很低，他看到了军中很多不足，曾主动进谏，不过不被李密所采纳。不久，李密兵败降唐，魏徵随李密进入长安，不过心有不甘的李密又起兵反对李渊，最终兵败被杀。

这时魏徵觉得李唐政权比较有前途，就向李渊请求去招抚李密的旧部，赢得了成功。征得李渊的同意，魏徵以国君之礼葬了李密，并撰文把李密比作项羽，实事求是地描述李密的态度和精神。虽然魏徵这样做了，但从来没有人指责他背叛李密，投降李渊。

太子李建成听说魏徵很有才干，任他为太子洗马，对其十分敬重。玄武门事变之后，李建成被杀，李世民当了太子。魏徵被秦王府的人捕获，囚禁于狱中。李世民听说魏徵颇有才华，不忍杀他，便派人将他传入府中，一见到魏徵，就责问道："你为什么挑拨我们兄弟间的关系？"魏徵没有辩解，而是据理回答："人各为其主，假如太子早听信了我的话，就不会有今天的下场，我忠于李建成，又有什么错？管仲不是还射中过齐桓公的带钩吗？"听魏徵说得很坦率又有道理，李世民很欣赏其才华，就赦免了他。魏徵见李世民爱才、惜才，心有所动，决定归顺李世民，为其效力。

李世民即位不久，就提升魏徵为谏议大夫。在职期间，魏徵曾前后陈谏二百余事，指出唐太宗在施政方面的错误，不断提醒太宗牢记隋亡的教训，励精图治，对贞观之治起了很大的作用。而唐太宗善于听取魏徵的意见，成就了其名声。魏徵敢于犯颜直谏，促成了唐太宗善于纳谏的性格，他们最后都成了名垂千史的人。

古语曰："良禽择木而栖，良臣择主而事。"昏君无道，天必罚之，弃暗投明，乃是顺天意而行。看似不忠，其实不然。就好像孟子所说"闻诛一夫纣矣，未闻弑君也"，忠国不忠君，忠民不忠人。魏徵不是为了个人名利或是苟延残喘而朝秦暮楚，他是为上安君国，下报黎民。魏徵之忠，不是不忠，不是愚忠，不是小忠，乃是大忠，忠于国家社稷，忠于黎民百姓，所以他是择主而事的良臣。

心理支招

鬼谷子认为，好的鸟儿总是选择高大的树木栖息，有本事的人总是选择有谋略的人共事。所以才有贤相伊尹五次臣服商汤，五次臣服夏桀，之后才决定一心臣服商汤王。姜太公吕尚三次臣服周文王，三次臣服殷纣王，可是他对殷纣王却无法理解，之后才决定一心臣服周文王，这都是良臣们自己的选择。

第五节　自度才能——定位你的人生

鬼谷子曰："非至圣达奥，不能御世；非劳心苦思，不能原事；不悉心见情，不能成名；材质不惠，不能用兵；忠实无真，不能知人。故忤合之道，己必自度材能知睿，量长短、远近孰不如，乃可以进、乃可以退、乃可以纵、乃可以横。"

鬼谷子说："不是达到高深的圣人境界，就不能治理天下；不是劳费心思苦苦思索，就不能弄清事物的本来面目；不是全神贯注地观察真实情况，就不能成就名声；才能气质不能足智多谋，就不能进行军事运筹；忠厚朴实不能真切了解，就不能识别人。所以'忤合之道'，一个人必须估量自己的聪明才智，看一看能力长短、见识远近，看哪一项不如他人。如此既可以前进，又可以后退；既可以使其合纵，又可以使其连横，这样才能运用自如。"

鬼谷子认为，"自度材能知睿，量长短、远近孰不如，乃可以进、乃可以退、乃可以纵、乃可以横"，意思是一个人不管做什么事情，首先要自我估量，然后度量他人的优劣、长短，分析、对比自己与他人的差距所在。一个人只有了解自己，才能准确定位自己的人生，才能清楚地知道自己该做什么，能做什么，适合做什么。每个人都希望自己能够翱翔于蓝天，驰骋于大地，但是，在开始放飞梦想之前，我们需要清楚地认识自己，你是否具有

翔翔的能力？你是否能够驰骋于大地？如果在没有了解自己的情况下就擅自定位，一旦梦想跌落，内心的失望是无法避免的。另外，无法给自己准确定位，只会导致好高骛远或者内心自卑。每一个人都是特殊的个体，上帝赋予了我们独特的个性，只要我们打破盲目模仿别人的樊篱，找准自己的位置，人生将会变得丰富多彩。

有一天，国王来到花园散步，当他看到花园里的景象时，不禁大吃一惊。前些日子还绿意盎然的花园如今变得十分荒凉，美色早已不在。带着满腹疑团，国王询问了园丁："究竟发生了什么事情啊，怎么花园会变成这样？"

园丁叹息着说："我尊敬的国王啊！这是因为橡树认为它比不过松树的高大，所以死了；松树因为比不过葡萄能结果子，所以也死了；而葡萄因为不能像橡树一样直立，因此也死了；至于其他的植物花卉，也都是因为各有比较而死去了。所以，花园渐渐荒凉起来了。"国王听了园丁的话，陷入了沉思，一会儿，不经意抬头之间，他发现了花园里的草地依然生机蓬勃，不禁好奇地问园丁："为什么其他植物都枯死了，只有这一片草地依然绿意盎然呢？"园丁微笑着说道："这是因为小草们并不想成为松树、橡树、葡萄或者其他植物，它们知道自己的价值是什么，所以也只想做它们自己而已。基于这样的想法，它们自然生机蓬勃，绿意盎然！"

每个人都想成为高大的树木，渴望矗立在高处俯瞰这个世界，但是，现实与残酷却让我们成为一棵棵小草。与其他人相比，自己的生活显得那么不堪，于是，许多人觉得自己没有价值，或许将在庸庸碌碌中度过一生。其实，小草也有它的价值，当所有高大的树木都已经枯亡时，那一片绿意盎然的小草却释放着最后的美丽。它们并不想成为高大的树木，它们深知自己的价值是什么，只想做它们自己，怀着这样一份希望，它们自然生机勃勃、春意盎然。如同小草一样，我们每一个人都有自己的价值，没有任何人或事能够取代我们，也没有任何人或事能够贬低我们，除非我们看轻了自己、贬低了自己。

大卫·奥格威曾当过推销员，做过农夫，当过外交官。他移居在美国，同时不断往来于欧洲大陆。年轻时的奥格威雄心勃勃，他有两个梦想：一是拥有一部劳斯莱斯汽车，一是获得爵士爵位。于是，每到黄昏的时候，他都会去英国国会下议院，坐在观众席里倾听别人讨论，他渴望自己有一天也会参加这里的讨论。但是，突然有一天，奥格威发现自己对这一切失去了兴趣，他对自己说："这里并不适合我。"然后，他就站了起来，以一种坦然而轻松的心情走出了下议院，但他的内心却充满了焦虑：自己38岁了，还能够使生命辉煌吗？没过多久，奥格威创办了一家广告公司，经过多年的发展，他被誉为现代广告的"教皇"。

大卫·奥格威找准了自己的位置，演绎了精彩人生。奥格·曼蒂诺曾这样写道："我们的命运如同一颗麦粒，有着三种不同的道路。一颗麦粒可能被装进麻袋，堆在货架上，等着喂给家禽；有可能被磨成面粉，做成面包；还有可能被撒在土壤里，让它生长，直到金黄色的麦穗结出成百上千颗麦粒。人和一颗麦粒唯一的不同在于：麦粒无法选择变得腐烂还是做成面包，或是种植生长。而我们有选择的自由，有行动的自由，更有心的自由。我们不该让生命腐烂，也不会让它在失败、绝望的岩石下磨碎，任人摆布。"悠悠生命历程里，我们要给自己准确定位，展现出自己的人生价值。

心理支招

鬼谷子告诉我们，只有全面地了解自己，才能准确定位自己的人生。一定要正确衡量自己的实力，全面周详地了解对方之后再作决断。只有在知己知彼之后，才能做到淡定自如，也才能在瞬息万变的环境中进退自如。每个人都有自己的独特价值，我们应该接纳自己。而且，自身价值的大小并不在于他人的评价，而在于我们给自己的定位。一个人的价值是绝对的，坚持自己，重视自己的价值，给自己成长的空间，每个人都会成为"无价之宝"，我们将告别平庸的人生。

第七篇 揣情术

鬼谷子认为，揣情测意而游说的人，喜用刺激性语言。比如，需要趁着对方高兴时说，这样就可以完全了解其欲望。"揣"就是揣度的谋略，也就是在敌人最高兴时去刺激他们的欲望，利用其欲望来刺探实情；对方有了欲望，就无法隐藏其真实性情了。

第一节　言语刺激——请将不如激将

鬼谷子曰："揣情者，必以其甚喜之时，往而极其欲也；其有欲也，不能隐其情。必以其甚惧之时，往而极其恶也；其有恶者，不能隐其情。情欲必出其变。"

鬼谷子说："所谓揣情，就是必须在对方最高兴的时候，去加大他们的欲望，他们既然有欲望，就无法按捺住实情；又必须在对方最恐惧的时候，去加重他们的恐惧，他们既然有害怕的心理，就不能隐瞒住实情。人的欲望必然会随着事态的发展变化而自然流露，内心的真实想法也会自然而然地流露出来。"

鬼谷子认为，在游说过程中，如果想要探明对方内心实情，不妨适当加强语言的刺激度。通过言语刺激，迫使对方展露出真实心理。人是一种情绪化的动物，人们的情绪很容易因为周围的一些人和事而发生变动，比如，人们就有不服输和害怕被否定的逆反心理，越是被否定，越是要证明自己；越是受压迫，越是要反抗等。正因为人们有这样的心理，也就产生了言语刺激的游说方式。我们在游说的时候，便可以抓住对手的弱点，当对方摇摆不定时，采取这种策略迫使对方快速作出决策。

2005年8月，百度公司正式在美国挂牌上市。李彦宏亲赴浙江大学主持校园招聘，并与在百度程序大赛中获奖的17名学子共进早餐。尽管有的同学有

到百度工作的想法，但是并不坚定，因为国外大企业更吸引他们。

席间，李彦宏诚恳地邀请道："我想问问大家，你们是想做一条舒服的虫，还是做一条骄傲的龙？面对IBM、微软、Google以及本土公司百度，同学们将如何作出选择？"

在大家思索时，李彦宏说道："你们梦想去那些国外大公司，无非想过舒舒服服的日子，不想奋斗，不想实现自我价值，这样的人永远是一条小虫子，没有什么影响力和成就感。而在百度工作，你必须全力以赴，发挥最大能力，因为对手是全球著名的公司，这有利于激发个人潜能，让优秀人才在短短几年获得快速成长，干出成就。因此，在百度工作就如一条骄傲的龙，充满了自豪与自信。"

李彦宏的话语，使面临职业选择的学子产生了强烈共鸣。他们很快就接受邀请，与百度签了约。

李彦宏的话语不落俗套，他将去国际大公司工作看作"做一条舒服的虫"，到国内小公司工作看作"做一条骄傲的龙"，是做一条舒服的虫，还是做一条骄傲的龙？两种选择的结果不言自明，对比之下，不由得使同学们在他阐述的两者不同的工作意义和价值中作出正确选择。

阿里巴巴集团每年都会主办一次"西湖论剑"活动，邀请一些政界名流、文体明星、业界大腕来到杭州西子湖畔，共商发展妙计。2010年9月，马云把邀请的对象瞄准了一位重量级人物——好莱坞电影巨星、美国加利福尼亚州州长阿诺德·施瓦辛格。

这天，两人见面后，马云真诚地说："我是您的粉丝，我几乎看过您主演的所有电影。您强健的肌肉让人看到一种无穷的力量。我练了20多年的肌肉都'突'不出来，请问您有什么秘诀？"短短几句话就把两人的心里距离拉近了，施瓦辛格愉快地分享了自己的健身秘诀。

马云接着说："我的'西湖论剑'活动马上就要开始了，去年我请来了克林顿和科比，今年我想到了您。您曾是世界健美冠军、好莱坞电影明星，后来又成为拥有亿万资产的成功商人，现在是美国的一位州长。可以说，您是一位

成功的'多面体'，一个人就代表了政治、文艺、体育、环保、商界等多个方面，因此说，我邀请您这样一个多才多艺的嘉宾就可以代替多个嘉宾，这就是我请您来'论剑'的理由。"听了这番话，施瓦辛格非常高兴地接受了邀请。

　　对于名人来说，当然在意自己的知名度，这就是施瓦辛格的"弱点"。马云在谈判前，先摆出去年的"佳绩"——成功邀请到克林顿和科比，让施瓦辛格意识到，能够参加这次"西湖论剑"活动非常荣幸，极大地激起了对方的兴趣。接着，马云透露出对施瓦辛格的"欣赏"和"赞美"，表达了他对对方惺惺相惜的真挚感情，使施瓦辛格愉快地接受了邀请，不远万里来到中国与马云"论剑过招"。有时候，我们可能也遇到这样一些情况，正面与之交涉，对方似乎总是不肯作决策，总是处于斟酌中，总之推三阻四，讨价还价。而此时，如果你能对他进行激将，则会产生意想不到的效果。

心理支招

　　在鬼谷子看来，揣情者，必以其甚喜之时，往而极其欲也；其有欲也，不能隐其情。当然，我们在使用激将法的时候，也不是无章可循的，这需要你在游说之前做足准备，而最重要的便是对谈判对手的了解，通晓其弱点，才能恰到好处地"激"到对方。"请将不如激将"，也要了解"将"的"致命伤"在哪里。

　　除此之外，我们在运用激将法的同时，还要了解对手，因人而用，要摸透对方的性格脾气、思想感情和心理。对那些老谋深算、富于理智的"明白人"，不会屈服于他们，不应该使用此方法；对于自卑感强、谨小慎微和性格内向的人，也不宜使用此法，因为他们会把那些富于刺激性的语言视作奚落和嘲讽，因而消极悲观，丧失信心，甚至愤怒。同时，你还要掌握分寸和火候，语言不能"过"。如果说话平淡，就不能产生激励效果，如果言语过于尖刻，就会让对方产生反感；语言不能过急，也不能过缓。过急，欲速则不达；过缓，对方无动于衷，无法激起对方的自尊心，也就达不到目的。

第二节　测深揣情——察言观色知其隐

鬼谷子曰："感动而不知其变者，乃且错其人勿与语，而更问其所亲，知其所安。夫情变于内者，形见于外，故常必以其者而知其隐者，此所以谓测深探情。"

鬼谷子说："对待那些已经被感动了，却还是没有什么异常变化的人，我们就不要再对他讲什么道理了，而是要改变游说的对象，去向那些平时与他亲近的人游说，这样就可以找到他处之泰然不为所动的原因。那些内心感情发生变化的人，必然会从外观上表现出来。因此我们就可以透过他们的表面现象，去揣摩分析了解隐藏在他们内心的真实情况，这就是所谓的'测深揣情'。"

鬼谷子认为，一个人的表情神态是人性的一面镜子，更是心理的一种反映。一个人在说话时有可能面带微笑、和蔼可亲，也可能冷若冰霜、一脸严肃，不同的表情反映其不同的心理活动。我们常说的"察言观色"，也就是透过对方的言语，观察说话者的脸色，获悉对方心里隐藏的真实想法。人类的心理活动可以说非常微妙，但这种微妙经常会从表情神态中流露出来。若是遇到高兴的事情，脸颊的肌肉会松弛，一旦遇到悲哀的状况，也自然会泪流满面。但是，也有许多人不愿意将自己内心的秘密坦露，这时如果我们仅从表面上揣摩，就有可能判断失误。

有时对方笑嘻嘻的完全是一副很满意的表情，让人很安心地觉得游说成功了，"我明白了，你说得很有道理，这次我一定考虑考虑。"但却是以失败告终，因此我们不能仅仅以说话者表明的神态神色来揣测其真实的心理。实际上，我们经常会遭遇"面无表情"的人，无论自己说了什么，做了什么，他们都没有特别的表情。实际上没有表情不等于没有感情，因为一个人的心理活动若是不呈现在面部上，那就显得极不自然。换句话说，越是无表情的人，其心理活动越可能处于活跃期。

有一位推销图书的业务员谈过这样一个经验：当他拿着一本图书的样本向一位客户推销的时候，会趁机仔细观察那位客户的面部表情。这时候他选择坐在客户的身边，因为坐在客户的身边容易看清客户脸上肌肉的变化，当客人翻阅样本的时候，通常在他的脸上就有了买和不买的决断了。客户的表情或许不怎么明确，但是经过长时间的琢磨，却非常有趣，因此有经验的推销员往往一眼就能看清对方内心的秘密。

可见，表情也能反映一个人内心的感情。当我们倾听对方说话的时候，要善于捕捉其面部表情的细微变化，并透过这些细小的变化来倾听其隐藏在内心深处的想法。或者是他的一个笑容，或者是面无表情，或者是嘴型，或者是一个不经意的皱眉。

清朝时，一位新上任的县令，初次去拜见领导，想不出该说什么话。沉默了一会儿，忽然问道："大人尊姓？"这位领导很吃惊，勉强告知。县令低头想了很久，说："大人的姓，百家姓中所没有。"领导更加惊异，说："我是旗人，贵县不知道吗？"县令又站起来，说："大人在哪一旗？"领导说："正红旗。"县令说："正黄旗最好，大人怎么不在正黄旗呢？"领导勃然大怒，问："贵县是哪一省的人？"县令说："广西。"领导说："广东最好，你为什么不在广东？"县令吃了一惊，这才发现领导满脸怒气，赶快离开了。不久，这位县令便被借故免职了。

我们从以上案例不难发现，正是这位县令不会察言观色，口无遮拦，才会惹得领导发脾气，自己也被免职了。案例中，县令第一次询问"大人尊

姓"的时候，领导就面露吃惊的神色，意思是"作为下属，怎么能直接问这样的问题呢"。紧接着，因县令不懂得"观色"继续发问，领导的神情由"惊讶"变成"愤怒"，自然而然，县令最终为自己的鲁莽付出了代价。

如果我们注意观察，就会发现一个人在不同场合说话，笑容也是不同的。比如，领导对下属说话会轻笑，露出上牙，嘴唇稍微张开，就好像在跟一个朋友打招呼的样子；领导在赢得功绩时会大笑，上下门牙全都露出来，并且发出爽朗的笑声，这表示他的心情非常激动；在谈判时会皮笑肉不笑，这样的笑容并不是发自内心的，而是装出来的，表示正在思考计策，而这样的领导做事也很沉稳。

心理支招

言谈之间的秘密原来就隐藏在表情神色之间，比如一个人在说话时如果眼睛瞪得非常大，鼻孔也会显出皱纹来，或者脸上有抽搐，这表示他正强压内心的怒火。当一个人表达震惊的情感时，他们的嘴会不自觉地张开，下颚的肌肉往往很放松，并且向下垂；如果一个人对某件事情产生了浓厚的兴趣，往往会张开嘴巴，眼角下的面部肌肉会松弛；如果一个人在说话时不经意皱眉，那表示他对正在说的计划并不满意，而是在极力思考更周密的计划。

第三节 习人之长——三人行必有我师

鬼谷子曰："故计国事者，则当审权量；说人主，则当审揣情；避所短，从所长。"

鬼谷子说："所以说为国家大事出谋划策的人，就应该客观地详细分析，综合了解衡量本国的各方面实力；而想要对他国君主进行游说的人，则应当全面揣测别国君主的想法，这样才利于在游说的过程中扬长避短。"

鬼谷子认为，揣情需要做到"避所短，从所长"。其实，在生活中我们何尝不应该这样呢？想要自己不断进步，那就需要不断完善自我，善于学习别人的长处，以弥补自己的短处。孔子说："益者三友，损者三友。友直，友谅，友多闻，益矣。友便辟，友善柔，友便佞，损矣。"在这个世界，除了父母，我们接触最多的人就只有朋友了，但是，在与朋友同行的时候，应选择益于自己的人。所谓"近朱者赤，近墨者黑"，唯有与像师者一样的朋友同行，方能以其长补己短。

申徒嘉是一个受过刑罚并被斩去脚趾的人，他和郑国的宰相子产同样拜艺人为老师。子产对残疾的申徒嘉十分鄙视，平日里很少与他说话，若是路上碰到了，也绝不与他同行。

有一次，子产正要出门，申徒嘉要与他一块儿出去。可没想到，却遭到了子产的拒绝，子产冷冷地说："我是宰相，而你则是刑余之人，你不可以

和我一同出入，以后也不可以和我坐同一张席子上。"听了这话，申徒嘉很惊讶："原本，我以为你是道德高尚的人，所以才和你同出入，一块儿坐席子，想不到你居然说出这种话。"子产有些生气："你是个残废人，不先反省自己的过失，竟来责备我，难道你想和尧舜争善不成？"说完拂袖而去。

第二天，申徒嘉对身边的人说："一个人肯承认自己过失的，太少了。我从前误入歧途，到处受人取笑，所以我才拜在师父门下。十几年来，我完全忘记了自己是个残废的人，我与子产原以为以道德为友，想不到他仍斤斤计较我的形体。"这话传到了子产耳中，心中大感惭愧，想到申徒嘉的大义，想到自己的狭隘，脸一下子就红了。他急忙找到申徒嘉说："我错了，请不要再向别人说起这件事，你真是我值得学习的老师啊！"从此以后，两人成了知心朋友。

子产在申徒嘉身上学到了"宽容"，由此想到了自己的狭隘，如此看来，朋友申徒嘉无疑是自己的一位老师啊！在生活中，如果我们能多结交几个可以为师的朋友，那么，自己的不足就会得到弥补，从而成为一个品德高尚的人。做到了内外兼修，你将因此结识更多的朋友。一个好的朋友，就犹如一位老师，你能从他身上学到很多东西；反之，一位品德败坏的朋友，只会给你带来灾难。

卡耐基曾说："让结交朋友有助于博学多闻，让交谈有助于相互教益，要使朋友成为你的老师，要让学问的用处和交谈的乐趣有机融合，要乐于和悟性高的人在一起相处，你说的话须博得听者的喝彩，你听到的话须使你多识多闻。"在日常生活中，我们要清楚，与什么样的交往才会使自己受益，从而达到修炼身心的目的。

胡雪岩在钱庄做伙计之前，勤奋学习与钱庄的相关知识，可以说孜孜不倦，因为他自知读书少，便想以过硬的专业知识过关。那时候，他心里怀揣着一个梦想，那就是等自己真的熟悉钱庄业务之后，肯定会被东家重用。

可是，他在钱庄遇到了张胖子和老孙头。胡雪岩在钱庄最开始干的工作，俗称"跑街"，其实就是招揽生意与督促人们到期还钱，这是最低等的

活，就是在这个部门，他认识了比自己年长二十多岁的老孙头。这老孙头在钱庄当伙计已经二十多年了，但一直是一个跑街的，这使得胡雪岩感到很疑惑。闲聊中，老孙头抱怨了自己二十多年的不幸遭遇，抱怨钱庄对自己刻薄，而且，他认为自己要比张胖子做得好，可是，与自己一起进入钱庄当伙计的张胖子已经成为东家身边的"红人"，而自己还是一个跑街的。胡雪岩对此也迷惑不解，按理说，老孙头的工作也做得很好，为什么没能受到东家的重用呢？于是，他开始观察张胖子的言行。

在钱庄，张胖子是最会说好话、拍马屁的人，见了大老板总是卑躬屈膝、阿谀奉承，其实，客观地说，他的个人本领比不上老孙头，但是，他却比老孙头爬得更快。而且，即使老孙头在自己的位置上干得再好，也没有办法得到东家的提升，就这样，张胖子过得有滋有味，老孙头却一直郁郁不得志。

以前，胡雪岩想通过自己的努力，以及扎实的专业知识得到东家的赏识，但自从结识了张胖子、老孙头之后，他弄清楚了一件事情：不会做人，那就只有失败。他从张胖子的成功与老孙头的失败中领悟到，一个不懂得如何谋人的人，即使有再大的本领，也得不到重用。懂得了这个道理，胡雪岩的人生开始走上坡路。

老子说："劳心者治人，劳力者治于人。"胡雪岩在最初在钱庄当伙计的时候，他十分好学，将口算、心算练得很熟练，另外，还将自己的字练得很好。平日里，还会像同行们学作账，那时候，他以为自己一直这样下去，就一定会成功。可是，在观察了同时进钱庄的张胖子和老孙头的不同命运，他领悟了：任何的知识都只是用于谋事而已，而这些远比不上谋人重要。于是，胡雪岩常与张胖子同行，从其身上学得如何谋人，在后来的日子里，胡雪岩从下层慢慢升到了上层，而这样的磨炼为其日后的发展奠定了扎实的基础。

心理支招

　　鬼谷子教导我们"避所短，从所长"。我们要做一个善于观察事物的人，通过对身边人的观察，知道哪些东西是值得自己学习的，而哪些是需要自己避开的。在现实生活中，尽量多与优秀的人同行，这样，从他们身上，我们会学到做人做事的本领，以此来修炼身心。习人之长，更是我们日常交往的目标，我们身边的一些人在某些方面比自己强，那么，就要与其同行，平日里多聊天、多探讨，学习其长处，弥补自己的短处，不断完善自我。

第四节　洞悉人心——察人心通人性

鬼谷子曰："谋虑情欲必出于此。乃可贵，乃可贱；乃可重，乃可轻；乃可利，乃可害；乃可成，乃可败；其数一也。故虽有先王之道；圣智之谋，非揣情隐匿，无可索之。此谋之大本也，而说之法也。常有事于人，人莫能先，先事而生，此最难为。故曰：揣情最难守司。"

鬼谷子说："所有的谋划、想法、情绪及欲望都必须以此为出发点。必须这样做，才可以得心应手地处置各种问题和对付形形色色的人。对他可以尊敬，也可以轻视；可以利诱，也可以威逼；可以成全，也可以破坏。对不同的事，不同的人，采取不同的态度与方式，但使用的策略都是一致的。所以，虽然有古代先王的德行，有圣人高超的智谋，如果不善于揣度透彻所有隐蔽的和深藏的实情，那必然什么也追求不到，什么计谋也不能达到预期的目的。这是智谋的基础和游说的通用法则。人们对某些事情常常感到来得突然，是因为不能事先预见。能在事情发生之前就预见到，并采取相应的措施，是非常困难的。所以说：'揣情，最难把握。'"

鬼谷子说：揣情最难守司。如果想要真正地去了解一个人，了解他心中的真实想法，并不是一件很容易的事情。对方或是出于防卫，或是出于欺骗，常常把自己隐藏在一张无形的面具后面，不会让他人轻易地知道自己的真实心理和想法。我们想要看透对方，就需要了解他真实的心理和想法，而这需要从他的一言一行、一举一动入手，通过细致观察，你定会从那些细枝末节中了解他的内心世界。

弗洛伊德说："任何人都无法保守内心的秘密。即使他的嘴巴保持沉默，但他的指尖却喋喋不休，甚至他的每一个毛孔都会背叛他！"虽然，每个人都想保守自己内心的秘密，但其实，每个人的内心都是有踪迹可寻的、有端倪可察的，哪怕他藏得再隐秘，我们也会从语言、外貌中窥探一二。一个人说话眉开眼笑，我们就知道他内心高兴的表现；一个人面相奸诈，我们就知晓其内心城府极深。总而言之，一个人的外在表现是其内心情感的一种流露，往往一个无意识的举动、一句不经意的话，都是我们看透人心的最好突破口。

唐朝的时候，有一个人叫卢杞，他与郭子仪一起在朝做官，两个人之间还有一些交情。那时候，卢杞还只是一个小官，但郭子仪已经成为当朝宰相，很是风光。郭子仪却是个老江湖，看人往往入木三分。他虽为丞相，但对其他大臣都比较随便，唯独对卢杞很有礼貌。如果卢杞来家里拜访，郭子仪会先让家人全部到后面去，而自己穿好了朝服，正式地迎接卢杞。即使两人交谈中，郭子仪也表现得十分谦卑有礼。

对此家里人感到困惑，卢杞不过是一个芝麻大的小官，你为何要如此礼遇？于是，家眷就好奇地问他："你平日接见客人，无论是多么重要的人物，你从来都不避讳我们在场，为什么今天一个后生过来，您却如此慎重？"郭子仪解释道："我一生什么场面没有见过，什么样的人我没见过，因此，我看人看事都有自己的角度。比如刚才那个年轻人，你们不要看他现在很普通，将来这人一定会爬上高位。但是，他最大的毛病就是小肚鸡肠，睚眦必报，稍有不慎，这人就会怀恨在心。他的长相极其吓人，半边脸是青的，如同庙里的恶鬼，你们女人见识不多，我猜想你们看见卢杞的半边青脸，一定会笑。这一笑定会深深地刺伤他的自尊心，等他得了权势，你们和我的儿孙，就会遭致灭顶之灾了，怎能不防？"

果然，卢杞后来也做了丞相，朝廷中那些凡是得罪过他的官员，都被他

想方设法地报复了。因为郭子仪不曾得罪他，最终得以自保。

从历史的记载来看，都知道卢杞是一位相貌丑陋且心术不正的小人，不过，他很聪明，又懂得溜须拍马，迟早有一天会得权势。面对这样的人，如果现在得罪了他，他肯定会怀恨在心，日后必伺机报复。在日常生活中，处处有像卢杞一样心术不正之人。如果稍有不慎，得罪了这类小人，就会为生活平添无数烦恼与困扰。所以，只有通过你的一双"火眼金睛"，看透他们的内心，辨清他们的真伪，才能在生活中游刃有余，进退有据。

齐王后去世的时候，后宫有十位齐王宠爱的嫔妃，其中有一位可以继任王后，但是，究竟是哪一位，齐王却不作明确的暗示。宰相田婴开始动脑筋了，他想：如果自己能确定哪一位是齐王最宠爱的妃子，然后加以推荐，肯定能博得齐王的欢心，同时，还能赢得新王后的信任。不过，万一弄错了，事情反而会变得糟糕，自己应想个办法，试探一下齐王的心意。

于是，田婴命工人赶紧打造了十副耳环，而其中一副要做得特别精巧漂亮。田婴把这十副耳环献给了齐王，齐王则分别赏赐给了十位宠妃。第二天，田婴再拜谒齐王的时候，发现在齐王的爱妃之中，有一位戴着那副特别漂亮的耳环。田婴明白了齐王的心意，赶紧向齐王推荐了那位戴着漂亮耳环的妃子，果然，齐王大喜。不久之后，新继任的王后果真是那天田婴推荐的那位妃子。

田婴虽处于乱世，但是，由于他懂得处世之道，懂得识人心，这使得他没有卷进是非之中，反而能够保全自我。为人处世，与人相处，半分钟看透人心极为重要，这样，我们才能在片刻之间，看透身边的人与事，辨别一个人的真伪，洞悉对方内心深处所隐藏的秘密。看透人心，才能以不变应万变，窥探其心理的微妙变化，辨别其真实的心理，让自己在交际场合中左右逢源、轻松自如。

心理支招

在鬼谷子看来，察人心需要用眼睛、用心去辨认，这样，我们才不至于被假象所蒙蔽。如何识破那些隐藏起来的心理呢？有人归纳出一个看透人的方法："看一个男人的品位，要看他的袜子；看一个女人是否养尊处优，要看她的手；看一个人的身价，要看他的对手；看一个人的底牌，要看他身边的好友；看一个人是否快乐，不要看他的笑容，要看清晨梦醒时的一刹那表情；看一个人的胸襟，要看他如何面对失败及被人出卖；看两个人的关系，要看发生意外时，另一方的紧张程度。"虽然，这样的总结并非那么准确，但对我们察人心多少有些帮助。人心是一本书，一本复杂的书，我们读起来时而感到吃力，但是，只有读懂了这本书，我们才能游刃有余地应付复杂的人际关系。

第五节　见机说话——言不在多而在巧

鬼谷子曰："言必时其谋虑。故观蜎飞蠕动，无不有利害，可以生事美。生事者，几之势也。此揣情饰言，成文章而后论之也。"

鬼谷子说："游说活动必须深谋远虑地选择时机。过去我们看到昆虫蠕动，都与自己的利益相关，因此才发生变化。而任何事情在刚刚产生之时，都呈现一种微小的态势。这种揣情，需要借助漂亮的言辞或文章而后才能进行游说应用。"

鬼谷子认为，游说活动必须深谋远虑地选择时机，这种揣情，需要借助漂亮的言辞或文章而后才能进行游说应用。也就是说，我们要善于见机说话，言不在多而在说得巧妙。那些会说话的人之所以获得成功，并不在于他说了多少话，而在于他掌握了说话的时机。正所谓"言多必失"，成功者更注重把握说话的时机，不管在任何场合都显得落落大方，说话的时候表达得很充分，不该说的时候一句话也不说。口齿伶俐，在各种场合口若悬河、滔滔不绝，这是很多人所向往的场景，但如果自己在不适当的时机口无遮拦，说了错话，说漏了嘴，这也是难以弥补的过失。著名作家大仲马曾说过："不管一个人说得多好，你要记住，当他说得太多的时候，终究会说出蠢话来。"我们每个人都应牢牢记住这句至理名言，要明白言不在多，但一定要把握说话的时机，这样才能真正做到揣情。

一家小公司与一家大公司进行了一次贸易谈判，大公司的代表倚仗自己的实力，滔滔不绝地向对方介绍情况，而小公司的代表则一言不发，埋头记录。大公司的代表讲完后，征求对方代表的意见。小公司的代表好像突然睡醒了一样，迷迷糊糊地回答说："哦，讲完了？我们完全不明白，请允许我们回去研究一下。"于是，第一轮谈判结束。

几星期后，谈判重新开始，小公司的代表声称自己的技术人员没有搞懂对方的讲解。结果大公司代表没有办法，只好再次给他们介绍了一遍。谁知，讲完后小公司代表的态度仍然不明朗，仍然要求道："我们还是没有完全明白，请允许我们回去再研究一下。"就这样，结束了第二次谈判。

几天后，第三次会谈小公司的代表还是一言不发，在谈判桌上故伎重演。唯一不同的是，这次，他们告诉大公司，一旦有讨论结果立即通知对方。过了一段时间，当大公司觉得这次合作即将面临失败的时候，小公司的代表找上门来开始谈判，并且拿出了最后的方案，以迅雷不及掩耳之势逼迫大公司，使对手措手不及。最后，达成了这一项明显有利于小公司的协议。

一家小小的公司居然能够打败大公司，在谈判中获得了成功，关键在于小公司懂得沉默，懂得掌握说话的时机。当说话时机尚未成熟时，他们一直不说话，致使对方摸不着头脑，盲目骄傲自大，同时也为自己赢得了时间去研究对手的方案，给了大公司致命的一击。可见，说话看准时机比说话多更有效，它能达到滔滔不绝完全达不到的效果。

有一个经营印刷业的老板，在经营多年之后萌发了退休的念头。他原来从美国购进了一批印刷机器，使用几年后，扣除磨损费应该还有250万美元的价值。他暗自打定主意，在出售这批机器的时候，一定不能以低于250万美元的价格出让。有一个买主在谈判的时候，针对这台机器的各种问题滔滔不绝地讲了很多缺点和不足，这令印刷业的老板十分恼火。但是他在刚要发作的时候，突然想起250万美元的底价，于是又冷静了下来，一言不发，看着那个人继续滔滔不绝。到了最后，那人已无说话的力气，突然蹦出一句："嘿，老兄，我看你这台机器我最多能够给你350万美元，再多的话我们可真不要

了。"于是，这个老板很幸运地比计划多卖了整整100万美元。

正所谓"静者心多妙，超然思不群"。一些习惯于滔滔不绝的人往往是最沉不住气的人，一旦遇到了冷静的对手，他最容易失败，因为急躁的心情使他们没有时间考虑自己的处境与位置，也不会静下心来思考有效的对策。而在上面这个案例中，那位啰唆不停的买主正好中了老板无意设下的"陷阱"，不等对方发言，就迫不及待地提出建议价格，等于主动让别人钻空子。

心理支招

鬼谷子在论游说时，强调需要掌握说话的时机。其实，任何时候都是这样，言不在多，最关键的就是掌握说话的时机。在谈话过程中，若我们完全占据了优势，这时候需要少说话，正所谓"桃李不言，下自成蹊"，对方在无措之时自会露出破绽。

有时候，在不了解对方的情况下不要盲目地乱说，这可能会给对方提供可乘之机，致使自己遭受很大的损失。所以，在不了解对方的情况下，不要轻易把话说出口，需要谨慎用语。当自己或对方的情绪激烈时最好少说话，否则一旦开口不慎就会引发一场争执。最佳的说话时机是等双方都冷静下来，心平气和，再安排时间交谈，只有此时双方的交流才能得以顺利进行。

第八篇 摩意术

揣摩人心，这是鬼谷子的重点战术。『摩』的策略就是要像钓鱼一样摩意，一次次地列诱其作出反应，耐心地等待其上钩，在不知不觉之间获得成功。揣摩一个人，就是要不断地试探和刺激对方，让对方的真情实意暴露无遗。

第一节　探其内情——了解其真实意图

鬼谷子曰："摩者，揣之术也。内符者，揣之主也。用之有道，其道必隐。微摩之以其索欲，测而探之，内符必应；其索应也，必有为之。"

鬼谷子说："所谓'摩意'是一种与'揣情'相类似的办法。'内符'是'揣'的对象。进行'揣情'时需要掌握'揣'的规律，而进行测探，其内情就会通过外符反映出来。内心的感情要表现于外，就必然要做出一些行动。这就是'摩意'的作用。"

在鬼谷子看来，尽管揣情术可以观察与分析他人的心理，不过容易受到各种因素的影响，有时所获得的信息会不够精确，不够深刻，无法让人获取更深层次的信息。而摩意术则是一种更复杂、更精确的心理探测法，为我们更加深入细致地了解他人深层心理提供了帮助。当然，了解他人深层次心理以及相关信息，除了多角度的观察方法以外，还需要策略性的试探技巧，投其所好地进行测探，其人的内情自然就通过表象反映出来，这就是摩意术。

在纷繁复杂的人际交往中，有时候，前一刻还如胶似漆，彼此如同手足一般，但下一刻就翻脸不认人，彼此水火不相容了。其实，之所以会这样，就在于我们没能看透对方的真伪，没有掌握识人心的真正本领。君子般坦荡荡的理想交际，这是每一个人都期盼的，可在现实生活中，我们却很难找到一个吐露心事的人。俗话说："人心隔肚皮。"对方心里在想什么，对自己

到底是真情还是假意，我们都无从得知。那么，如何才能分辨出对方的真伪呢？这就需要我们从日常言行、外貌下手了，仔细揣摩对方的言行，观察其貌相，从中窥探对方的真伪，以此看透人心，这样，我们才能真正地识透人心，辨清真伪，从而牢牢地把握人际交往的主动权。

战国时期的韩昭侯为了试探人心，在剪指甲的时候，故意将一片剪下的指甲屑放在手中，然后命令近侍："我刚剪下的指甲屑不见了，心里毛毛的，很不舒服，快点帮我找出来。"众人手忙脚乱地找了一阵之后，谁也没找到。这时，有一位近侍偷偷剪下自己的指甲呈上，禀报说找到了。韩昭侯由此发现他是一个会说谎的人。

又有一次，韩昭侯命令属下四处巡视，察看是否有事发生。不一会儿，属下回报说："南门之外，有牛进入旱田偷吃了谷苗。"韩昭侯听完之后，命令报告的人不准泄露这个消息，然后派遣其他的人出外巡视，并且告诉他们："近来发现有违反禁令，让牛马牲畜践踏旱田的行为，你们速去探知，快来回报。"

不久，所有的调查报告都呈了上来，但其中并没有一件是关于南门外事件的报告，于是韩昭侯大发雷霆，命令属下重新严加调查，终于查出了南门外发生的事件。从此，属下都畏惧韩昭侯料事如神的能力，再也不敢马虎从事了。

魏武侯曾问吴起大将军："和敌军对阵之时，如果不明敌情，应该采取什么策略？"吴起回答说："应该采取诱敌之策，当两军交锋的时候，我们先虚应一下，然后退下阵来，借机观察敌军反应。如果敌军依然阵容严整，不轻易追赶的话，表示敌军将领很有智慧；相反，如果他们毫无纪律地追赶的话，就显示出这个将领是愚笨无能的。"通常情况下，我们观察其行动和言语就可以了解其内情。不过，假如对方一直没有行为表现，我们就不能一直被动地等待下去，必须积极地采取行动，诱使对方有所行动之后，再加以观察，以明辨真伪或控制他人。

苏轼是一个识人的高手，我们可以从其平生一二事来窥其识人的本领以及过人的洞察力。

当时，有一个叫谢景温的人，与苏轼关系很不错，两人常常在一起谈论

诗文，褒贬古今。有一次，苏轼与谢景温到郊外游玩，无意间看到了一只受伤的小鸟从树上掉下来，苏轼刚想把小鸟拾起来，谢景温却抬脚将那只小鸟踢到一边。虽说，这是一个漫不经心的举动，苏轼的心却凉了半截：这样一个轻贱生命，损人利己的人，不可深交啊！后来，他渐渐疏远了谢景温。果然，谢景温为了讨好王安石，全然不念之前的交情，加害苏轼，企图将其治罪。

早年，苏轼有一位姓章的朋友，在苏轼任凤翔府节度判官的时候，两人去山中游玩。在仙游潭的时候，眼看前面是悬崖峭壁，只有一根独木桥相通。这位姓章的朋友提出让苏轼过桥，在绝壁上留下墨迹，苏轼不敢。却没想到，那位姓章的朋友神色平静地轻松走过，然后把绳子系在树上，以高难度的手法在陡峭的石壁上留下了"苏轼章某来此"几个大字。苏轼长叹曰："能自拼命者能杀人也！"后来，章某当上了宰相，有了权势，对人毫不手软。因与苏轼政见不合，对曾经的朋友也痛下棘手，将其贬至偏远的惠州。

从上面两个故事中，可以看出苏轼过人的洞察力。只凭一个踢小鸟的动作，就看出朋友是一个轻贱生命、损人利己的人；凭着朋友脸色平静过独木桥，只为留下几个大字，就可看出朋友是一位为了达到目的不惜杀人的人。事实证明，苏轼对这两个朋友的判断，都是极其准确的。而苏轼能够拥有如此的识人本领，就在于其高超的洞察力。

心理支招

鬼谷子认为，人都是善于伪装的动物，每个人都生活在一个伪装的世界里。无论我们接受与否，这一点都是客观存在的。在现实生活中，每个人都扮演着不同的角色，随着对象的变化，那么，其角色与言行也是变化的。如何才能揭开对方的真面目？这就需要具备一定的洞察力，看透其表面的掩盖，洞悉对方的真实意图。通过其不经意表露出来的言行、神态，窥探其真面目。识人心最关键的一点就是你能够看出对方是如何掩饰自己的，所谓透过现象看本质，只要你具备一定的洞察力，就能够从对方的言行中窥出端倪、看出破绽了。

第二节　伪装外表——喜怒不形于色

鬼谷子曰："故微而去之，是谓塞窌匿端，隐貌逃情，而人不知，故能成其事而无患。摩之在此，符之在彼，从而用之，事无不可。"

鬼谷子说："在达到了这个目的之后，要在适当的时候离开对方，把动机隐藏起来，消除痕迹，伪装外表，加避实情，使人无法知道是谁办成的这件事。因此，达到了目的，办成了事，却不留祸患。'摩'对方是在这个时候，而对方表现自己是在那个时候。只要我们有办法让对方顺应我们的安排行事，就没有什么事情不可办成的。"

鬼谷子认为，当我们达到目的之后，需要把自己的动机隐藏起来，消除痕迹，伪装外表，隐瞒实情。实际上，这就是我们所说的控制自己的情绪，喜怒不形于色。在现实生活中，许多人都信奉做真实的自己，于是他们从来不掩饰自己的喜怒，高兴的时候就笑，悲伤的时候就哭，烦躁的时候就发脾气。这样的情绪自然流露，偶尔是无大碍的，但是假如一直这样，就很容易让自己变得很被动。因为你根本不懂得掩饰自己的情绪，那你身边的人就知道怎样来调动你的情绪，他们可以很轻松地让你笑，让你哭，甚至让你发脾气。这样一来，不是我们去控制别人，而是我们受人控制。

曾国藩做两江总督时，下属李鸿裔来到总督府中。曾国藩特别喜欢他，对他像对待儿子一样。一天，李鸿裔翻看茶桌上的文本，看到一首诗，是

某一位老儒所写。这老儒，即是当时十圣贤中的一个。诗文后边写有这样一段："使吾置于妙曼娥眉之侧，问吾动好色之心否乎？曰不动。又使吾置于红蓝大顶之旁，问吾动高爵厚禄之心否乎？曰不动。"李鸿裔看到这里，拿起笔在上面戏题道："妙曼娥眉侧，红蓝大顶旁，尔心都不动，只想见中堂。"写完，扔下笔就出去了。

曾国藩看到了李鸿裔所题的文字后，费了很大的周折才把他找了回来，然后指着李鸿裔所写的对他说："这些人都是欺世盗名之流，言行一定不能坦白如一，我也是知道的。然而他们之所以能够获得丰厚的资本，正是靠的这个虚名。现在你一定要揭露他，使他失去了衣食的来源，那他对你的仇恨，岂是平常言语之间的仇怨可比的，杀身灭族的大祸，隐伏在这里边了。"李鸿裔很敬畏地接受了曾国藩的教诲，从此以后便懂得控制情绪，不敢再胡言乱语了。

大多数有经验的游说者通常都会控制自己的情绪，喜怒不形于色，而这也是他们赢得游说成功的一个重要因素。游说形势紧迫，不论采取何种方式控制自己的情绪，都需要及时、有效地熄灭心中的怒火。如果任由情绪爆发，就会导致你说一些不该说的话，做一些不该做的事情，到时候可谓后悔莫及。

美国前国务卿基辛格是一位善于控制自己情绪的人。有一次，他在德黑兰短暂停留。当晚，伊朗首相邀请他去看舞女帕莎的表演。基辛格看得很专心，帕莎表演结束后，他还跟她闲侃了一阵。

第二天，一名记者当众与基辛格打趣："你喜欢她吗？"基辛格很恼火，心想这帮好事之徒真是不放过任何一个细节，但表面上他仍然一本正经地回答那位记者："不错，她是位迷人的姑娘，而且对外交事务也有浓厚的兴趣。"那记者很快就上当了："真的吗？"基辛格回答说："那还有假？我们在一起议论了限制战略武器会谈，我费了些时间向她解释了ISS—7导弹怎样改装成U级潜艇上发射。"

众人哈哈大笑，而那位记者自讨没趣。

在游说过程中，最忌讳的是游说者慌乱、狂躁不安，自乱阵脚，言语过激，以至于语无伦次，漏洞百出。虽然这样发泄了我方心中的怨气，但却恰恰给了对手以可乘之机，同时也使自己陷入被动的处境。因此，哪怕游说形势危急，也需要控制好自己的情绪，喜怒不形于色，积极寻找对策，伺机反击。游说过程中常常会出现一些争执，这是极为正常的，但游说并不是吵架，不是你将对方骂得哑口无言，你就赢得了最后的胜利。反之，如果对手用侮辱性的语言激怒了你，而你火冒三丈，出言不逊，那你的处境将由主动变为被动，这样你就只能被对手牵着鼻子走了。

心理支招

鬼谷子认为，一个人要懂得伪装外表，懂得控制情绪，别轻易表现出喜怒哀乐。在复杂的社会环境中，为了避免不必要的灾祸，一定要严守"深藏不露"的原则。简单地说，就是不乱发议论，不显露自己的企图，不结党结派，不让对方窥探出自己的底细和能力，这样他就很难钻你的空子了。沉不住气的人在冷静的人面前最容易失败，假如你说的比实际需要的少，必定会令你看起来更有威望；假如你能小心翼翼地控制自己要吐露的真实思想，他人就没办法弄清楚你心中所想，从而会将自己的弱点暴露在你的面前。

第三节 假惑敌人——明修栈道，暗度陈仓

鬼谷子曰："古之善摩者，如操钩而临深渊，饵而投之，必得鱼焉。故曰：主事日成，而人不知；主兵日胜，而人不畏也。圣人谋之于阴，故曰神；成之于阳，故曰明，所谓主事日成者，积德也，而民安之，不知其所以利。积善也，而民道之，不知其所以然；而天下比之神明也。主兵日胜者，常战于不争不费，而民不知所以服，不知所以畏，而天下比之神明。"

鬼谷子说："古代善于'摩意'的人，就像拿着钓钩到水潭边上去钓鱼一样。只要把带着饵食的钩投入水中，不必声张，悄悄等待，就可以钓到鱼。所以说：主办的事情一天天成功，却没有察觉；主持的军队日益压倒敌军，却没人感到恐惧，只有做到这样才是高明的。那些有很高修养和智慧的人谋划的什么行动总是在暗中进行，所以被称为'神'，而这些行动的成功都显现在光天化日之下，所以被称为'明'。所谓'主事日晟'的人是暗中积累德行，老百姓安居乐业，却不知道为什么会享受到这些利益，他们还在暗中积累善行，老百姓生活在善政却不知道为什么会有这样的局面。普天下的人们都把这样的'谋之于阴，成之于阳'遥政治策略称为'神明'。那些主持军队而日益压倒敌人的统帅，坚持不懈地与敌军对抗，却不去争城夺地，不消耗人力物力，因此老百姓不知道为何邦国臣服，不知道什么是恐惧。因此，普天下都称这种'谋之于阴、成之于阳'的军事策略为'神明'。"

在鬼谷子看来，摩意就是从正面迷惑敌人，用来掩盖自己的真实意图，而从侧面进行突然袭击，这就是声东击西、出奇制胜的谋略。很多时候，我们可以用明显的行动来迷惑对方，使敌人不备，将真实的意图隐藏在表面的行动背后，给对方一个错觉，使其忽略自己的真实意图，从而达到自己的目的。坦露之心就好像一封在众人面前摊开的信，而潜藏隐秘的城府，不管巨大的还是微小的沟壑都可以在其中沉淀深藏。很多时候，含蓄来自于自我控制，能够保持缄默才能赢得最后的胜利。

在生活中，许多人只要一有机会就把自己暴露在别人面前，把自己的计划与真实想法全盘托出。在他们看来，谈论个人感受与未来计划是自然而轻松的事情，因此控制不了自己。同时，他们渴望得到别人的认同，展现自己的内心。尽管，这并没有错，不过我们需要考虑不同的环境和不同的对象。在某些特殊情况下，你的诚实是一把利器，只会让自己受尽折磨，你的诚实对于别人而言是一种冒犯。

汉元年正月，项羽恃强凌弱，自立为西楚霸王，定都彭城，统辖梁、楚九郡，他"计功割地"，分封了18位诸侯王，并违背楚怀王"谁先攻入关中，谁就做关中王"的约定，把刘邦分封到偏僻荒凉的巴蜀，称为汉王。而把实际的关中之地一分为三，封给了秦的三个降将，用以遏制刘邦北上。刘邦心中十分怨恨，想率兵攻击项羽，后经萧何、张良一再劝阻，这才决定暂且隐忍不发。

同年七月，张良送刘邦到褒中。此处群山环抱，沿途都是悬崖峭壁，只有栈道凌空高架，以度行人，别无他途。张良观察地势，建议刘邦待汉军过后，全部烧毁入蜀的栈道，表示无东顾之意，以消除项羽的猜忌，同时也可防备他人的袭击。这样，就可以乘机养精蓄锐，等待时机，再展宏图了。刘邦依计而行，烧毁了沿途的栈道。张良此计，可谓用心良苦，它为刘邦的巩固发展和日后东进，取得了重要的保证。刘邦入汉中后，励精图治，积极休

整。同年八月，刘邦用大将韩信之谋，避开雍王章邯的正面防御，乘机从故道"暗度陈仓"，从侧面出其不意地打败了雍王章邯、塞王司马欣和翟王董翳，一举平定三秦，夺取了关中宝地。略定三秦，刘邦倚据富饶、形胜的关中地区，便可与项羽逐鹿天下了。一个"明修"，一个"暗度"，张、韩携手，珠联璧合，成就了历史上一段脍炙人口的佳话。

项羽闻知刘邦平定三秦，怒不可遏，决定率兵反击。张良早已料到这一点，于是寄书蒙蔽项羽，声称："汉王名不副实，欲得关中；如约既止，不敢再东进。"同时，张良还把齐王田荣谋叛之事转告项羽，说是"齐国欲与赵联兵灭楚，大敌当前，灭顶之灾，不可不防啊！"意在将楚军注意力引向东部。项羽果然中计，竟然无意西顾，转而北击三齐诸地的毫无生气的腐朽力量。张良的信从侧面加强了"明修栈道"的效果，把项羽的注意力引向东方，从而放松了对关中的防范，为刘邦赢得了宝贵的休养生息的时间。

"明修栈道，暗度陈仓"的故事告诉我们：害人之心不可有，防人之心不可无。在现实生活中，为了防止别人了解到我们的内心，就必须用点"心计"，处处小心一些，不要暴露自己的目标和理想。在一些特殊的情境下，伪装自己，将自己的真实意图隐藏起来，假惑对方，迷惑对方，让对手对自己放心，对自己不设防，这样才能保全和发展自身的势力，以免日后受制于人或被人算计。

三国后期，魏国的魏明帝去世了，当时，继位的曹芳年仅8岁，朝政由太尉司马懿和大将军曹爽共同执掌。曹爽飞扬跋扈，根本不把司马懿放在眼里，他想把司马懿除掉，于是，他用计策剥夺了司马懿的兵权。司马懿曾经随着曹操打天下，立下了无数功劳，如今却失去了大权，心中十分嫉恨，但是，司马懿却是一个做事低调的人，他觉得自己还不是曹爽的对手，一时只能忍中求全。

于是，司马懿称病不能上朝，曹爽听到了这个消息后，心中十分高兴。但是，为了查探事实，他派了亲信李胜去司马家探听虚实。聪明的司马懿当然明白曹爽所想，早就做好了准备。李胜来到了司马懿的卧室，只见他病容

满面，头发散乱，躺在床上。李胜大惊："好久没来拜望，不知您病得这么严重，现在大将军命我为荆州刺史，特地向您辞行。"可是，司马懿却假装听错了，说道："并州是近境要地，一定要抓好防务。"李胜忙说："是荆州，不是并州。"

司马懿还是装作没听明白，他有气无力地说："我已经命在旦夕，我死后，请你转告大将军，一定要多多照顾我的孩子们。"看了这样的情景，李胜回去向曹爽作了如实的汇报，曹爽大喜："只要这糟老头一死，我就没有什么好担心的了。"

司马懿装病躲过了大将军的迫害，没过多久，曹爽带着三个兄弟和亲信护驾出行，司马懿得知这个消息后，欣喜若狂，当即调集家将，迅速占据了曹氏兵营，进宫威逼太后，要求废黜这个奸贼。对此，曹氏打下的天下尽数被司马氏一家成功夺得。

三国争霸，大势过去，司马懿却成了最大的赢家，正所谓"明修栈道，暗度陈仓"，司马懿无疑算得上是一个办大事的人。先以虚弱的病体迷惑曹爽，即使被曹爽夺得了大权，他也忍中求全，巧施暗度陈仓之计，最终，成功地抢夺了曹氏的霸业。司马懿低调办事，巧妙地掌控了事情的走势，达到了自己的预期目的。

心理支招

鬼谷子将"明修栈道，暗度陈仓"的计谋称为"神明"，意思就是很高明的计谋。有时候隐藏自己的真实意图，其实就是迷惑别人的一种烟雾弹。在生活中，我们要善于使用这种计策来掩饰自己，当自己没有十足的把握或者明确的判断的时候，不妨先把自己的真实意图隐藏起来，制造假象，再暗度陈仓，达到自己的目的。

第四节 稳住心气——做事无懈可击

鬼谷子曰："故圣人所以独用者，众人皆有之；然无成功者，其用之非也。故谋莫难于周密，说莫难于悉听，事莫难于必成；此三者唯圣人然后能任之。故谋必欲周密；必择其所与通者说也，故曰：或结而无隙也。"

鬼谷子说："圣人所独用的'摩意'之术，平常人也可以具有。然而没有能运用成功的，那是因为他们用错了。因此，谋划策略，最困难的就是周到缜密；进行游说，最困难的就是让对方全部听从自己的；主办事情，最困难的就是一定成功。这三个方法只有成为圣人才能胜任。所以说谋必须周到缜密；游说要首先选择与自己可以相通的对象。所以说：'办事情要固若金汤，无懈可击'。"

鬼谷子认为，办事情要无懈可击，这就需要我们稳住心气，不要急躁，如此做事才会滴水不漏。大多数人在办事时都有一种急躁心理，在他们内心里，希望事情能够赶快办成，于是，不自觉地，在其言行中就流露出焦躁的痕迹。其实，很多时候，我们都忽视了一条办事的真理：切忌急躁，只有稳住了心气，办事才能滴水不漏。在办事的过程中，一旦你的心境失去了原本的平和，与此同时，你一定会失去掌控局面的机会。有的人在办事时总是慌慌张张，希望对方马上着手办理，假如对方一两天没有什么动静，他就沉不住气了，不断地催促，他似乎已经忘记了自己才是求人的那一位。结果，你

越是急躁，对方越是显得不耐烦，到最后，对方有可能由于内心的烦躁而直接拒绝你。焦躁，这不是办事的正确态度，如果你坚持这样的心态，将会一事无成。所以，在办事时，要稳住自己的心气，以平和的心境来掌控局面。

春秋战国时期，魏国的国君打算发兵征伐中山国，有人向他推荐一位叫乐羊的人，据说这个人文武双全，一定能攻下中山国。后来，魏文帝还了解到乐羊曾经拒绝了儿子奉中山国国君之命发出的邀请，同时，乐羊还劝儿子不要继续侍奉荒淫的中山国国君。于是，魏国国君打算重用乐羊，派他带兵去攻打中山国。

乐羊带兵一直攻到中山国的都城，然后就按兵不动，只围不攻。几个月过去了，乐羊还是没有攻打中山国，魏国的大臣们顿时议论纷纷，不过，魏国国君并不吱声，依然不断派人去慰劳乐羊。乐羊似乎就稳在那里了，其手下疑惑地问他："你为什么还不动手攻打中山国呢？"乐羊说："保持平和的心境，我之所以只围不打，是为了让中山国的百姓们看出谁是谁非，这样，我们才能真正地收服中山国。"

过了一个月，乐羊发动了攻势，攻下了中山国的都城。魏国国君亲自为乐羊接风洗尘，宴会结束之后，国君送给乐羊一个箱子，让他自己带回家再打开。乐羊回到家打开箱子一看，里面全部是在攻打中山国时，大臣诽谤自己的奏章。原来，国君与乐羊一样，都是"按兵不动"，所以，中山国才得以成功地攻下。

如果一开始乐羊就心急火燎地攻打中山国，那么，他极有可能会遭遇失败；同样地，面对大臣写下的诽谤奏章，魏国国君如果急躁地惩罚了乐羊，那么，中山国不一定能够被攻下。其实，办事就如同征战，在这场战役中，你会遇到各种各样的情况，只有那些戒骄戒躁、心境平和的人才有能力赢得这场战役。在办事过程中，谁保持了平和的心境，谁就掌控了局面。

在60大寿这一天，慈禧按预定计划，在颐和园的佛香阁下放鸟。在那里摆着一笼笼的鸟，慈禧亲自抽开鸟笼，鸟儿就自由飞出，腾空而去。慈禧身边的红人李莲英让小太监搬出最后一批鸟笼，慈禧打开笼门后，鸟儿就纷纷

飞出，但是，这些鸟儿在空中飞旋了一圈后，又叽叽喳喳地飞进了鸟笼里。慈禧既惊喜又疑惑，向李莲英问道："小李子，这些鸟儿怎么不飞走啊？"李莲英很得意，原来这一切都是自己安排的，他回答道："奴才回老佛爷的话，这是老佛爷德威天地，泽及禽兽，鸟儿才不愿飞走，这是祥瑞之兆，老佛爷一定万寿无疆！"

可李莲英万万没想到，自己的马屁竟然拍到了马腿上，慈禧太后脸上露出了阴森的杀气，怒斥李莲英："好大胆的奴才，竟敢拿驯熟了的鸟儿来骗我！"李莲英却不慌不忙地回答："奴才怎敢欺骗老佛爷，这实在是老佛爷德威天地所致，如果我欺骗了老佛爷，就请老佛爷按欺君之罪办我，不过在老佛爷降罪之前，请先答应我一个请求。"他还敢讨价还价，身边的人脸都吓白了，慈禧也铁青着脸说："你这奴才还有什么请求？"李莲英跪在慈禧面前说："天下只有驯熟的鸟儿，没听说有驯熟的鱼儿。如果老佛爷不信自己德威天地，泽及鱼鸟禽兽，就请把湖畔的百桶鲤鱼放入湖中，以测天心佛意，我想，鱼儿也必定不肯游走。如果我错了，请老佛爷一并治罪。"

慈禧疑惑了，她来到了湖边，发现湖里的鲤鱼游了一圈后竟纷纷游回，排成一队，仿佛朝拜一样，慈禧迷惑了。李莲英见时机到了，便跪在慈禧面前说："老佛爷真是德威天地，如此看来，天心佛意都是一样的，由不得老佛爷谦辞了。这鸟儿不飞去，鱼儿不游走，那是有目共睹的，哪是奴才敢蒙骗老佛爷，今天这赏，奴才是讨定了。"慈禧满心欢喜，将脖子上的念珠赏赐给了李莲英。

在危急时刻，李莲英本来难逃杀头的命运，可是，他却不慌不忙地献出下一个精心设计的妙策，不仅保住了自己的性命，而且，还如愿得到了丰厚的赏赐，不得不说李莲英是个办事的高手。在办事过程中，越是危急时刻，其实，越有利于我们转败为胜，保持平和的心境，在危急时刻力挽狂澜，顺势掌控局面，办事自然就容易多了。

心理支招

在鬼谷子看来，在使用摩意术的时候，不管我们采用什么办法，都须保证办事固若金汤。在办事过程中，一个人若是有了浮躁的心绪，就很难冷静地思考，只是急切地希望事情能够成功，以这样焦躁的心理办事往往以失败告终。其实，一个人保持怎样的心境将直接影响到办事的效果。所以，在办事时，须戒骄戒躁，稳住自己的心气，以平和的心境来掌控局面，达到预期的目的。

第五节　合乎情理——情理中让人无法抗拒

鬼谷子曰："故谋必欲周密；必择其所与通者说也，故曰：或结而无隙也。夫事成必合于数，故曰：道、数与时相偶者也。说者听，必合于情；故曰：情合者听。"

鬼谷子说："所以说：'客观规律、行动方法以及天时都是互相依附的'。进行游说的人要让对方听信，必须使自己的说辞合于情理，所以说：'合情理才有人听'。"

鬼谷子认为，客观规律、行动方法以及天时都是互相依附的，我们在游说时要想对方相信自己所说，那就一定要说得合乎情理，因为合情理才会有人听。合乎情理，就是听起来很有道理，又融合了感情因素，亦在情理之中，这就是无可厚非的事情。在生活中，很多事情都在情理之中，人们之所以会相信，是因为于情于理都是没办法否定的，所以人们就愿意听、愿意相信。

在《左传》中，记载了这样一个故事：当时，秦国与晋国正在交战，结果秦国大获全胜，而且，还俘虏了晋惠公。秦国答应议和，晋国当即派了阴饴甥前去谈判。

秦国国君说："晋国意见一致吗？"阴饴甥回答说："哪里会一致呢？小人们以失去自己的君主为耻，为自己的亲属伤亡而痛苦，这些人不怕征税

修治甲兵的困难而拥立太子为国君，声称宁肯屈事戎、狄之国，也一定报这秦国之仇。而君子又明白自己的罪过，他们不怕征税修治甲兵的困难而等待秦国的命令，说宁死也不生二心，一定会报答秦国的恩德，所以，双方的意见不一致。”

秦国国君继续问道：“晋国认为他们的国君的前途会怎么样？”阴饴甥回答说：“小人们感到悲观失望，认为他不会被赦免；君子们相信秦国会宽恕，认为国君一定会回国。对此，小人们说：我们加害过秦国，秦国岂能放国君回来？君子说：我们已经知道自己的罪过了，秦国一定会放国君回来的。认罪了就放过他，没有什么比这更宽厚的恩德了，没有比这更威严的刑罚了，他们会怀念秦国的恩德。经过这次战争，大家都认为秦国可以做诸侯的盟主了，假如秦国不放我们的国君回来，不让他君位安定，就会把感恩的人变成怨恨的人，秦国不会这样的。”秦国国君听了，说道：“这就是我的想法啊！”于是，对晋侯改用诸侯之礼。

秦国虽答应议和，但对作为战败方的晋国来说，势头远远低于对方。但是，在议和的整个过程中，阴饴甥这位使臣却表现得临危不乱，说话合情合理，不卑不亢，并以小人和君子作比喻，既表示“一定报仇”，又表示“一定报德”；一边为君王的前途担心，一边又对秦国寄予了厚望。如此，合情合理地表现了晋国敢于抗秦的决心，同时，恰到好处地表现了与秦国议和的意愿。如此合乎情理的话，打动了秦国国君，使阴饴甥掌控了事情的走势，最终议和成功。

心理支招

鬼谷子认为，只要我们所说的话合乎情理，那就有人会听，有人会信，自然就能达到游说的目的。在生活中，人们承认事实，就是明道理的，不管走到哪里，有理都不怕。假如游说的内容既是有道理的，又是融入感情的，也不是枯燥无味的，那么，这样的游说方法就是令人折服的。

第六节　对症下药——到什么山唱什么歌

鬼谷子曰："故物归类；抱薪趋火，燥者先燃；平地注水，湿者先濡；此物类相应，于事誓犹是也。此言内符之应外摩也如是，故曰：摩之以其类，焉有不相应者；乃摩之以其欲，焉有不听者。故曰：独行之道。夫几者不晚，成而不拘，久而化成。"

鬼谷子说："世界上万事万物都有各自的属性。好比抱着柴草向烈火走去，干燥的柴草首先着火燃烧；往平地倒水，低的地方就要先进水。这些现象都是与各类事物的性质相适应的。依此类推，其他事物也是这样的。这也反映'内符'与'外摩'的道理。所以说，按照事物的不同特性来实施'摩意'之术，哪有不从的呢？根据被游说者的喜好而施行'摩意'之术，哪有一个不听从游说的呢？要想能独往独来，就要注意事物的细微变化，把握好时机，有成绩也不停止，天长日久就一定能化育天下，取得最后成功。"

鬼谷子认为，世界上万事万物都有各自的属性，好比抱着柴草向烈火走去，干燥的柴草就首先着火燃烧；往平地倒水，低的地方就要先进水。这些现象都是与各类事物的性质相适应的。按照事物的不同特性来实施"摩意"之术，哪有不从的呢？根据游说对象的具体情况而言来游说，肯定会成功。俗话说："求神要看佛，说话要看人。"人上一百，形形色色，每个人都有自己的性情，每个人都有不同的心理。这时候，我们的语言表达方式也

需要因人而异，需要迎合对方的性情、心理特点，才有可能影响对方心理。否则，一味地强势或一味地退却，只会使我们在交流中处于越来越被动的位置。所以，我们在与他人交流的时候，需要"对症下药"，如此这般，才能在人际交往中如鱼得水、应对自如。

两千多年前，孔子的学生仲有问："听到了，就可以去干吗？"孔子回答："不能。"这时，另一个学生冉求也问了同样的问题："听到了，就可以去干吗？"孔子回答说："那当然，去干吧！"公西华听了，对于老师孔子的回答感到很疑惑，就询问孔子："这两个人问题相同，而你的回答却相反，我有点儿糊涂，想来请教。"孔子回答："求也退，故进之；由也兼人，故退之。"

孔子的意思就是，冉求平时做事喜欢退缩，所以我要给他壮壮胆；仲有好胜，胆大勇为，所以我要劝阻他，做事要三思而后行。孔子诲人也不是千篇一律，更何况说话呢？我们在面对不同的说话对象时，需要"对症下药"，时而强势，时而退避三舍，这样才能达到游说的目的。

《红楼梦》里林黛玉随父进京城，小心翼翼初登荣国府的时候，王熙凤先是人未到话先到："我来迟了，不曾迎接远客！"尚未出场，就给人以热情似火的感觉。随后拉过黛玉的手，上下细细打量了一回，便送至贾母身边坐下，笑着说："天下竟有这样标致的人物，我今儿算见了！况且这通身的气派，竟不像老祖宗的外孙女儿，竟是个嫡亲的孙女儿，怨不得老祖宗天天口头心头时时不忘。只可怜我这妹妹这样命苦，怎么姑妈偏就去世了！"一席话，既让老祖宗悲中含喜，心里舒坦，又叫林妹妹情动于衷，感激涕零。而当贾母半嗔半怪说不该再让她伤心时，王熙凤话头一转，又说："正是呢！我一见了妹妹，一心都在她身上了，又是喜欢，又是伤心，竟忘了老祖宗。该打，该打！"

短短几句话，王熙凤把初次见到林妹妹的悲喜爱怜的情绪，表演得淋漓尽致。而那一字一句都值得细细品味，都彰显其性格特征。她知道黛玉是贾母最疼爱的外孙女，先恭维"天下竟有这样标致的人物，我今儿算见了！况且这通身的气派，竟不像老祖宗的外孙女儿，竟是个嫡亲的孙女儿，怨不得老祖宗天天口头心头时时不忘"，看似称赞林黛玉，实际上却是讨好贾母，

还捎带博得了迎春等嫡孙女的欢心。然后提到黛玉的母亲，硬是"抢先用帕拭泪"，看见贾母笑了，她也由悲转喜。她拉着黛玉的手问这问那，主要是为了炫耀自己在贾府中的地位和权势，同时，又在贾母面前表现出对黛玉的关心。

春秋时期，陈国国君灵公有一次在夏徵舒家里饮酒，几人一边喝酒一边闲聊。当时他看到孙宁、仪行父的时候，就想嘲弄他们。于是他对孙宁、仪行父两大夫说："徵舒像你俩。"而两大夫也不客气地回敬说："也像您。"不言而喻，其意是指三人均和夏徵舒的母亲"有染"。结果，陈灵公被夏徵舒用箭射死。

陈灵公在说话的时候非但没有"对症下药"，反而嘲弄别人，于是，引来别人的嫉恨，最后连自己的命也搭上了。所以，在平时谈话之间，如果你想获得别人的好感，获得别人的青睐，你就要学会对他投其所好。

如果你不知道如何"对症下药"？那么你可以在与他交谈之前，通过他的朋友或是他身边的人来对他有一个大致的了解，比如他的性格、爱好、优点。这样，你才能在谈话中游刃有余地"对症下药"，或是针对他的优点赞赏一番，或是顺着他的性格说些漂亮的话，或是把他所爱好的事物在他面前随便说说。这样就会无形中拉近你和他之间的距离，他就会对你充满好感，甚至愿意与你进行下一次的交谈。

心理支招

鬼谷子所主张的按照事物的特性来制定摩意术，其实就是我们经常所说的"到什么山唱什么歌"。聪明人要明白这样一个道理："对失意人，不谈得意事；处得意的，莫言失意时。"对人说话，应该投其所好。能够投其所好，你的话才能在对方心中产生作用。如果谈话时，你只挑自己感兴趣的话题，或者不识时务地谈起对方心里的要害之处，那么，对方就会感觉无聊至极，特别是当你谈到他的痛处时，他不仅对你没有什么好感，还会对你更加厌恶，因为你的话无形之中像一把利剑刺入他的心脏。

第九篇 权术

在这里，鬼谷子主张说话的九大原则：『与聪明人说话，要依于博大精深；与渊博的人说话，要依于逻辑思辨；与逻辑思维能力强的人说话，要依于简明扼要；与高贵者说话，要依于宏大的气势；与富人说话，要依于高雅；与穷人说话，要依于利益；与地位低下的人说话，要依于谦虚；与勇敢的人说话，要依于果敢；与有过失的人说话，要依于进取。』

第一节　随机应变——花言巧语自解围

鬼谷子曰："说者，说之也；说之者，资之也。饰言者，假之也；假之者，益损也。"

鬼谷子说："所谓'游说'，就是对人进行劝说。对人进行游说的目的，就是说服人。游说者要会粉言饰词，用花言巧语来说服他人。借用花言巧语说服别人，要学会随机应变，有所斟酌。"

鬼谷子认为，要想用花言巧语来说服他人，就应该学会随机应变，有所斟酌。在日常生活中，我们经常会遭遇一些误会或者尴尬，这时就急需要这样的随机应变的智慧，利用花言巧语说服别人。有时候，人们常常因固执己见而争论不休，因为一句不适当的话而冷场，或者因为突发状况而陷入难堪境地，等等，各种原因都会造成僵持的局面，难以缓和的气氛横亘在交流双方之间，整个场面就如同冰山一般。这时候，作为当事人或者局外人，需要适时地说几句话来打破僵局，化解尴尬的气氛，使交流得以正常地进行下去。其实，生活中难免发生一些猝不及防的状况，这会让当事人遭遇尴尬或不快，甚至引发了不必要的麻烦，轻则令人恼心，重则在心里结下疙瘩。这时候，如果利用突发事件与语言之间的玄妙之处进行机智的解答，就会使当事人转忧为喜，也会使整个紧张气氛得以缓解。

有一次，纪晓岚光着膀子与几个人在军机处聊天，正巧乾隆带着几个

随从突然到访，其他人一见皇帝来了，连忙上前接驾，躲在后面的纪晓岚心想：如果自己就这样光着膀子接驾，岂不是亵渎了万岁？可能皇帝并没有发现自己，还是先躲一下为好。于是，情急之下，纪晓岚钻到了桌子底下藏了起来，其实这一举动已被乾隆看在眼里，他故意装作没看见，却在椅子上坐了下来。

纪晓岚在桌子底下缩成一团，大汗淋漓，却不敢出声，过了很长时间，他没听见乾隆说话的声音，以为他走了，就问身边的同僚："老头子走了没有？"这话被乾隆听见了，他厉声问道："纪晓岚，你见驾不接，我且不怪罪于你，你叫我'老头子'是什么意思？你要一个字一个字地给我说清楚，否则，别怪我无情！"纪晓岚吓得半死，连称："死罪！死罪！"接着，慢慢解释道："万岁不要动怒，奴才之所以称您为'老头子'，的确是出于对您的尊敬。先说'老'字，'万寿无疆'称'老'，我主是当今有道明君，天下臣民皆呼'万岁'，故此称您为'老'。"

乾隆听了点点头，纪晓岚继续说道："'顶天立地'称为'头'，我主是当今伟大人物，是天下万民之首，'首'者，'头'也。故此称您为'头'。至于'子'字嘛，意义更明显。我主乃紫微星下界，紫微星，天之子也，因此天下臣民都称您为天'子'。"乾隆听了，笑了，这事就这样过去了。

由于无心之过，随口所说的一句话，使得纪晓岚与皇帝之间发生了一点点小误会。但对象可是皇帝，那可是严重的事情，若不及时化解，弄不好自己的脑袋就要搬家了。幸亏纪晓岚思维敏捷，对待这样的小误会，慢慢解释，仅仅用了几句话就化解了，补救了自己无心造成的过失。在回应皇帝的过程中，纪晓岚言语诚恳，态度谦逊，语言幽默风趣，以灵敏的应变能力巧妙地化解了话语造成的难堪，也受到了乾隆皇帝的肯定。

一年中秋佳节，乾隆皇帝在御花园召集群臣赏月。他一时兴起提出要与纪晓岚对句集联，以增雅兴。一向自恃才高八斗、文思敏捷的乾隆先出了上联：玉帝行兵，风刀雨剑云旗雷鼓天为阵。乾隆踌躇满志地望着纪晓岚，看

他如何对下联。

纪晓岚沉思片刻，对出了下联：龙王设宴，日灯月烛山肴海酒地作盘。明眼人都看出，纪晓岚的下联不但工整，而且气势宏大，和乾隆所对出的上联比简直有过之而无不及。可是，乾隆听了下联，脸色开始变了，一时间阴沉着脸。这时纪晓岚当然明白乾隆的心思，俗话说："伴君如伴虎。"一向好胜的乾隆，怎么容得下自己所出的下联呢？看来自己不该一比高低，否则会引来杀身之祸。

面对这样的情况，纪晓岚心里也很着急，但他并非等闲之辈，只见他灵机一动，巧舌如簧："主人贵为天子，故风雨雷电任凭驱策、傲视天下；微臣乃酒囊饭袋，故视日月山海都在筵席之中，不过肚大贪吃而已。"听完纪晓岚这一番话，乾隆刚刚消失的得意之色再现，笑着对纪晓岚说道："爱卿饭量虽好，如非学富五车之人，实不能有此大肚。"

故事中，纪晓岚适度的自嘲，不仅仅是一种良好的修养，同时还为自己化解了一场危机。平时工作中的自嘲，可以制造宽松和谐的交谈气氛，可以让自己活得更轻松洒脱，让领导感受自己的幽默和风趣，同时，还可以有效地维护领导的面子，使沟通双方保持心理平衡。

在交际场合，过于严肃和枯燥的气氛往往不被人们所喜欢，这时候就需要用幽默的语言进行调节。有时候，一个敏感的问题就使整个场面陷入尴尬，甚至妨碍了正常的交际，这时候就可以通过幽默的解说将尴尬诙谐化，打破僵局，使交际得以顺利进行。

心理支招

在鬼谷子看来，在某些特定的场景里，花言巧语就是一种随机应变的智慧。当你置身于难堪境地时，如果过分掩饰自己的失态，反而会弄巧成拙，使自己越发尴尬。相反，如果漫不经心，随机应变地说几句取悦人的话，却可以活跃气氛、消除尴尬。

第二节　巧妙反驳——化被动为主动

鬼谷子曰："应对者，利辞也；利辞者，轻论也。成义者，明之也；明之者，符验也。（言或反覆，欲相却也。）难言者，却论也；却论者，钓几也。"

鬼谷子说："回答他人的问话，要会用外交辞令。所谓机变的外交辞令是一种轻俏的言辞。具有正义与真理价值的言论，必须要阐明真伪；而阐明真伪，就要验证是否正确。责难对方的言辞，是反对对方的论调，持这种论调时，是要诱出对方心中的机密。"

鬼谷子认为，当我们在回答他人的问话时，就需要运用外交辞令。所谓机变的外交辞令是一种轻俏的言辞，具有争议与真理价值的言论，必须阐明真伪；而阐明真伪，就要验证是否正确。鬼谷子的权术告诉我们，在运用外交辞令反驳别人时，需要学会机变，诱出对方心中的机密。人与人交往时，难免出现意见不合，有的人伶牙俐齿、出言不逊、暗藏机锋，不善言辞的人因此在面对对方的诡辩和圈套时，常常哑口无言，不知如何辩驳而令自己陷于尴尬的境地。但是不要忘记，诡辩虽然厉害，但是只要用心，通常不难发现对方的破绽。聪明人要善于抓住对方的破绽，利用自己的机敏灵活，巧妙地反驳，化被动为主动，抢占先机。

《晏子使楚》的故事家喻户晓，晏子反驳的技巧更是广受称颂：

晏子出使楚国，为了羞辱他，楚国人特地在城门旁开了一个小门，让身材矮小的晏子从小门进入。晏子正色说："只有出使狗国的人才从狗洞钻进。今天我出使的是楚国，难道不是要从中门进入吗？"楚国自然不愿承认自己是狗国，所以只好打开大门迎接他。

晏子拜见楚王时，楚王笑他说："你们齐国难道没有人了吗？派你这么个小矮子来做使臣？"晏子说："齐国的人多得数不清，但是齐国有个规定，往不同的国家派遣不同的使臣，贤明的人就派遣他出使贤明的国家，无能的人就派他出使无能的国家，我是最无能的人，所以就只好出使楚国了。"楚王哑口无言。

在宴请晏子的酒席上，两个公差绑着一个人来到楚王面前。楚王问："绑着的人是什么人？犯了什么罪？"公差回答说："是齐国人，犯了偷窃罪。"楚王看着晏子问："难道齐国人原来这么喜欢偷窃吗？"晏子立刻回答道："听人说橘树生长在淮河以南的地方称为橘，生长在淮河以北的地方称为枳，它们不过是叶子相像而已，果实的味道却大为不同，其原因就在于水土条件不一样呀！此人在齐国时并不偷盗，一到了楚国反而成了小偷，难道楚国的水土令人们喜欢偷窃吗？"楚王无奈叹息着笑道："圣人是不可以捉弄的，最后反而自取其辱了。"

晏子矮小的身躯中，不仅蕴藏着惊人的勇气，更蕴藏着惊人的智慧。面对楚国的刁难和羞辱，晏子没有惊慌失措，更没有火冒三丈，而是用自己的沉着冷静、机智灵活，巧妙地应对、反驳了对方的谬论，不仅令对方搬起石头砸了自己的脚，而且维护了本国的尊严，最后令楚王不得不叹服为"圣人"。这才是晏子最伟大、最令人敬服的一点。

反驳要注意一个"度"，不能过于生硬，大吵大嚷，或者用过激的语言赤裸裸地谩骂，否则就会变成市井中的泼妇骂街，不仅有损自己的形象，更加难以令人信服。要使对方心服口服，就要以理服人，用巧妙的语言机智应对，或层层诱导，以谬制谬，令对方不攻自破；或步步紧逼，揭穿老底，令对方手足无措；或"以子之矛，攻子之盾"，令对方自乱阵脚；或旁征博

引、列举事实，令对方哑口无言……总之，反驳要胜在"巧妙"二字，否则即使胜了争论，也输了风度。

心理支招

有时候，面对别人暗藏机锋的问话，我们需要运用鬼谷子的权术，也就是巧妙地反驳。现实生活中，很多时候并没有截然的对错之分，很多人都坚信自己的观点是正确的，很难被别人改变或者说服。如果对方并非刻意冒犯或者伤害你，那么反驳时一定要注意措辞，避免发生冲突。

成功学家卡耐基曾经说过："很多时候你在与别人争论时是赢不了的。要是输了，当然你就输了；如果赢了，你还是输了。"所以，在与对方辩论时，单凭声音大、气势强，是没有用的，所有的争论十之八九最后都会令对方更加相信自己的观点，或者即使意识到自己的错误，也绝对不会承认。所以，这时保全对方的面子是最为重要的，既表达了自己的立场、反驳了对方的观点，又不至于令对方太难堪，保全了双方的和气，这才是真正聪明的人的高明之处。

第三节　语言风格——烙上个性的痕迹

鬼谷子曰："佞言者，谄而干忠；谀言者，博而干智；平言者，决而干勇；戚言者，权而干信；静言者，反而干胜。先意承欲者，谄也；繁称文辞者，博也；纵舍不疑者，决也；策选进谋者，权也；他分不足以窒非者，反也。"

鬼谷子说："说着一些奸佞之话的人，会因谄媚而显得忠诚。说着奉承话的人，会因吹捧对方而显得有智慧。说着一些平实之话的人，由于果决而显得勇敢。说忧愁话的人，由于握着权而显得有信用。而说稳重话的人，却由于能反抗而胜利。用华美的辞藻来鼓吹欲望者，就是谄媚。用夸大与吹嘘来进献谋略，博取上司欢心的人，就是揽权者。前后进退而不犹疑者，就是果决的人。自己不对而又指责他人过错的就是反抗者。"

鬼谷子认为，说话稳健的人，透出果敢和勇气；言语充满忧虑的人，会权衡利弊而令人信任；说话雍容镇静的人，辩论反而能取胜。为什么会这样呢？这是因为一个人的个性融入了言语之中，使其语言形成了一种风格。每个人都有自己独特的语言风格，这样的语言表达风格是源自于其独特的个性，因此，每个人的语言风格都是独一无二的。所谓个性，是指本身的语言风格和特有的魅力，而不是自我表现。当我们形成了一定的语言风格之后，还需要在此风格之上烙下个性的印记，这样才能有效地影响他人心理。因

为，由个性修炼出的独特语言风格，会迸发出强大的影响力，而这恰好可以在游说过程中发挥作用。

真正的个性语言风格体现的除了本人的音色特点之外，还包括发声方法、独到的体验、感受，独特的语言表达方式以及个人的素质、修养、性格、审美情趣等，所以，这样的语言是鲜活的、生动的、富有生命力和感染力的，是富有魅力的语言。独具个性的语言风格不可能是一种固定的强调或模式，它是在语言功力的基础上逐步探索和创造的灵活运用语言表达技巧、巧妙驾驭语言的独特风格。其魅力在于让对方在审美中领会丰富的感情并受到深刻的启迪。所以，为了实现游说的目的，我们应该在自己的语言风格上烙下个性的印记。

林肯出身于一个平民家庭，在参加总统竞选时，有一个非常富裕的竞争对手想对他进行人身攻击，对方认为林肯出生于贫寒的家庭，所以不会有太多的财产，当即提出了"你有多少财产"的问题。然而，林肯却以巧妙的回击争取了主动，赢得了人心。他在一次演讲中说："有人问我有多少财产。我告诉大家，我有一位妻子和一个儿子，都是无价之宝。此外，也租了一个办公室，室内有一张桌子，三把椅子，墙角还有一个大书架，架上的书值得每个人一读。我本人既高又瘦，脸蛋很长，不会发福。我实在没有什么可依靠的，唯一可依靠的就是你们。"

亚伯拉罕·林肯是美国第十六任总统，是世界历史上最伟大的人物之一，领导了拯救联邦和结束奴隶制度的伟大斗争。他于1809年2月12日黎明出生在肯塔基州哈定县霍尔以南3英里的小木屋里，用他自己的话说，他的童年是"一部贫穷的简明编年史"。小时候，他帮助家里搬柴、提水、做农活等。尽管他仅在边疆受过一点儿初级教育，担任公职的经验也很少，然而，他那敏锐的洞察力和深厚的人道主义意识，使他成为美国历史上最伟大的总统之一。他正直、仁慈、坚强的个性使得他的语言体现出朴实、真挚的风格，而且，出生于贫民家庭的他在说话时始终以一种温和的语调，因为他与所有贫穷的人站在了一起。

由个性修炼出来的语言风格，可以有效地影响他人的心理。比如电视连续剧《慈禧西行》片尾的二十四节气歌，原本是对一年四季节令变化的叙说，就是这首连孩子们都会念的顺口溜，经过出色演绎却平添了几多内涵，让人感到历史的沉重、岁月的蹉跎和人生的艰难，这就是个性语言风格的魅力。

1952年，在尼克松与丘吉尔的儿子伦道夫的交谈中，当他对丘吉尔的演讲口才风格表示钦佩时，伦道夫笑着说："那些演讲精彩是应该的，他用了大半生时间写讲稿并记熟它们。"正所谓"风格如其人"，自己的个性语言风格的形成是一个反复实践、探索、体验的渐近过程，因此，要想形成独具个性的语言风格，唯一的途径就是长期实践，刻苦训练。

心理支招

鬼谷子认为，一个人说什么话，就可以透露其什么样的个性。独具个性的语言风格的魅力在于它的鲜活，富有感染力，任何一种"腔调"，任何一种"模式"都不能称为"个性风格"。然而，在个性语言风格的创造中，语言表达的基本技巧是很重要的，许多人之所以陷入一种"腔调"或"模式"中不能自拔，除了不具备独特的个性风格，根源就在于基本功不到家，不能灵活地驾驭语言。

一个人要想通过语言来达到影响他人心理的目的，就必须提高自己的说话水平，掌握一些必要的语言表达技巧，形成自己独特的语言风格。比如，马克思的严肃深刻，列宁的尖锐炽热，毛泽东的机智风趣，周恩来的亲切细腻，邓小平的坚毅果敢，等等，他们的语言风格都烙上了个性的印记。

第四节　祸从口出——口可以食，不可以言

鬼谷子曰："故繁言而不乱，翱翔而不迷，变易而不危者，（见者）要得理。故无目者不可示以五色，无耳者不可告也五音。故不可以往者，无所开之也。不可以来者，无所受之也。物有不通者，圣人故不事也。古人有言曰：'口可以食，不可以言'者，有讳忌也。众口铄金，言有曲故也。"

鬼谷子说："一般说来，虽有烦琐的语言并不纷乱，虽有翱翔之物并不迷惑人，虽有局势的变化并不危险，就是要在观物时，掌握要害。由此可知，没有眼睛的人，没有必要拿五色给他们看；同理，没有耳朵的人，没必要让他们听五音；所以不可以去的地方，不必让他们去，不可以来的人，也没有必要接受他们。有些行不通的事，就不要办。古人有言，说：'嘴可以吃饭，不可以说话。'是说讲话是有忌讳的。警惕人言可畏，那是可以把事实歪曲的。"

鬼谷子认为，说话是有忌讳的，这是警惕人言可畏，那是可以把事实歪曲的。两千多年前，圣人孔夫子就说过："乱之所生也，则言语以为阶。"意思是世间所有的纷乱都是因为说话不慎而产生的。日常生活中，人们也经常听到这样的告诫："病从口入，祸从口出。"一不小心，可能只因为一句话就会惹上麻烦，既伤了别人，又害了自己。所以，我们务必记住，为人处世要谨言慎行，该说的要说，不该说的绝对不能乱说。只有这样，才能减少

是非，独善其身。

这世上有三样东西一经出去就不能再返：一是离弦之箭；二是逝去的良机；三是出口之言。《圣经》也告诉人们："多言多语难免有过，禁止嘴唇是有智慧。"说起来容易，做起来却不简单。说话本身并无过错，关键在于要看清对象、分清场合，了解说话对象的心理，不能口无遮拦、不分轻重，否则就有可能触犯他人的忌讳，造成误解，甚至酿成纠纷。不当的言语对人心灵的伤害就如同尖锐的匕首，有的话语甚至比锋利的刀剑更加伤人，会令别人一辈子都难以痊愈，此为伤人；不分场合地信口开河，随意夸大或者以讹传讹，就有可能令自己卷入是非，百口难辩，此为害己。所以，真正会说话的人是用大脑在说话，而不仅仅是嘴巴。

元代第四位皇帝元仁宗，蒙古族，属鸡，他认为"雄鸡一唱天下白"，司晨有功，特别是雄鸡啼叫时那副咄咄逼人、藐视一切的神气模样，他尤为欣赏。

登基伊始，他就在大都告示民众：有虐待鸡者，必遭严处。有一百姓宰鸡烹之，沿街叫卖，名曰"烧鸡"，肉鲜味美，生意兴隆。这一天，卖烧鸡者从乡下收活鸡回城，被巡兵发现，令他将网袋中所缚之鸡全部解开，放生于野外，仅留一鸡抱于怀中，游街示众。三日后押回原籍。

每个人都有自己的忌讳，我们需要做的就是在说话时避免触犯他人的忌讳。古往今来，因为管不好自己的嘴巴而招致灾祸的事例比比皆是，稍不注意就会导致杀身之祸，"韩信带兵，多多益善"便是一个极好的例证。现代社会或许不会动则杀戮，但是因为说了不该说的话或者说话不注意对象、方式而给自己带来不好的影响和结果的例子也屡见不鲜。若是仔细想想，或许每个人都能列举一两件类似的事件，可见这类现象在现实生活中并不少见。

尽管清末的慈禧太后不是女皇，但实际上她比当政的皇帝同治和光绪权力还要大。慈禧太后生于1835年，属羊，基于这个原因，她一生忌听"羊"字，竟把"羊"列为宫廷忌字，谁也不许提，连御膳房做菜用的羊肉也得改

称"福肉"或者"寿肉"。

慈禧酷爱听戏，几乎每天必听。但看戏时也忌讳听到"羊"字，连带有"羊"字的剧名，如《牧羊图》《苏武牧羊》等戏，都不许在宫里演出。

同治年间，梆子名伶侯俊山被召进宫里侍演《玉堂春》。慈禧听得眉飞色舞，不时点头称赞，吩咐李莲英事后要重赏他们。不料，当听到"我好比羊入虎口有去无还"一句唱词时，慈禧怒容满面，立即命令停演，"犒赏"他们的不是金银珠宝而是一顿棒打，不准再入宫演戏。从那以后，宫里再演《玉堂春》时，苏三的那句唱词便改为"我好比入网的鱼儿有去无还"了。

光绪年间，名武生王福寿应召入宫，为慈禧侍演《挑滑车》。请赏时，慈禧却阴阳怪气地对王福寿说："戏唱得不错，可我听说，你在外面与人合作开了个羊肉铺子，每天一刀一刀地割羊，就凭这一点也不能赏你，不罚你就算便宜你了！"

慈禧认为，羊虎相克，她命人对身边的太监及宫女逐个查问，凡虎年生者，一律严惩，当众杖责，然后逐出宫门，流放北漠以图吉利。

说话，是我们天天都在做的事情，但善于说话，能准确、清楚地表达自己的意图，使对方乐意接受，却是一件不太容易的事情。心理学家理查得·班得勒说过，当你对他人说话时，你不是想给他传递信息，就是想改变他。但在这过程中，对方是否会接受你的意思，你的沟通目的是否能够实现，却又是另外一回事了。其中的症结点在于你是否说了避讳的语言，或者把话题置于危险的境地，这将会导致你沟通的成败。许多人说话不经过大脑思考，只图嘴巴痛快，常常"语出惊人"，踏入"雷区"，最后导致了整个沟通的失败。其实，善于说话并不是一件很简单的事情，那将意味着你所说的话能够令对方乐意接受，而且，你的话语能够巧妙绕过险境，直入对方心里，继而影响对方心理。

心理支招

鬼谷子说：口可以食，不可以言。也就是告诫我们不要乱说话，因为往往祸从口出。在谈话过程中，我们需要避开一些忌讳，比如关于"死"的避讳语，"棺材""寿材"等；对方的生理缺陷，比如"残疾人"；对一些不可公开的事物行为，比如"大、小便"等，这些避讳词语都是需要避开的。

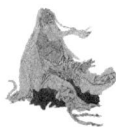

第五节　扬长避短——尽才所用

鬼谷子曰：“人之情，出言则欲听，举事则欲成。是故智者不用其所短而用愚人之所长；不用其所拙而用愚人之所工；故不困也。言其有利者，从其所长也；言其有害者，避其所短也。故介虫之捍也，必以坚厚；螫虫之动也，必以毒螫。故禽兽知用其长，而谈者亦知其用而用也。”

鬼谷子说：“人之常情，只要自己说出的话，就希望有人听，只要办事情就希望能成功。所以一个聪明人不用自己的短处而用愚者的长处，不用自己的笨处而用愚人的擅长，这样就使自己永远不会陷于窘迫。说到有利的一面，就要发挥其长处，说到有害的一面，就要避其短处。因而，甲虫防卫，是用其坚硬的甲壳。而毒虫行动，一定用那有毒的螫子。连禽兽都知道用自己的长处，何况进谏的人，更应该会用游说术了。”

在鬼谷子看来，游说时要懂得扬长避短，其实，对于我们每个人而言又何尝不是呢？现代人懂得，做任何事情都需要扬长避短，充分发挥自己的优势。生活中，我们都听过“让兔子去跑步，让鸭子去游泳”的故事。显而易见，每个人都有自己的优势，而更重要的一点是每个人都只有从自己的优势出发才能获得成功。成功心理学家马丁·塞利格曼在成功心理的研究中得出这样一个结论：“成就和幸福的核心在于发挥你的优势，而不是纠正你的弱点，第一步就是识别你的优势。”一个人若想主宰心的航向，就应该全面认

识自己，既需要正视自身的缺点，又需要把握好自己的优势。一旦你不能清楚地认识自己，将会导致内心自负或自卑，而这些负面心理将会影响你的一生。

奥托·瓦拉赫是诺贝尔化学奖获得者，他的成才过程极富传奇色彩。

瓦拉赫在开始读中学时，父母为他选择的是一条文学之路，不料一个学期下来，教师为他写下了这样的评语："瓦拉赫很用功，但过分拘泥。这样的人即使有着完美的品德，也绝不可能在文字上发挥出来。"此后，瓦拉赫改学油画。可他既不善于构图，又不会调色，对艺术的理解力也不强，成绩在班上是倒数第一，学校的评语更是令人难以接受："你是绘画艺术方面的不可造就之才。"

面对如此"笨拙"的学生，绝大多数老师认为他已成才无望，只有化学老师认为他做事一丝不苟，具备做好化学实验应有的品格，建议他试学化学，父母接受了化学老师的建议。这下，瓦拉赫智慧的火花一下迸发了，绘画艺术方面的"不可造就之才"一下子变成公认的化学方面的"前程远大的高材生"。

所谓的成功并不是轰轰烈烈的事业或出人头地的名位，而是我们能够把握好自己的优势，能"尽才所用"，这才是作为一个人的最大成功。我们不仅需要坦然接纳自己的缺点，更需要把握自己的优势，努力做到"不因缺点而自卑，不因碌碌无为而遗憾"，从而主宰好心的航向。

人生成功的战术万变不离其宗，其实只有两个基本点：其一，面对对手，以长击短；其二，面对自身，扬长避短。一个成功的人，他一定懂得发扬自己的长处，弥补自身的不足。他能够发掘自身才能的最佳生长点，扬长避短，脚踏实地朝着人生的最高目标迈进。

一位穷困潦倒的年轻人流浪到繁华的巴黎去找父亲的一位挚友，期望父亲的朋友能帮助自己找一份聊以糊口的工作。

那人问："你精通数学吗？"年轻人面露羞涩，摇摇头。那人再问："历史、地理怎么样？"年轻人面露尴尬之色，机械地摇摇头，那人再问：

"那法律呢？"父亲的朋友连连发问，年轻人很木讷地摇摇头，面露绝望之色。看他这样，那人只好说："那你先把你的住址写下来吧，我总得帮你找份工作啊！"年轻人很惭愧地写下了自己的住址，急忙转身要走时却被父亲的朋友拉住："年轻人，你的名字写得蛮漂亮的嘛，这就是你的优点啊！"

"把名字写好也是一个优点？"年轻人在对方眼中找到了肯定的答案，父亲的朋友继续说："把名字写好，就能把字写得叫人称赞，就能把文章写好！"备受鼓励的年轻人，因为父亲朋友的一句话，兴奋得脚步都变得轻快起来。

从那以后，他一点点地放大自己的优点，多年后写出了享誉世界文坛的经典作品，他就是家喻户晓的19世纪上半期法国浪漫主义文学代表大师大仲马。

每个人都有自己的特质和特长，就算你的长项不够顶尖，不够权威，你总有胜过竞争对手的地方，只要你善于利用，就能形成制胜的优势。譬如武器不够先进，指挥官不够专业，军队不够庞大，训练不够有素，依赖正确的战略战术，"小米加步枪"一样可以打败"飞机加大炮"。

我们需要的只是一些改变：第一，正视自己的不足，忘记那些缺陷，不让那些弱点影响你的成功；第二，也是最重要的一点，正确认识和定位自己，把握和信任自己的特长，扬长避短，形成优势。

心理支招

鬼谷子告诉我们，每个人天生都有自己的优点和长处，人生的诀窍就是经营自己的长处，这是因为经营自己的长处能给自己的人生增值，经营自己的短处会使自己的人生贬值。比尔·盖茨道出了成功的秘诀："做你所爱，爱你所做。"他所说的所爱、所做是与一个人具有某一方面的优点和特点分不开的，大部分成功者无不是利用自身的专业优势和特长赢得了巨大的成就。

第六节　巧妙试探——探明对方心意

鬼谷子曰："古之善用天下者，必量天下之权，而揣诸侯之情。量权不审，不知强弱轻重之称；揣情不审，不知隐匿变化之动静。"

鬼谷子说："在古时候善于统治天下的人，他们首先要揣摩诸侯的实情，必须衡量天下各种力量的轻重。假如对天下各种权势分析不全面，就不可能了解各个诸侯力量的强强虚实；假如揣摩诸侯的实情不够全面，就不可能掌握事物暗中变化的征兆，也就难以预先制定应变的策略。"

鬼谷子认为，做任何事情都需要善于揣摩，善于试探，假如揣摩的实情不够全面，就不可能掌握事物暗中变化的征兆，也就难以预先制定应变的策略。生活中也是这样，不管我们面对的是什么人，都需要懂得巧妙试探，探明对方的真实心意，你才能顺着对方的心意做事，才会赢得对方的信任。一个人即使再睿智，也不知道别人在想什么，他的决策是什么，因此，巧妙试探、揣摩才是最佳的办法。有的人说话做事十分直接，结果经常在搞不清楚状况之下就出错，为此吃了不少苦头。其实，不管是说一句话，还是做一件事，都需要小心翼翼，先试探，揣摩对方的心意，再去办事，这样才能符合对方的心意。

日常工作中，我们难免遇到话不好直说的状况，这时，不妨绕个圈子，巧妙试探，等到探明了对方的心意，再做打算，即使事情不能成功，也能全

身而退。所以，要想将事情办得漂亮，就要懂得一点心机，学会试探，揣摩对方的心意，才能"对症下药"，从而达到自己的目的。

曾国藩可以从识人、识事中恰到好处地修炼自己，坦然应对不利的局面，巧妙试探，化不利为有利。

曾国藩组建湘军之后，因锋芒太露，处处遭人嫉妒，受人暗算，甚至，连咸丰帝也不再信任他。正在这时，其父曾麟书病逝，朝廷给了他三个月的假期，令他假满回江西带兵作战。假满以后，曾国藩想要实权，但是，又怕遭拒绝，随机上书试探咸丰帝，在奏书中，曾国藩这样说道："自问本非有为之才，所处又非得为之地。欲守制，则无以报九重之鸿恩；欲夺情，则无以谢万节之清议。"面对这样的奏书，咸丰帝明白了曾国藩的意图，他得知江西的军务已经有所好转，这时的曾国藩为朝廷效命可以，至于授予实权却不行。于是，咸丰帝批道："江西军务渐有起色，即楚南亦就肃清，汝可暂守礼庐，仍应候旨。"曾国藩已明白朝廷对自己并不信任，虽内心悲苦，但却断了要权的念头。

后来，熟悉官场规则的曾国藩总是避免正面向朝廷提出请求，而是巧妙试探，旁敲侧击，以此达到自己的目的。在九江劳师后，曾国藩试探性地递上一份奏折，奏折中体现了几层意思："在奏折中，他不说自己是李续宾所部水陆师的司令，却在奏篇中为其请饷，其实就是以指挥者自居；他在奏折中反复强调了李续宾所率领的部队原是自己的湘军，言外之意是请求政府将这些部队调拨给自己；赞赏旧部李续宾的战功，实则为自己脸上贴金；强调旧部李续宾的部队力量强大，借此抬高自己的地位。"通过巧妙试探，最后，清政府果然准了将旧部李续宾归还给曾国藩。

综观曾国藩的奏折，没有哪一次是明确地表示自己想要什么，而是绕来绕去，巧妙试探，曲意示衷。面对上级领导，保持低调，做事委婉才是明智之举。如果你需要向领导提出某方面请求，就学习曾国藩的委婉之术，巧妙试探，揣摩对方的心意，再去办事，这样才能得到他人的认同。

心理支招

鬼谷子认为,我们要善于揣摩他人的心理,懂得去试探对方。据说,有一种以鱼类为生的鸟类,它的嘴型是直直的,上下部分又长又宽阔。在吃东西的时候,它们常常把鱼儿往空中一抛,让那鱼儿头朝下落下来,然后,一口接住就咽了下去。因为,这种吃法使鱼儿在经过咽喉时,鱼翅的骨头由前向后,不会卡在喉咙里。其实,做事也如此。在日常生活中,做任何一件事情都有可能碰到"刺儿",这时便不能直接切入,而是想办法试探几次,绕个弯子,避开钉子,这才是做事的基本策略。

第十篇 谋术

本篇讲的是鬼谷子的谋略，可分为谋政、谋兵、谋交、谋人四个方面。当然，也可以分为上谋、中谋、下谋。上谋就是无形的谋略，它可以使事情成功但却不为人知；中谋是有形的谋略，它可以帮助成就事业但留下痕迹，但是，因为用得巧妙，大家都称赞它；下谋则是迫不得已所使用的下下之策，虽然也能扶危济困，但费力伤物。若是将三种计谋结合起来，相辅相成，则可制定出最佳的方案，这就是奇谋。

第一节 找准方向——有目标就不会迷路

鬼谷子曰："凡谋有道，必得其所因，以求其情；审得其情，乃立三仪。三仪者，曰上、曰中、曰下，参以立焉，以生奇；奇不知其所壅；始于古之所从。故郑人之取玉也，载司南之车，为其不惑也。夫度材、量能、揣情者，亦事之司南也。"

鬼谷子说："对于一个人来说，凡是筹划计谋都要遵循一定的法则。一定要弄清缘由，以便研究实情。根据研究，来确定'三仪'。'三仪'就是上、中、下。三者互相渗透，就可谋划出奇计，而奇计是所向无敌的，从古到今都是如此。所以郑国人入山采玉时，都要带上指南针，是为了不迷失方向。付度才干、估量能力、揣度情理，也类似郑国人入山采玉时使用指南针一样。"

鬼谷子认为，做任何事情都需要遵循一定的法则，一定要弄清缘由，研究实情，确定三仪。这就好像郑国人入山采玉时需要带指南针一样，这样才不会迷失方向。其实，在人生的道路上，我们更应该找准自己的方向，估量自己的能力，找准自己的目标，随时带着指南针，我们才不至于迷失在沙漠里。

大凡作出巨大成就的人，他们通常知道自己想成就的是什么？当然，他们绝不像太平洋中没有指南针的船只那样，随风飘荡。成就梦想，找准方向

是第一步，然后思考：如何达成自己的目标。这听起来好像老生常谈，但是，令人惊讶的是，许多人都没有认清：找准人生方向以及执行计划，是唯一能超越别人的可行途径。德里克·博克曾说："我早已致力于我决心要保持的东西，我将沿着自己的路走下去，我们也无法阻止我对它的追求。"在人生的道路上，我们做任何事情都需要有方向、有目标，这样才不会失败。

一场突如其来的风暴，让一位独自穿行大漠的旅行者迷失了方向，更可怕的是装干粮和水的背包也不见了。他翻遍了所有的衣袋，只找到了一个泛青的苹果。他惊喜地喊道："哦，我还有一个苹果。"他擦着那个苹果，艰难地在大漠里寻找着出路，可是，整整一个昼夜过去了，他还是没有走出茫茫的大漠。饥饿、干渴、疲惫，使得他好几次都觉得自己快支撑不住了，可是，看一眼手中的那个苹果，他抿了抿干裂的嘴唇，陡然又增添了几分力量。他又开始继续跋涉，心中不停地默念着："我还有一个苹果，我还有一个苹果……"三天后，他终于走出了大漠，而那个始终未曾咬过一口的苹果，已经干枯得不成样子了。

对于迷失在沙漠的人而言，那唯一的苹果就是他人生的方向，带着苹果一起走出沙漠，就是他的人生目标。一个没有方向的人就像一艘没有舵的船，永远过着漂泊不定的生活，只会到达失望和丧气的海滩。许多人即使付出了艰辛的努力，但还是无法成功？其实，这是因为他未来的路上总是雾茫茫一片，看不到任何目标。在生活中，一旦我们确定了自己的方向，也就产生了前进的动力，那是奋斗的方向，更是一种对自己的鞭策。

在西撒哈拉沙漠中，有一颗璀璨的明珠——比赛尔。每年，数以万计的旅游者会来到这里观光、游玩。可是，在很早以前，这只是一个封闭而落后的地方，这儿的人从来没有走出过大漠。当然，他们并不是不愿意离开这块贫瘠的土地，而是他们在尝试了许多次后都失败了。

有一天，肯·莱文来到了比赛尔，他用手语问这里的人："你们为什

么不走出大漠？"结果所有人的回答都一样：从这儿无论向哪个方向走，最后都还是回到了出发的地方。肯·莱文不相信这种说法，他亲自做了一次试验，按照指南针的指示，从比赛尔村一直向北走，结果花了三天半的时间就走出来了。肯·莱文很纳闷：为什么比赛尔人却不能走出大漠呢？为了查明原因，肯·莱文雇了一名叫阿古特尔的人，这位青年也从未走出过大漠，肯·莱文收起了指南针等现代设备，让阿古特尔带路，看看到底会发生什么。他们带了够半个月喝的水，牵了两头骆驼就出发了。很快，十天过去了，他们大约走了八百英里路程，第十一天早晨，他们果然又回到了比赛尔。肯·莱文终于明白了，比赛尔人之所以走不出大漠，是因为他们在大漠里没有找到目标与方向。

在一望无际的沙漠里，一个人如果只是凭着感觉走，他就会走出大小不一的圆圈，最后他又回到了原点。由于比赛尔村在沙漠的中间，在方圆几十千米几乎没有任何参照物，如果不认识北斗星，想走出大漠是不可能的。肯·莱文离开比赛尔的时候，他告诉阿古特尔，如何通过北斗星找到正确的方向，他说："只要你白天休息，夜晚朝着北面那颗星走，就能走出沙漠。"阿古特尔照着去做了，三天之后果然来到了大漠的边缘，因此，阿古特尔成为比赛尔的开拓者，他的铜像被竖在小城的中央，并刻了一行字：跟着目标就不会迷路。

每个人的行为特点都是有目的性、有方向的行为，一般来说，没有方向感的人生是难以成功的。或许你想成为一名政治家，想成为一名流行歌手，想成为一名将军……但是，生活中没有方向的人就是可怜的糊涂虫，他们永远无法找到成功的途径。车尔尼雪夫斯基曾说："一个没有受到献身热情所鼓舞的人，永远不会做出什么伟大的事情。"一旦我们失去了方向，就意味着失去了人生的推动力，必将面临失败。当然，在追寻目标的过程中，我们应该确定自己的人生方向，因为我们的生命不需要被别人保证。

心理支招

鬼谷子认为，做任何事情都是需要指南针的，就好像我们需要一个方向一样。人生的精彩源于梦想的精彩，方向的高度将决定成就的高度，其实，我们每个人都是自己命运的设计师。人生的道路该如何去走，向着什么方向去走，最终要达到什么目标……这些问题都应该是我们自己的立场，而不需要被别人保证。如果我们失去了自己的方向与目标，那么一生难有大作为。

第二节　近朱者赤——建立优秀人脉网

鬼谷子曰："故同情而相亲者，其俱成者也；同欲而相疏者，其偏害者也；同恶而相亲者，其俱害者也；同恶而相疏者，偏害者也。故相益则亲，相损则疏，其数行也，此所以察异同之分也。"

鬼谷子说："所以凡是感情相同而又相互亲密的人，大家互相学习，相互鼓励，就可以共同进步，共同获得成功；凡是欲望相同而关系疏远的，只有一部分得到利益，而另一部分人却会受到伤害；凡是恶习相同而关系又密切的，因为习性与目的相同，必然一同是受害者；凡是恶习相同而关系疏远的，一定是部分人先受到损害。所以，如果能互相带来利益，就要密切关系，如果互相牵连地造成损害，就要疏远关系。这都是有定数的气势，也是要考察异同的原因，凡是这类事情都是一样的道理。"

鬼谷子认为，若是遇到志同道合的人，则互相学习，互相鼓励；若是关系疏远，只存在利益关系的，则可能会受到伤害。如果互相带来利益，就需要密切关系；如果互相牵连地造成伤害，则需要相互疏远。鬼谷子的这一智慧对于充实人生，完善人生大有裨益。在生活中，我们要善于为自己营造良好的环境，建立有价值的人脉关系，这样我们才能不断地提升自己，这就是古人常说的"近朱者赤，近墨者黑"。自然，在一个良好的环境里，汲取了营养，也可以成为同样优秀的人。

在日常生活中，我们发现：同样的蔬菜在不同的水中浸泡一段时间后，将它们分开煮，其味道是不一样的。同理，一个人在不同的环境里，由于长期的耳濡目染，其性格、气质、素质和思维的方式等方面都会有明显的差别，这就是我们常说的"近朱者赤，近墨者黑"。泡菜效应，直接揭示了环境对人的成长的重要性。1979年诺贝尔物理奖获得者温伯格曾说过："我之所以获奖，是因为我们学校有一种人才共生效应。"经过调查发现，原来温伯格那一届有十多个人都成了美国著名的物理学家。对此，温伯格坦言是学校的环境造就了自己的成功："那时学校教物理的老师都特别棒，鼓励我们自由思考，作业很少，让我们学有余地，当时学校还有个科幻俱乐部，我们都是俱乐部的积极分子。"

一个生物学家在一家农场看见鸡群里有只老鹰，于是，他好奇地问主人："为什么鸟中之王会与鸡在一起呢？"主人说："因为我一直喂它鸡饲料，它从小就在鸡舍里长大，所以，它一直不想飞，而且它根本就不认为自己是一只老鹰了。"生物学家说："不过，它到底是一只老鹰啊，只要教它应该就会的。"经过一番商量，两人准备将老鹰放飞，第一天失败了，第二天失败了，第三天，生物学家将老鹰带到了山上，鼓励它："你是一只老鹰，属于蓝天和大地，张开翅膀飞翔吧！"奇迹出现了，老鹰慢慢张开了翅膀，冲向天际。

环境对人的成长具有不可抗拒的影响作用，有人更是提出了"人是环境之子"的观点。《晏子春秋》里曾说："橘生淮南则为橘，生于淮北则为枳。叶徒相似，其实味不同，所以然者何？水土异也。"其实，人也一样，容易受到周边环境的影响。我们与什么人相处，就会沾染上什么习惯、品性，而这些行为特点将会影响我们的一生。因此，为了有效地认知自己，我们应该给自己创造一个良好的环境，努力从周围的环境汲取营养，以此提升自我。

希拉里早年在卫尔斯利女大读书，那里聚集着全美成绩优秀的学生，但是，她们并不是全美学习最好的学生，学习最好的学生都去了哈佛大学。刚刚进入卫尔斯利大学的希拉里产生一种挫败感，自己直到高中毕业都是周围人眼中的好学生，在学校备受瞩目，但现在却"沦落"为无人理睬的普通学

生。不过，希拉里并没有被挫败感击倒，她想用哈佛学子的学习方法来武装自己，使自己成为卫尔斯利的第一名。

但是，哈佛学生一直以排外出名，其秘密学习俱乐部从来不接受外校的学生。于是，为了进入哈佛大学的秘密学习俱乐部，希拉里决定成为这个俱乐部成员的女朋友。一段时间以后，希拉里就成了哈佛大学三年级杰夫·希尔兹的女朋友，接着她又结识了男友的朋友，没过多久，她就成了男友所在的"哈佛书呆子俱乐部"的非正式成员。在与哈佛学生的相处过程中，希拉里学会了新的学习方法和辩论方法，正是这一段不寻常的学习经历造就了希拉里最后的成功。

希拉里善于为自己创造一个良好的环境，那就是认识比自己更优秀的人，在泡菜效应的影响下，她获得了成功。当大多数女生都与自己水平相近的朋友们在一起对明星或者男生、美食或者时尚津津乐道，消磨时光时，希拉里却在和哈佛的高材生们就政治、理念、时事等各类深刻的问题展开激烈的讨论和辩论。因为所处的环境不一样，于是，她们所受到的影响也不一样，希拉里的特殊能力正是利用这个环境而逐渐积累起来的。

心理支招

鬼谷子认为，与志同道合的人在一起，我们就会得益。在一个良好的环境中，我们自然也会受益多多。古人曰："近朱者赤，近墨者黑。"当我们接近品性好的人时，我们很容易学好，不自觉地萌发出见贤思齐的想法；当我们接近品性坏的人，就很容易变坏。我们生活的环境就像一个大染缸，很容易将形形色色的人同化。当我们处于修心重德的环境中，我们就会受到身边人的言行教化，自觉地约束自己，使自己的身心不断得以长进；相反，假如我们处在道德颓废的环境中，我们就会受到身边人消极观念的影响，随波逐流。因此，要想认清自己，有效地提升自我，我们应该选择一个良好的环境，这样我们的心灵才能够得到升华。

第三节　不计得失——以小失攒大得

鬼谷子曰："夫仁人轻货，不可诱以利，可使出费；勇士轻难，不可惧以患，可使据危；智者达于数，明于理，不可欺以不诚，可示以道理，可使立功；是三才也。故愚者易蔽也，不肖者易惧也，贪者易诱也，是因事而裁之。故为强者，积于弱也；为直者，积于曲也；有余者，积于不足也；此其道术也。"

鬼谷子说："不能用金钱来诱惑那些仁人君子，因为真正的仁人君子必然不看重金银珠宝，反而可以让他们捐出资财；不能用祸患来恐吓那些勇敢的壮士，真正的勇士自然会轻视危难，反而可以让他们镇守危地；一个有智慧的人，通达礼教，明于事理，不可假装诚信去欺骗他们，反而可以给他们讲清事理，让他们建功立业。这就是所谓的仁人、勇士、智者的'三才'。所以说，愚蠢的人容易被蒙蔽，一个不肖之徒容易被恐吓，贪图便宜的人容易被引诱，所有这些都要根据具体情况作出判断。一旦'道教'得到实行，就可以由微弱积累成强大，由弯曲积累成直壮，由不足积累成有余。"

鬼谷子赞扬世间的"三才"，即仁者、勇士、智者，而他认为贪婪的人贪得无厌，他们喜欢占便宜，经常在诱惑面前乱了阵脚。对此，对于生活中的我们而言，需要控制好自己的欲望，不计较得失，这样我们才会在人生的旅途中越来越快乐。人们常说："好汉不吃眼前亏。"这些人总是不能容忍

自己失去一点点，即使蝇头小利，他们也不允许自己失去。结果，他们虽然暂时获得了，但却永远失去了成功。实际上，这些所谓的"好汉"的想法是错误的，真正的好汉应该有着敏锐的眼光，他们所关注的最后的"获得"，而不是眼前的收获与利益，他们宁愿以暂时的失去换取永久的获得，这才是一笔划得来的交易。

那些鼠目寸光之人，他们不能吃眼前亏，心胸狭隘的他们不能够允许自己有一点点损失，若失去了，就处处较真儿，异常痛苦，势必要把自己失去的找回来。虽然，他们暂时赢得了小利，但却永远地失去了更好的东西。那些真正的好汉，他们愿意吃眼前亏，视野宽阔的他们愿意以小失换大得，最后促成自己取得成功。其实，有些时候，在眼前的不过是蝇头小利，即使你千方百计追寻了，那也不能铸就自己的成功。与其紧紧地抓住眼前的东西，还不如把眼光放长远一点，放长线钓大鱼，这样我们才能收获更多。

美孚公司闻名于世，当时为了开拓中国这个极具潜力的市场，总公司决定在上海开设油灯厂。当时的中国还比较落后，绝大多数的中国人还不懂如何使用煤油灯。美孚公司的负责人尽管在上海花了很长时间，也使出许多招数，但是没有收到预期效果。后来，公司想出了一个决策：只要购买两斤煤油，还可以奉送刻有"请用美孚油"字样的煤油灯一盏。这个决策一出来，很快取得了良好的效果。人们认为，两斤油本来不贵，还可以白捡一盏价格不菲的油灯，于是，购买煤油的人越来越多。仅仅一年时间，美孚公司就"赔"了80多万盏煤油灯，这对于公司来说是不小的损失。但是，正是这80多万盏白送的煤油灯，起到了广告的作用，成了美孚公司取之不竭的财源。就这样，美孚公司迅速占领了中国的"羊油"市场，而且畅销几十年，获利无穷。

美孚公司甘愿吃亏，不惜赔80多万盏煤油灯，这在消费者眼里却是"打着灯笼找不着的好事"，于是纷纷购买煤油，谁知，自己却给公司做了一个活广告，这就是典型的"小失换大得"。正因为美孚公司放弃了眼前的利益而获得了长远的利益，小利变大利，利滚利，利翻利，先前看似赔本的"油

灯"，最终却收获了高额的利润。

2005年胡润百万富豪榜中，严介和以125亿元的资产位列中国大陆大富豪第二。即使他今天如此成功，但在他发迹之前，也曾做过吃亏的事情。

在1992年的时候，严介和租赁了一家濒临破产的建筑公司。但是，第一次接的一项业务，居然是一个被承包商转包五次的建筑工程。他对那个业务作出了预测，立即傻眼了，如果自己接下了这个工程，至少得亏损5万元，这完全是一个没人敢接的工程，所以才落入自己的手中，接还是不接呢？他陷入了沉思，因为自己没有后台也没有任何关系，在建筑业这个关系错综复杂的领域，他只能得到这样的业务。于是，他决定接了这个业务，即使亏损也无所谓。当工程完成之后，验收部门不相信这样的亏本工程会有好的质量。但检测结果令人瞠目结舌，所有指标个个皆优。虽然，他亏损了8万元，但良好的质量却为他赢来了一笔又一笔的业务，最终，他成功了。

容忍失去眼前的小利益，虽然这会让自己有部分损失，但其实也打通了走向成功的大门。严介和以小失换取了大得，巧妙地做了一笔一本万利的生意。人生也是一样，当你认为失去是一种损失时，你会很快收获更多的东西。失去也是一种获得，失去从表面上看是一种损失，但从长远来看，却是一种福气。

心理支招

鬼谷子告诫我们不要做一个喜欢占小便宜的贪婪之人，应该学会不计较得失。在人生的路途中，有得有失，失去是为了更好地获得。这样想来，有些失去是必然的，是不可避免的。当我们总想获得的时候，我们必然会失去一些东西，然后才能获得一些新东西。如果我们紧紧地抓住手里的东西，不想失去，那我们就无法获得新东西。

第四节　计谋之术——对准心理下足"药"

鬼谷子曰："故外亲而内疏者，说内；内亲而外疏者，说外；故因其疑以变之，因其见以然之，因其说以要之，因其势以成之，因其恶以权之，因其患以斥之；摩而恐之，高而动之，微而证之，符而应之，拥而塞之，乱而惑之，是谓计谋。"

鬼谷子说："从内心入手进行游说，是针对那些外表亲善而内心疏远的人；从表面入手进行游说，是针对那些内心亲善而外表疏远的人。因此，要根据对方的疑问来调整自己游说的内容，要根据对方的表现来判断游说方法是否得当，要根据对方的言辞来归纳总结游说的要点，要根据情势的变化在最适当的时候征服对方，要根据对方可能造成的危害来权衡利弊得失，要根据对方可能造成的祸患来设法采取防范措施。揣摩之后加以威逼利诱，抬高之后加以策动为我所用，削弱之后加以扶正，符验之后加以响应，拥堵之后加以堵塞，搅乱之后加以迷惑，这就是计谋。"

鬼谷子认为，在游说的过程中，我们要根据对方的疑问来调整自己游说的内容，要根据对方的表现来判断游说方法是否得当，要根据对方的言辞来归纳总结游说的要点，要根据情势的变化在最适当的时候征服对方，要根据对方可能造成的危害来权衡利弊得失，要根据对方可能造成的祸患来设法采取防范措施。实际上，就是我们要摸清楚对方的心理，

搞清楚周围的情境，然后对准心理下足药，自然会"药到病除"。每个人都有自己的心理特点，假如我们能够很好地利用这一点，以心理优势压倒对方，那自然就达到了游说的目的，即使不能成功，也能及时地为自己找好后路。

东汉时期，光武帝的女儿湖阳公主新寡，于是，光武帝想给女儿再选一个驸马爷。平日里，光武帝就和湖阳公主一起议论朝廷大臣，暗暗观察公主的心意，后来，湖阳公主说："宗弘的风度、容貌、品德、才干，大臣们谁都比不上……"光武帝听说后就想促成这门亲事。

没过多久，光武帝召见了宗弘，而湖阳公主就坐在屏风后面，这时，光武帝以暗示的语言对宗弘说："谚语云，'显贵换知交，发财易新妻'，这是人之常情吧？"宗弘回答说："古语说，'贫贱之交不可忘，糟糠之妻不下堂'，共患难的妻子是不应该被赶出家门的。"光武帝听完后，对屏风后面的湖阳公主说："事情不顺利啊！"

由于大臣宗弘是有妻室的人，再想促其与湖阳公主的婚事，这本身就属于一件不应该办的事情。光武帝当然明白，即使自己真的办成了此事，也会有违常理，所以，在了解了对方心理，斟酌了一番之后，他先为自己留条退路，以"贵易知，富易妻"来暗示，宗弘自然明白其中真意，他以"贫贱之交不可忘，糟糠之妻不下堂"来回应。这样，宗弘既保全了皇帝的面子，又很好地为自己寻得了退路。

心理支招

鬼谷子的计谋之术，主要是跟随对方的变化而变化，随着情境的改变而改变我们的计策。其实，很多时候，我们也可以通过掌握其心理的缺点和弱点作为我们攻击的目标。有的人比较重利，有的人心气很高，有的人好胜心很强，有的人喜欢说大话，只要我们能够掌握对方的短处与弱点，再将之有效利用，巧妙"对症下药"，就会以优势的心理击败对方，达到游说的目

的。更有甚者，我们可以通过对方无意中显露出来的态度，了解其心理，通过行为细节来捕捉比语言表露更真实、更微妙的内心世界。在其内心世界里，我们可以寻找到对方的兴趣点，而这些将成为我们办事的最佳突破口，对症下药，以心理优势压倒对方，令其顺从自己的意愿，答应我们的请求。

第五节　糊涂之术——甘做一只糊涂虫

鬼谷子曰："其身内，其言外者，疏；其身外，其言身者，危。无以人之所不欲而强之于人，无以人之所不知而教之于人。人之有好也，学而顺之；人之有恶也，避而讳之；故阴道而阳取之。"

鬼谷子说："虽然是自己人，却说一些对外人有利的话语，就会被疏远。如果是外人，却知道内情太多，就必然会给自己带来危险。不要强迫别人做不想做的事，不要拿别人不了解的事情去说教别人。如果对方有某种嗜好，就要仿效以迎合他的兴趣；如果对方厌恶什么，就要注意加以避讳，以免引起对方的反感。所以，要进行隐秘的谋划和公开的夺取。"

鬼谷子认为，是自己人，却说一些对外人有利的话语，就会被疏远。如果是外人，却知道内情太多，就必然会给自己带来危险。如果对方有某种嗜好，就要仿效以迎合他的兴趣；如果对方厌恶什么，就要注意加以避讳，以免引起对方的反感。对此，他总结说，做任何事情需要隐秘的谋划和公开的夺取，很多时候，需要我们假装糊涂，不要知道太多，不要总是故作聪明。善懂糊涂之术的人，过着快乐幸福的生活。有时候，假装什么都不知道的糊涂虫比什么都知道且处处显风头的出头鸟活得更久。

有的人自以为才华横溢，所以强出头，殊不知犯了大忌。自古以来，许多将帅帝王都不喜欢臣子胜过自己，比如说乾隆皇帝。他喜欢卖弄才情，

闲暇之余写点小诗，他上朝时就经常出一些精辟的问题考问大臣。这时候，大臣们都装作是糊涂虫，明明知道那是很浅的学问，却不说破，故意冥思苦想，并请求皇帝开恩"再思三日"。这时候，乾隆皇帝自己细细道来，赢得了大臣的一片礼赞，乾隆帝自然喜不自禁。但是，如果这时哪个臣子做了出头鸟，在皇帝面前出尽风头，那自然得不到皇帝的宠爱，反而心生忌讳。

杨修是个文学家，才思敏捷，灵巧机智，后来成为曹操的谋士，官居主簿，替曹操典领文书，办理事务。有一次，曹操造了一所后花园。落成时，曹操去观看，在园中转了一圈，临走时什么话也没有说，只在园门上写了一个"活"字。工匠们不解其意，就去请教杨修。杨修对工匠们说，门内添活字，乃阔字也，丞相嫌你们把园门造得太宽大了。工匠们恍然大悟，于是重新建造园门。完工后再请曹操验收。曹操大喜，问道："谁领会了我的意思？"左右回答："多亏杨主簿赐教！"曹操虽表面上称好，而心底却很忌讳。

后来，曹操出兵汉中进攻刘备，被困斜谷界口，想要进兵，又被马超拒守，想收兵回朝，又害怕被蜀兵耻笑，犹豫不决时碰上了厨师端进鸡汤。曹操见碗中有鸡肋，因而有感于怀。正沉吟间，夏侯　入帐，禀请夜间口号。曹操随口答道："鸡肋！鸡肋！"　传令众官，都称"鸡肋！"行军主簿杨修见传"鸡肋"二字，便教随行军士收拾行装，准备归程。有人报知夏侯惇。夏侯惇大惊，遂请杨修至帐中问道："公为何收拾行装？"杨修说："从今夜的号令来看，便可知道魏王不久便退兵回国，鸡肋，吃起来没有肉，丢了又可惜。现在，进兵不能胜利，退兵恐人耻笑，在这里没有益处，不如早日回去，明日魏王必然班师还朝。所以先行收拾行装，免得临走时慌乱。"夏侯惇说："您真是明白魏王的心事啊！"他也开始收拾行装。于是军寨中的诸位将领没有不准备回去的事物的。曹操得知此事后，传唤杨修问话，杨修用鸡肋的意义回答。曹操大怒："你怎么敢造谣生事，动摇军心？"便喝令刀斧手将杨修推出去斩了，将他的头颅挂于辕门之外。

杨修为人恃才放荡，数犯曹操之忌，杨修之死，缘于他的聪明才智。

他本是一个绝顶聪明的人，而且才华横溢，但其才盖主，这就犯了曹操的大忌。当曹操无意间说出"鸡肋"二字，杨修却做了一只出头鸟，捅破了那层薄纸，这无形之中就羞辱了曹操，这就是杨修被斩的原因之一。人生在世，我们要善于吸取这样的教训，在某些场合，甘做糊涂虫，不做出头鸟。

心理支招

鬼谷子认为，假装糊涂是一种高明的谋术。在我们日常生活中，有时候会经常遇到这样的情况：有一些事情，每个人几乎都想到了，也认识到了，却没有一个人当众说出来。实际上，这些人都愿意做糊涂虫，而不愿意做出头鸟。人所共欲不言，言者乃大愚也。俗语说："枪打出头鸟。"在一些场合，你争着说话，必定犯了时忌，或者无意间刺中别人的痛处，这样你就倒霉了。所谓"人怕出名猪怕壮"，人出名了，必会招来侧目而视，这就是惹祸的根由。所以，在某些场合，装作什么都不知道是最好的，这样才能保全自己。

第六节　隐匿之术——忍中求全

鬼谷子曰："故先王之道阴。言有之曰：'天地之化，在高在深；圣人之制道，在隐于匿。'非独忠信仁义也，中正而已矣。道理达于此之义，则可于语。由能得此，则可以杀远近之诱。"

鬼谷子说："所以古代的先王所推行的大道是属于'阴'的，古语说：'天地的造化在于高与深，圣人的治道在于隐与匿，并不是单纯讲求仁慈、义理、忠诚、信守，不过是在维护不偏不倚的正道而已。'如果可以彻底认清这种道理真正的含义，就可以与人交谈沟通，假如双方谈的观点一致并且很投机，就可以进一步巩固目前的关系，发展长远的关系。"

在这里，鬼谷子说到了隐匿之术，所谓隐匿之术就是低调行事、忍中求全。从古至今，那些能办大事的人，无一不是低调做事、忍耐力极强的人，韩信忍胯下之辱，最后，终成大器；吴王悬梁刺股，低调做事，处处忍耐，才有了后来的灭吴之举。因此，在游说他人的时候，我们一定要牢记：高调做事，难成大事；低调做事，终成大器。凡事应以低调的姿态，忍中求全，才能暗度陈仓，达到掌控态势的目的，游说自然也就容易多了。

战国末期，大将王翦奉命出征。出发前，他向秦王请求赐给他大量的良田房屋。秦王感到不解，问道："将军放心出征，何必要担心这个呢？"王翦解释说："我想作为子孙后代的家业。"秦王听了哈哈大笑，答应了王翦

的请求。等王翦到了渲关，又派使者回朝请求良田，这样连续几次，秦王都爽快地答应了。

王翦手下的心腹很疑惑，劝阻王翦："将军出征告捷，自然会有丰厚的赏赐，何必急在这一时呢？"王翦悄悄对心腹说："我要的并不是良田，我要的是秦王对我的信任，现在他要把全国的军队交给我一个人统率，心中肯定会感到不安，再加上他生性比较多疑，所以我就请求赏赐，只是想让他知道我目光短浅，并没有野心！"

俗话说："聪明反被聪明误。"不妨忍耐一下，假装弱一点。如果你表现得太聪明，势头看起来很强硬，反而办不成事。假如你装得"弱"一点，愚笨一点，对方或许更愿意帮助你，这样，你做起事情来反而顺利一些。正所谓"水至清则无鱼，人至察则无徒"，一个人如果过于聪明、太过强硬，往往会引起对方的戒备，给自己造成一些不必要的麻烦。所以，适当装得"弱"一点，引起对方的同情心，从而掌控态势，达到预期的目的。

隋朝的时候，隋炀帝十分残暴，各地农民起义风起云涌，他身边的许多官员也纷纷倒戈，投向了当地的农民起义军，面对这样的情况，本来就有疑心病的隋炀帝更加胡乱猜疑，他不再相信任何一个大臣，对谁也不轻信。他对朝中大臣，尤其是外藩重臣，一旦有什么风吹草动，就开始胡乱猜疑。

当时，唐国公李渊，曾多次担任中央和地方官，他每到一个地方任官，都会有意识地结交一些当地的英雄豪杰，显示自己的恩德，因而成就了很高的威望，许多人都纷纷慕名而来，归附他。看着李渊如此高调地做事，结交越来越多的勇士，他身边的朋友都替他担心，怕他遭到隋炀帝的猜忌。

而正在这时，隋炀帝下诏让李渊到他的行宫去晋见。李渊因病未能前往，隋炀帝很不高兴，多少有点猜疑。当时，李渊的外甥女王氏是隋炀帝的妃子，隋炀帝向她问起李渊未来晋见的原因，王氏回答说因为李渊病了，隋炀帝又问道："会死吗？"王氏把这消息传给了李渊，李渊更加谨慎起来，他知道隋炀帝对自己起疑心了，但现在自己力量薄弱，还不足以起事，只好收敛之前的高调姿态，保持低调，忍中求全。于是，他故意广纳贿赂，败坏

自己的名声，整天沉湎于声色犬马之中，而且大肆张扬。隋炀帝听到这些，果然放松了对他的警惕。

那些凡事能够忍中求全的人，总是以低调姿态示人，他们办事都很容易成功。试想，如果当初李渊不能忍中求全，意气用事之下就草草起事，很有可能因为自己力量不足而被隋炀帝除掉，也就没有后来的太原起兵和大唐帝国的建立。有时候，低调并不是逃避，忍中求全也不是懦弱，它们更多的是一种人生智慧。只有学会了低调，才有可能做出一鸣惊人的举动；只有学会了忍中求全，才能够忍凡事而成就大事。

心理支招

鬼谷子认为，隐匿是一种大智慧，隐匿就是把自己隐藏起来，给外人一种假象，当然，这需要忍耐，更需要低调行事。隐而不露是一种谋略，是为了达到某种目的，故意将自己的内心掩盖起来以麻痹对手，一旦时机成熟了，条件具备了，就会刀枪出鞘，扬出自我的风采。

第十一篇 决木

鬼谷子认为，决策是万事万物的关键所在。同时，他还在本篇中提到了五种决策方案：有时以正大光明的德行感化人，有时以隐藏不露的机关惩罚人，有时以信义道德教导人，有时让人民蒙蔽无知，有时让人民朴素无欲。

第一节　事缓则圆——疑难之事适时处理

鬼谷子曰："凡决物，必托于疑者，善其用福，恶其用患；善至于诱也，终无惑。"

鬼谷子说："凡是为他人决断事情，都是受有疑难的人委托的。一般说来，人们都希望遇到对自己有利的事情，不希望碰上对自己不利的事情，希望最终能排除疑惑。"

鬼谷子认为，人们都希望遇到对自己有利的事情，不希望碰上对自己不利的事情，希望最终能排除疑惑。那么，遇到了疑难之事我们又该如何处理呢？慢慢等待，灵活处理，这才是真正的决术。处世一定要"圆"，尤其是遇到疑难之事，更要以圆融为主。一个人如果太多方正，有棱有角，一定会撞得头破血流；反之，一个人若是八面玲珑，圆融，反而事半功倍。做事一定要灵敏通融，灵活应变，适时改变战术。在日常生活中，若是遇到了疑难之事，须记住：万事急不得，越着急，就越有可能办砸。如果你只想用一种方法就解决棘手之事，那成功的概率是不大的。毕竟，棘手的事情所考验的是一个人的随机应变能力，如果你总是保持原有的方法，不着眼事情的变化，那极有可能会使事情朝着相反的方向发展。

胡雪岩第一桩生意的成功，可以说是"事缓则圆"的最好例子。当时，胡雪岩将在湖州收到的一大批新蚕丝运到上海，他没有像其他商家一样急于

脱手。而且，胡雪岩本是借债做生意，钱庄刚开张不久，手头并没有多少可以周转的资金。当年的时局又极其混乱，按常理，他应该急售，将蚕丝换成现银。

可是，胡雪岩不愧为一代商贾。他将那些蚕丝囤积了起来，等待更好的时机脱手。他考虑到：洋商所开出的价格并不理想，而且，为了抑制丝价，须联合江南的丝业同行，时机尚未成熟。另外，胡雪岩本身实力有限，运到上海的蚕丝量少，仅凭自己还不足以与洋人讨价还价。

于是，在囤积蚕丝的过程中，胡雪岩开始联合同行商业，耐心做进一步工作。以他的做事风格，绝不会半途而废，他暂时压下一些资金来耐心等待，以最好的价位脱手。一方面，胡雪岩请熟悉洋务的朋友古应春与洋商谈判；另一方面，吩咐刘不才拉拢上海的丝业巨头，做好联络同行的工作。

到了年初，胡雪岩已经与上海丝商大户结成了丝业同盟，控制了一些散户。这时，洋商迫于江南丝业的压力，价格也开始松动，不过，胡雪岩觉得仍需等待，他依然观望着。就这样，胡雪岩一缓再缓，一直到了第二年新蚕丝上市，由于清政府需要在上海设立内地海关，同时增加了茧捐。迫于情势，洋商低头认输，开出了双方都能接受的价格。而胡雪岩一直拖延的生丝直到此时才脱手，这笔生意净赚18万元，所得利润令人难以想象。

胡雪岩事缓求圆的经商之道，赚得了令人难以想象的利润，于此，也奠定了其在江南丝业中的地位。在生意场上打拼的人，都明白凡事需要耐心等待，等待最佳时机的到来。时机尚未成熟的时候，就草率行事，往往事倍功半。有时候，许多事情之所以失败，就在于慌张、急于求成，如果在做事的时候，暂缓一下，往往不至于如此。

俞万春在《荡寇志》中说："看来此事，事宽则圆，急难成效。"意思是，遇到了困难的事情不要操之过急，而是需要慢慢地设法应付，这样，事情才能得到圆满的解决。"事缓则圆"是一个人在成长过程中需要不断修炼的处世策略。在这个世界上，大凡人、事、物乃至各种现象都有其成熟的时机，时机尚未成熟之前的等待，是很有必要的。诸如水果的成熟需要一定的时间，太早摘取，其滋味一定是苦涩。做事也如此，每件事都需要一定的过程才能显得更完美。

心理支招

鬼谷子的权术给了我们这样的启示：事缓则圆，看似容易，做起来却很难。遇到不理解的人，不要非去理解，缓一缓，自然会理解的；遇到想不通的事情，不要去想了，缓一缓，自然就想通了；遇到理不顺的事情，不要去理了，缓一缓，自然就理顺了。其中所蕴含的哲理无非就是"圆"，遇到难事，暂缓一下，也许，你会有意想不到的收获。

第二节　决断之术——缜密才是稳妥之道

鬼谷子曰："偏有利焉，去其利，则不受也；奇之所托。若有利于善者，隐托于恶，则不受矣，致疏远。故其有使失利者，有使离害者，此事之失。"

鬼谷子说："在为别人作决断的时候，如果只对一方有利，那么没有利的一方就不会接受，这是因为依托的基础不平衡。本来任何决断都应该是对决断者有利的，但是如果在其中隐含着对决断者不利的因素，那么决断者就不会接受，彼此之间的关系也会因此而疏远，甚至还可能会遭遇灾难，这样对决断者就不利了，这样的决断是严重的失误，也是委托的人与决断者都不希望发生的。"

鬼谷子认为，决断者与委托人存在着一个冲突，那就是决断是否有利双方。如果想避免双方之间不发生冲突，那就是细心决断，认真决断，缜密决断，这就是决断之术。孔子曾说："乱之所生也，则言语以为阶。君不密，则失臣；臣'不'密，则失身；几'不'密，则害成；是以缜密而不出也。"有时候，之所以发生混乱，主要是做事不谨慎。如果君主的言语不谨慎，就会失去贤德的臣子，如果臣子的言语不谨慎，就会招祸失去生命；机密的大事不谨慎，就会造成灾害，因此，做事一定要谨慎，否则，亡羊补牢，为时已晚。

俗话说："小心驶得万年船。"智慧的处理事情的方法是需要细心，冷静地研究，凡事多想一步，胜算就会多一点。尤其是越混乱的时候，越需要注意这一点。做事的时候，需要将一切事情安排妥当，再借机行事，如此才能将事情做好。如果事先未做好准备，在紧要关头出了纰漏，那可是"亡羊补牢，为时已晚"。

公元208年，曹操率领大军驻扎在长江中游的赤壁，企图打败刘备以后，再攻打孙权。刘备采用联吴抗曹之策，与吴军共同抵抗曹操。当时，孙权和刘备兵力薄弱，而曹操兵多将广，处于优势位置。对此，诸葛亮和周瑜商讨破敌良策，二人不谋而合，都主张用火攻一举击败曹操。

可是，当一切准备就绪之后，周瑜却发现曹操的船只停在大江的西北，而自己的船只靠南岸。这时正值冬季，只有西北风，如果采用火攻，不但烧不了曹操的大军，反而会烧到自己的头上，只有刮东南风才能对曹军发起火攻。周瑜眼见火攻不能实现，急得口吐鲜血，病倒在床上。这时，诸葛亮前来探望周瑜，问道："你为何得病？"周瑜不愿说出实情，就说："人有旦夕祸福，怎能保证不得病呢？"

其实，诸葛亮早就猜透了他的心事，就笑着说："天有不测风云，人怎能预料到呢？"周瑜听出诸葛亮话中有话，非常惊讶，就问："有没有治病的良药？"诸葛亮说："我有个药方，保证治好您的病。"说完写了16个字，递给周瑜，这16个字就是"欲破曹公，宜用火攻，万事俱备，只欠东风"。

其实，诸葛亮预测到近期肯定会刮几天东南风，他对周瑜说："我有呼风唤雨的法术，借给你三天三夜的东南大风，你看怎样？"周瑜高兴地说："不要说三天三夜，只一夜东南大风，大事便成功了！"

在"火烧赤壁"中，诸葛亮和周瑜这两个智囊不约而同想到了火攻曹军，并一切准备就绪，等待时机的到来。而在这之前，诸葛亮又预测到了近期将刮东南风，自然，火烧曹军志在必得，而且，可谓是"天时地利人和"，也难怪，此次赤壁之战一举成功。在这里，体现了诸葛亮谋事的机智

鬼谷子的心理智慧

和缜密，大胆采用火攻之策，虽然，火攻能一举歼灭曹军，但是，如若不能借风，那自是枉然。对此，诸葛亮早就料到了将会刮几天的东南风，在如此周详的计划下，火烧赤壁才能取得成功。

在日常生活中，做事亦如此，做事时应该有详细的计划、缜密的思考，如此才能预料到事情发展过程中出现的问题，并及时地想好对策。否则，光凭着冲动与激情，难以取得成功。我们都听过"亡羊补牢"的寓言故事，羊已经被狼叼走了，才想起修补羊圈，这似乎对事情本身起不了太大的作用。在现实生活中，许多人都在做着"亡羊补牢"的事情。在事情着手之前，考虑不周到，到事情发展至中途，才想到需要补救，这时，事情的发展已经不受自己控制了。因此，为了避免"亡羊补牢"，我们做事情时应该缜密一点。

心理支招

鬼谷子认为，只有经过缜密思考的决断，才是决断者和委托人都满意的决断。因此，做任何事情都需要缜密思考。在生活中，有的事情是出乎我们意料的，事实上，每一件事情都是有它的变化的，没有一成不变的事情。因此，事情的变化将意味着我们思绪的变化，懂得灵活处理，多准备几个预备方案，一旦事情有变，也会另作安排。当然，要想事情做得完美，还必须有缜密的思维。如果一个人想事情总是很简单，那么，他就很难想得周到。

第三节　谨慎行事——小心驶得万年船

鬼谷子曰："圣人所以能成其事者有五：有以阳德之者，有以阴贼之者，有以信诚之者，有以蔽匿之者，有以平素之者。阳励于一言，阴励于二言，平素、枢机以用；四者微而施之。"

鬼谷子说："圣人主要是通过这五个途径来完成大业的：有的用阳道来感化，有的用阴道来惩治，有的用信义来教化，有的用爱心来庇护，有的用廉洁来净化。行阳道的圣人都是努力做到守常如一，行阴道的圣人则努力掌握好事物的两面。要在平时和关键时刻巧妙地运用这四方面，而且小心谨慎地行事。"

在后面，鬼谷子强调了小心谨慎行事，其实，仅仅是决断才需要细心吗？非也，生活中许多事情都需要细心。在生活中，做任何事情都不能盲目，要三思而后行，才能在智慧的基础上加上自己的努力，从而到达胜利的彼岸。大多时候，许多人因盲目行动，终于酿下苦果，甚至付出生命的代价。俗话说："三思而后行。"意在告诉我们，做任何一件事情之前，都需要仔细考虑。慎重考虑我们还没预料到的事情，以防万一，这样我们才能更好地保全自己。

有一次，曾国藩坐着轿子正要出门，突然，听到帘子外有人叫自己的乳名："宽一！"他连忙叫轿夫停轿，看到来人他又惊又喜："这不是干爹

吗？您老人家怎么到这里了？"曾国藩赶忙将干爹迎进了家中。

面对远道而来的干爹，曾国藩不住地问家乡的情况，可是，干爹却满腹委屈，他找了个机会将自己在家乡受到知府大人的不平待遇一一告诉了干儿媳，干儿媳妇安慰他说："不要担心，除非他的官比你干儿子大。"老人家听了，悬着的心放下了一半。

过了几天，夫人特意说起了干爹的事情，她劝曾国藩："你就给干爹写个条子到衡州吧。"曾国藩大声叹气："这怎么行呢？我不是多次给澄弟写信让他们不要干预地方官的公事吗？如今自己倒在几千里外干预了起来，岂不是自己打自己嘴巴？"夫人说："可干爹是个老实本分的人，你总不能看老实人被欺负，你得为他主持公道啊！"曾国藩思考了片刻，说道："好！让我再想想。"

第二天，曾国藩接到了奉谕升官，顿时，许多达官显贵都来庆贺，曾国藩将干爹迎到了上座，并向大家做了介绍。这时，曾国藩拿出了一把折扇，说道："干爹执意要返回家乡，我准备送干爹一份小礼物，列位看得起的话，也请在扇上留下宝墨，以作纪念。"文武官员一听，都争相留名，不一会儿，折扇两面都写满了名字。干爹带着这把折扇回到了家乡，知府大人一看，气焰顿时消了一半。

曾国藩为官一生，活跃于政治舞台上，伴君数十年仍然得以自保，这是十分难得的。正所谓"伴君如伴虎"，离上司越近，危险性就越大，自己的一言一行都需要特别注意。可是，数十年来，曾国藩却能成功自保，其主要原因就是他比较善于细心行事，哪怕是一件小事，他也会多想一步，这样一来，给自己留了足够的后路，自然就能保全自己了。

在《三国演义》里，"马谡失街亭"的故事几乎家喻户晓：

当时，诸葛亮亲自率领大军，向西路扑向祁山，由于魏国毫无防备，守在祁山的魏军纷纷败退。刚刚即位的魏明帝曹叡立即派张郃带领五万人马赶到祁山去抵抗，并亲自去长安督战。

马谡一直是诸葛亮信任的人，不过，刘备在去世时却看出马谡这个人

不太踏实，他特意嘱咐诸葛亮："马谡这个人言过其实，不能派他干大事，还得好好考察一下。"然而，诸葛亮并没有将刘备这番嘱咐放在心上，这一次，他派马谡当先锋，守街亭。马谡当即带着副将王平来到了街亭，他对王平说："这一带地形险要，街亭旁边有座山，正好在山上扎营，设下埋伏。"王平提醒说："丞相临走的时候嘱咐过，要坚守城池，稳扎营垒，在山上扎营太冒险。"马谡却不假思索地拒绝了，根本不听王平的劝告。

没想到，这一不经思考的决定真的带来了恶果，街亭失守了，马谡虽然侥幸逃脱，但是，他最终难免处罚，诸葛亮自叹"用人不当"，只好挥泪斩马谡。

在这里，无论是诸葛亮还是马谡，都缺少了那么一点细心，最终酿成了大错。在生活中，当我们决定去做一件事情的时候，需要思考这件事值不值得去做，如果做了对自己有没有好处，会不会有什么后果。同时，还需要考虑接下来会发生什么，权衡利弊，作出更有利的选择。

心理支招

鬼谷子的决断之术给我们这样的心理启示：在现实生活中，我们经常看到某些人做事风风火火，全凭着一股冲劲，从来不动脑子，这样的人虽然加快了做事的速度，但是，他们却常常为自己的冲动而埋单。细心行事，说起来很简单，却不容易做到，很多时候，急于成功和紧张的心理常常使人们失去了常态，甚至无法正确地判断自己的行为。对此，凡事应以细心为主，谨慎思考，三思而后行，如此，才有可能取得成功。

鬼谷子的心理智慧

210

第四节　当机立断——看准目标一举拿下

鬼谷子曰："于事度之往事，验之来事，参之平素，可则决之。王公大人之事也，危而美名者，可则决之；不用费力而易成者，可则决之；用力犯勤苦，然不得已而为之者，可贵则决之；去患者，可贵则决之；从福者，可则决之。"

鬼谷子说："他们根据推测以往的事，来验证未来的事，再参考日常生活中的一些事情，如果分析认为可行，就作出决断；王公大臣的事，崇高而享有美名的，如果可以就作出决断；不用费力轻易可获成功的事，如果可以就作出决断；费力气又辛苦，但不得不做的，如果可以就作出决断；能消除忧患的，如果可以就作出决断；能实现幸福的，如果可以就作出决断。"

鬼谷子认为，不管做什么决断，只要考虑好了就要当机立断，看准自己的目标，一举拿下。生活中，有的人常常优柔寡断，对做任何一项决定都犹豫不决。于是在犹豫的片刻，被别人占了先机，以失败告终。如果将他们的犹豫不决比作下棋，每个人都有自己的一套下法，但最令人讨厌的就是"悔棋"，走棋之前不仔细想一想，出麻烦了，方知走错了一步。

鸿门宴上，虽不乏美酒佳肴，但却暗藏杀机，项羽的亚父范增，一直主张杀掉刘邦，在酒宴上，一再示意项羽发令，但项羽却犹豫不决，默然不应。范增召项庄舞剑为酒宴助兴，想趁机杀掉刘邦，项伯为保护刘邦，也拔

剑起舞，危急关头，刘邦部下樊哙带剑拥盾闯入军门，怒目直视项羽，项羽见此人气度不凡，只好问来者何人，当得知樊哙为刘邦的参乘时，即命赐酒，樊哙立而饮之，项羽命赐猪腿后，又问能再饮酒吗？樊哙说，臣死且不避，一杯酒还有什么值得推辞的。樊哙还趁机说了一通刘邦的好话，项羽无言以对，刘邦趁机一走了之。刘邦部下张良入门为刘邦推脱，说刘邦不胜饮酒，无法前来道别，现向大王献上白璧一双，并向大将军范增献上玉斗一双，请收下。不知深浅的项羽收下了白璧，气得范增却拔剑将玉斗撞碎。

正是项羽在鸿门宴上的优柔寡断，迟迟不肯开口，导致最终败给刘邦，自刎于乌江。如果项羽在鸿门宴上能够果断地下决心，抓住机会杀了刘邦，那么历史就会被改写。

犹豫不决会让我们失去很多机会，当我们有了目标，若选择犹豫不决，那无疑自毁前程。有了目标，就应该果断地为之努力，并不断地坚定这个目标，千万不要犹豫，一旦你陷入犹豫的旋涡，将会被吞噬。当你再次作出决定时，目标早已经变得模糊，这时候，你还能像当初那样意气风发吗？看准目标，一举拿下，只有果断作出决定，目标才不会遥不可及。在生活中，我们经常祝福朋友"梦想成真"，其实，这种美好的祝福一样适用于心中既定的目标，只要我们果断地拿下目标，那么，成功就离我们近了一大步。所以，在现实生活中，若是认定了目标，不要犹豫，否则，你将会丧失追逐目标的勇气。

1955年，马云受托去美国催讨一笔债务，结果，他一分钱都没有讨回来，但他发现了互联网。顿时，马云意识到互联网是一座等待挖掘的金矿，回到杭州时，马云身上只剩下1美元和一个疯狂的念头：进军互联网。

然而，当他把自己的目标告诉身边的朋友时，却遭到了朋友的一致反对，但是，马云并没有犹豫，而是坚定了自己的目标。在之后的四年里，马云舍弃了两次，这其中的艰辛可想而知。但是，马云的互联网目标却丝毫没有动摇，他再一次决定：回杭州创办自己的公司，一切从零开始。1999年4月15日，阿里巴巴上线，很快在商业圈里声名鹊起，马云开始在世界各地讲述

鬼谷子的心理智慧

互联网的梦想，著名的风险投资公司InvestAB的亚洲代表蔡崇信加盟其中，随后华尔街多家公司向阿里巴巴投入了500万美元，一时之间，阿里巴巴声名大噪，马云的目标实现了。

面对"创建互联网"这个目标，马云没有犹豫，而是一举拿下。如此的果敢精神，为他后来的努力提供了强大的精神支柱。当然，在确立目标的那一刻，你首先需要认定自己是否有足够的能力来达成目标。因为一个人首先应该认定自己有能力实现目标，其次才是用双手去建造这座理想大厦。

心理支招

鬼谷子认为，只要你觉得一切都可以，那就决断。假如你觉得目标还可以，那就不要犹豫，一举拿下吧！有的人为自己确立了目标，但是，如果受到周围人的影响，他就开始犹豫自己的目标是否可行，这样一犹豫，当初那种为了目标而不懈努力的热情自然就减弱了。等他再次认定目标的时候，心中的豪情壮志早已消失得无影无踪。因此，目标需要被认定，而且是毫不犹豫地认定，否则，你只会失去目标。

在实现目标的过程中，你可能会遇到许多困难与挫折，但只要你能坚定目标，那么，再多的障碍你都会跨过去。反之，如果你一再犹豫不决，那么，你前进的道路上会出现更多的障碍，这样一来，目标肯定是难以实现的。

第五节　处变不惊——船到桥头自然直

鬼谷子曰："故夫决情定疑，万事之基，以正治乱，决成败，难为者。故先王乃用蓍龟者，以自决也。"

鬼谷子说："因此说，合情合理地解决事情，准确无误地确定事情的疑难，是所有事情的关键。而对澄清动乱，预知成败这些非常难以做到的事情，古代帝王就用蓍草和龟甲占卜的方式，来决定一些难以解决的大事。"

鬼谷子认为，当遇到一些非常难以做到的事情，就让天地来定断，比如用草和龟甲占卜，这表现了一种处变不惊的遇事风度。生活中，面对任何事情，我们都需要多花一点心思，遇到事情有了变化，应保持从容不迫，灵活应付，否则，稍有不慎，就会在小风浪里翻了船。当然，这需要我们具备一份机智，一种从容不迫的心态。做事时，需要保持"处变不惊"，即遇事泰然处之，所谓"船到桥头自然直"。有时候，我们会遇到困难，大多数人会感到心慌意乱，不知道该怎么办，最后，事情似乎真的没有转机了。其实，遇事慌乱只会让我们的心境越来越乱，失去了平和，以致你所作出的判断、决策都很不利于事情的发展。相反，若你能保持从容不迫，不慌不忙，镇定自若地处理疑难之事，那么，事情说不定还有转机，它会朝着好的方向慢慢发展。

所谓"山重水复疑无路，柳暗花明又一村"，在生活中，我们难免遇到

挫折与困境，甚至是毁灭性的打击，但是，在这时，任何紧张、慌乱都是于事无补的。努力平复心绪，做到随机应变，才能变不利为有利，从而走出困境。即使有再大的事情发生，我们也要学会适应无可避免的事实，接受这一切。对于我们无法改变的事情，只有欣然接受，保持从容不迫的心态，慢慢去适应，不要为未来的事情担心忧虑，因为没有人会知道未来会发生什么。所以，多学习处事的泰然之道，遇到事情，不要杞人忧天，不要忧郁、不要紧张、不要急躁，乐观自信，处变不惊。

光绪八年，胡雪岩的生意受到了洋行和官场反对势力的两面夹击，似乎到了最危急的关头。在官场中，李鸿章与左宗棠一向不和，而胡雪岩则属于左宗棠的门下，要军饷要粮食，只要左宗棠开口，胡雪岩都照办。李鸿章早就有剪除左宗棠羽翼的打算，于是，先拿胡雪岩开刀，派人暗中传出谣言，谎称胡雪岩的阜康钱庄内部空虚，信用不足。

由于外商联手对胡雪岩进行排挤，再加上四处散发的谣言，上海阜康钱庄总号出现了挤兑风波。这时，胡雪岩陷入了四面楚歌的境地，而恰在这关键时刻，胡雪岩女儿即将出嫁。按理说，生意已经处于危机中，儿女的婚事不应过分铺张，尽量减少开支。就连胡雪岩身边的朋友也觉得，这场婚事既然已经定下来了，应该按风俗办，至于场面不宜太大，只要女儿不委屈，大家都是可以理解的。

但是，胡雪岩却有自己的想法，他觉得越是在这时刻越不能松懈，否则，一切都前功尽弃。于是，他镇定自若，对家人说："既然是喜事，该怎么办就怎么办，再难也要将场面捧起来。"见他如此泰然，家人紧张的心情得以平复。以胡雪岩定下的宴请局面，至少需要二十万两银子。一旦无法将场面按计划办得红红火火，别人就会认为胡雪岩真是资金紧张，这对维持大局不利。

女儿办喜事的那一天，胡府张灯结彩，轿马连连，有各式各样的灯牌、彩亭，而帮忙办事的那些人清一色的蓝袍黑褂，挑夫则是蓝绸边红棉袄，十分气派。

喜事过后，阜康钱庄依然开门，而胡雪岩在杭州所有的生意都风平浪静，钱庄的挤兑风波似乎被这场平静的喜宴冲淡得一干二净。

面临阜康钱庄的挤兑风波，胡雪岩竟然能静下心来办喜事，这确实是一份难得的从容。所谓"船到桥头自然直"，着急有什么用呢？还是静下心来，该干什么就干什么，这样，反而对事情有帮助。果然，泰然办喜事，胡雪岩在杭州的钱庄与药号都没受到上海挤兑风波的影响。心绪平和，随机应变，变不利为有利，使得他的生意在危机重重中支撑了下来。所以，遇事有变，泰然处之，方能变不利为有利。

心理支招

鬼谷子的权术给予这样的启示：不管遇到什么困难，保持处变不惊的风度。弱者任思绪控制行为，强者让行为控制思绪。在困难面前，许多人容易心浮气躁，使用多种方法都无法战胜困难时，他们就会气急败坏，茫然不安，从而无法冷静地思考。

任何时候，一个人都需要冷静，需要淡定从容的心境，更需要缜密的思维和那份遇事不慌张的机智，尤其在困难面前，拥有平和的心态能够使人有条不紊、沉着地应对所发生的一切。所以，面对困难，不要气急败坏，只有保持平和，才能转败为胜。

第十二篇 符 言

鬼谷子说：『养志是由于欲望不能都得以实现，需要养志以通达。要求为人君者必须做到：安徐正静的境界；高瞻远瞩，耳聪目明；善于听取各种言辞，赏罚必正；善于统领百官，遵循为政之理；思维周密，洞察隐微。所谓柔顺处事，指顺应事物的发展变化规律以行动。』

第一节　虚怀若谷——宽容是最高贵的复仇

鬼谷子曰："安徐正静，其柔节先定。善与而不争，虚心平意以待倾损。右主位。"

鬼谷子说："如果身居君位的人能做到安详、从容、正派、沉静，既可以随意享乐又善于节制，乐于奉献并与世无争，这样就可以心平气和地面对天下纷争了。以上讲善守其位。"

鬼谷子认为，人应该以虚怀若谷的胸怀去对人，这样才能形成一个和谐的社会。天才作家卡里·纪伯伦在《贪心的紫罗兰》中讲了一个故事：玫瑰花听到邻居紫罗兰的哀叹，便笑了笑摇头说："在百花群里，你最糊涂，你身在福中不知福，大自然赋予你其他花草都不具备的芳香、文雅和美貌，你要知道虚怀若谷的人，永远不会感到贫困和饥荒，且心胸开阔无比高尚。"何谓"虚怀若谷"？老子曰："古之善为士者，微妙玄通，深不可识……敦兮其若朴，旷兮其若谷。"只有虚怀若谷，才是真正的尊贵。唐代大诗人白居易曾去拜访老禅师，请教："如何是佛法大意？"老禅师回答说："诸恶莫作，众善奉行。"白居易不以为然，颇为失望地说："这是三岁小孩都知道的道理呀！"老禅师笑着说："三岁孩儿说得出，八十老翁做不到啊！"白居易听了，恭敬地行礼退出。

有一天，迈克尔一边把玩着竹条，一边在路上走着，不料，竹条的一端

脱了手，竹条弹回来将农民罗宾逊儿子的一罐水打翻了，不过，罐子并没有破碎。迈克尔急忙道歉，不过罗宾逊的儿子并不领情，一开口就骂，忽然，罗宾逊的儿子抓住迈克尔的竹条，将父亲送给自己的漂亮竹条折扭了。这竹条是父亲给自己的，可如今扭成了这样，迈克尔很生气，不停地嘟囔："我一定要报复他，我要他从心底里感到后悔。"

这时好朋友约翰逊正好从那里经过，他好奇地问："谁？你要报复谁啊？"迈克尔见是自己的朋友，便笑了起来，将自己的遭遇完整地讲述了一遍。听了迈克尔的"发泄"，约翰逊笑着说："他的确是个坏孩子，但是，他已经受到了足够的惩罚，没有人喜欢他，他几乎没有什么朋友，也没有什么娱乐，这就是对他的惩罚，也足够你对他的报复了。"迈克尔却执意说："那竹条可是父亲送我的礼物，那么漂亮的竹条，我只是无意间打翻了他的罐子，我一定要报复他。"

约翰逊有些无奈地说："好吧，迈克尔，不过我认为你不要理会他会更好些，因为轻视就是你对他最大的报复了。"约翰逊继续说："有一次，罗宾逊的儿子看到了一只蜜蜂在花丛中飞来飞去，就想把它抓住再揪掉它的翅膀，可是，他很倒霉，蜜蜂蛰了他一下，然后又安全地飞进了蜂巢，他被疼痛激怒了，就像你现在这样，他发誓要报仇。于是，他找来一根棍子，朝蜂巢捅了几下，顿时，一群蜜蜂飞了出来，向他扑去，蛰得他浑身都是伤痕。你看，这样的报复并不会得到最后的胜利，所以，我劝你不要计较他的鲁莽，他就是个坏孩子，比你厉害多了。"

听了约翰逊讲的故事，迈克尔点点头："你的建议的确不错，那么跟我一起到父亲那儿去吧，我想告诉他事情的真相，相信他不会生气。"迈克尔将事情的真相告诉了父亲，父亲十分感谢约翰逊给儿子的忠告。

过了几天，迈克尔又碰到了罗宾逊的儿子，他正挑着一担重重的木柴朝家里走去，结果，不小心跌在了地上，爬不起来。迈克尔跑过去帮他捡起了木柴，小罗宾逊感到十分愧疚，心里难受极了，为自己以前的行为感到后悔。而迈克尔则高高兴兴地回家去了，他想："这才是最绅士的报复，以德

报怨，对此，我怎么可能感到后悔呢？”

学会谅解，放下心中的愤怒与仇恨，以平和的心态来对待。报复，只会让我们获得一种暂时的快感，而之后的日子里，我们都将在悔恨与内疚中度过，因为我们永远背上了道德的枷锁。相反，若我们以平静的心态对待，以宽容的姿态拥抱对方，就是最绅士、最高雅的惩罚，以德报怨，这样，我们就不会后悔了。

艾比·克泰德说："宽恕胜于报复，因为，宽恕是温柔的象征，而报复是残暴的标志。"事实证明，宽容比惩罚更具有强烈的感化力量，宽容待人，同时，也为自己创造一个融洽的环境。针锋相对，只会两败俱伤，而宽容能带来的将是一份美好的情感。正所谓"以恕己之心恕人则全交，以责人之心责己则寡过"，宽容不是迁就，更不是软弱，而是一种修养，更是一种充满智慧的处世之道。

心理支招

鬼谷子主张宽以待人，宽容是一种美德，如果我们不能以善良、忍耐和宽容来包容这个世界，那么，在这个世界上将永远充满忧伤和哀叹，而快乐与幸福将远离我们。有人不感到疑惑，宽容到底是什么？当一只脚踩到了紫罗兰的花瓣上，而我们的鞋底却保留着花的香味，这就是宽容的最好诠释。屠格涅夫说："不会宽容别人的人，是不配得到别人的宽容。"如果我们要想赢得别人的宽容，自己首先就要宽容对方，所以，宽容又是相互的，不仅嘉惠了别人，而且提升了自己。古人云："金无足赤，人无完人。"谁都有犯错误的时候，更何况"知错能改，善莫大焉"，当一个人无意犯下了错误，或者伤害了自己时，何不给对方一个宽容的微笑呢？

第二节　心明眼亮——察人于无形

鬼谷子曰："目贵明，耳贵聪，心贵智。以天下之目视者，则无不见；以天下之耳听者，则无不闻；以天下之心思虑者，则无不知；辐辏并进，则明不可塞。右主明。"

鬼谷子说："眼睛最重要的就是明亮，耳朵最重要的就是灵敏，心灵最重要的就是有智慧。人君如果能用全天下的眼睛去观看，就会把什么都看得明明白白；如果用全天下的耳朵去听，就什么声音都听得清清楚楚；如果用全天下的心去思考，就没有什么不知道的。如果全天下的人都能像车辐条集于毂上一样，齐主协力，就可明察一切，无可阻塞。以上讲察之明。"

鬼谷子强调察人之明，就是透过事物的现象看本质。在日常交际中，每个人都戴着面具，扮演着符合自己的角色。人们的一言一行不仅仅表现其性格特点，而且，还直接泄露其心理。面对那些戴面具的人，唯一的应对之道就是从细枝末节读懂他人，只有看破了人心，你才能占据主动位置。通过言行举止、外形容貌等各方面来揣摩、判断对方的心理，达到察人的目的。所谓"察人于无形，决胜于千里"，只有看破人心，再运用正确的迎合策略，才能真正地掌握交际中的主动权。

在日常交际中，我们不仅要对自己有很好的了解，更要对他人有一个较为详细的了解，所谓"知己知彼"，方能谋定而后动，百战不殆。大多数人

对自己通常比较了解，但对他人却是一知半解，在实际交往中，往往容易处于被动，这是什么原因呢？其实，原因就在于他人对你的详细了解，能够通过你的举动、行为、面部表情来洞悉你内心的真实想法，而你又缺乏对他人的了解，那么，你就只能任由他牵着鼻子走。实际上，察人于无形，这样，我们才能真正地拥有主动权，才会在交往中应付自如、游刃有余。

某条大街街边上有一个常年的乞讨者，六十出头，衣衫褴褛，面容枯槁，处处透出贫穷与困顿。事实上，他的收入不菲，丝毫不逊于一位白领的收入。

如果你在他身边待上数十分钟，你会惊叹他是如何赚取那些不菲收入的。这位乞讨者不会逢人就伸手乞讨，他在来来往往的人流中捕捉每一位行人的目光，分析每一位行人的神色，从而判断出什么人"出手阔绰"，什么人"难缠"。他能轻易逮住一个善意的目光，一个微小的摸口袋的动作，甚至一个下意识摸钱包的举动。他拥有这样一双"火眼金睛"，自然能在乞讨中频频得利。

乞讨者善于察言观色，在人群中一眼就能看出哪些人善良，哪些人心软，哪些人是一毛不拔的守财奴。然后，再向他们乞讨，谋定而后动，以此牢牢抓住那些心地善良、心软的人，成功地得到施舍。凭着多年与人打交道积累的经验，乞讨者通过一个人的行为举止来洞悉路人的心理特点，通过他的眼神就能看穿他的心术，看他的穿着就能知道他的交际方式，看他的头发就能掌握他的性格。或许，对于专业的心理学家来说，自己需要一些具体的识人方法，但是，对于那些常年的乞讨者来说，每天与人打交道将为自己积累不少的识人经验。

有一次，高尔基和两个作家朋友到一家饭店就餐。落座后，高尔基建议来一次看人比赛。大家随便选定一位顾客进行瞬间观察，说出自己观察所得的印象，谁说得最准确、最细致，谁就是胜利者。

他们选定了一位正走进门的顾客。高尔基通过仔细观察，说出他的大致特征：脸色苍白，身穿灰色衣服，双手细长且微微发红。作家安德烈耶夫

则看出进门者衣服的颜色不对。另一位作家布宁说得更详细了：身穿灰色衣服，搭配了一条带小花的领带；双手细长且红，小指甲还有点不正常。他还根据此人的举止、神色，猜测他可能是个骗子。大家向饭店的主人一打听，果然不出布宁所料。

布宁通过对那位顾客服装、举止、神色多角度的仔细观察，猜测他有可能是个骗子。饭店证实了他的猜测是正确的。在这个案例中，布宁识人成功的原因在于他拥有较强的洞察力，如此，才能看出那位骗子表面的掩盖物。

聪明的智者阿凡提曾对朋友说："你心里想什么我准能猜出来。"朋友好奇地问："那你猜猜，我正在想什么？"阿凡提回答说："你在想阿凡提肯定猜不出我正在想什么。"阿凡提之所以轻易地猜透对方的心理，就在于他抓住了对方内心对答案的急切需求。知道了对方所思所想，谋定而后动，我们才能真正地掌握交际中的主动权。孙子曰："兵者，国之大事也。死生之地，存亡之道，不可不察也。"意思是，对于一个国家来说，战争是国家的大事，关系到军民的生死，国家的存亡，是不能不慎重周密地观察、分析、研究的。而对于活跃于交际场合的我们来说，识破对方心理才是重要的，谁先洞悉了对方心理，谁就占尽了先机，正如孙子所说"谋定而后动，知止而有得"，在与对方正式角逐之前，我们应该知彼，做到三思而后行，从而实现人际交往的"未战而庙算胜"。

心理支招

如何做到鬼谷子所说的察人之明呢？

在交往过程中，我们可以通过察言观色来洞悉对方的心理，比如观察对方一个细微的动作，有可能是一个眼神，有可能是一个笑容。那些通过其脸、肢体所表现出来的表情或动作，时刻告诉我们他们内心在想什么，在思考什么。再根据对方心中所想，慢慢引导，真正洞悉对方心理，这样，就可以赢得交际中的主动权了。

除了洞悉对方的心理，还需要进一步了解对方的真正需求，如此"对症下药"，方能达到谋定而后动的目的。有时候，对方只是想结交你这个朋友，有可能他只是想从你这里获取一些有用的信息，有可能他是想通过某种方式来打击你。这时，我们可以根据对方的需求而灵活选择应对方式，投其所好，或者真诚面对，或者巧妙回旋，或者有力反击。我们只有了解了对方的真正意图，才能在交际中占据主动位置。

通过察言观色对其个性特征了解了，也对其的真实需求了解了，你就需要顺着对方的想法慢慢引导他。你可以通过巧妙暗示，让他在不知不觉中受你的影响，放下戒备心理。实际上，能够成功地引导对方的想法是交际成功的关键，也关系着你能否拥有主动权。

第三节　虚心纳谏——善于听取他人的意见

鬼谷子曰："听之术曰：勿望而许之，勿忘而拒之。许之则防守，拒之则闭塞。高山仰之可极，深渊度之可测。神明之位术，正静其莫之极！右主听。"

鬼谷子说："不要远远看见了就答应，也不要远远看见了就拒绝，这是听取情况的方法。如果能听取采纳别人的进言，就使自己多了一层保护，如果拒绝别人进言，就把自己封闭起来了。山再高仰望还可以看到山顶，深渊再深通过计量还是可探测到底，而神明的心境既正派又深沉，是没有办法观看与探测的。以上讲的主要是虚心采纳别人的进言。"

鬼谷子认为，一个人应该虚心采纳别人的建议。一个人最容易犯的错误就是太相信自我，他们听不进别人的任何意见。古人语："智者千虑，必有一失。"一个人即使思考得再周全，都免不了有疏漏和不到之处。我们对发生在自己身上的事情并不一定那么清楚，不过旁边的人却看得十分清楚。刚愎自用、妄自尊大，听不进别人意见的人，不仅阻碍了自己进一步的发展，而且还给自己造成一些不必要的损失。战国时期，一位君王曾下过一道求谏旨令："群臣和百姓能当面指责寡人之过的，受上赏；上书规劝寡人的，受中赏；能在公共场合议论寡人的过失而被我听到的，受下赏。"这道旨令一下，收到了极好的效果。一年之后，人们想再进直言，已无话可说了。而这

个国家在很长一段时间内，国泰民安，社会稳定。自古以来，那些刚愎自用的人必定自食其果。

关羽守卫荆州时，东吴吕蒙做了大都督，吕蒙早就想抢回被刘备骗去的荆州，但他深知强攻硬取只会使自己吃亏，于是想办法从关羽的弱点切入。碰巧关羽没有亲自守荆州，正带兵攻打樊城，吕蒙一见机会难得，便表面上主动与关羽搞好关系，暗中却用计蒙蔽关羽。

他诈称有病，让东吴书生陆逊代替自己都督的职位。陆逊刚上任，就以友好的言辞写了一封信，并备了厚礼，遣使拜见关羽，关羽听说后，一下子放松了警惕，他还嘲笑孙权说："孙权见识短浅，竟用孺子为将！"他丝毫没把陆逊放在眼里，认为陆逊奈何荆州不得，反而把荆州守兵抽出攻打樊城。而关羽对东吴近日一系列的行动与迹象没有认真分析研究，只知其然而不知其所以然，狂妄地认为东吴胆怯，放心大胆地撤走了荆州守兵。但结果是，东吴军队渡江夺取了荆州城。

直到此时，关羽对荆州已失守的消息仍不相信，当军中有人私下传言荆州失守时，他听后愤怒地制止道："此是敌方讹言，以乱我军心！东吴吕蒙病危，孺子陆逊代都督之职，不足为虑！"这是何等的目空一切。后来探马报知实情后，关羽才相信荆州真的丢失了，他这才大惊失色，不得已投奔荆州属地公安，岂知公安也已被吕蒙夺取了。在这进退无路之际，关羽似乎有一丝觉醒，他对身边的司马王甫深深叹道："悔不听足下之言，今日果有此事！"

刚愎自用的关羽，当听到吴书生陆逊接替了吕蒙都督的职位，一下子放松了警惕，他还嘲笑孙权："见识短浅，竟用孺子为将！"这足以看出关羽是极其自负的人，而当荆州已经失守的消息传回来时，关羽对此毫不在意，当军中有人私下传言荆州失守时，他听后还十分愤怒地制止道："此是敌方讹言，以乱我军心！东吴吕蒙病危，孺子陆逊代都督之职，不足为虑！"这是何等的目空一切，关羽最终因为自己的刚愎自用付出了生命的代价。

齐威王以善于纳谏闻名诸侯，齐国的中兴，也正是齐威王通过广泛纳

谏，采群策进行改革而实现的。

邹忌是一个很有才学的人，他看到齐威王的所作所为，也很想劝谏他振作起来。但以邹忌当时的身份就连见到齐威王都不可能，又怎么向他进谏呢？他听说齐威王喜欢听音乐，就想出了一条计策。有一天，他抱着一架琴进宫求见齐威王。他说自己是本国人，叫邹忌，是个琴师，听说国王爱听音乐，特来拜见。

那天齐威王正感到无聊，听说来了一个琴师，心中高兴，就赶忙令人传话让他快进来。邹忌拜见齐威王之后，就坐下调着弦儿摆出一副要弹的样子，可是两只手放在琴上不动。齐威王纳闷地问道，说："你调了弦儿，怎么不弹呢？"邹忌却说："我不但会弹琴，还知道弹琴的道理。"齐威王虽说能弹琴，可是不懂得弹琴还有什么道理，就叫他细细讲来。

邹忌从伏栖氏作琴讲起，一直谈到文王、武王各加一弦，越讲越玄。齐威王有些听得懂，有些听不懂。可是说这些空空洞洞的闲篇有什么用呢？齐威王听得有些不耐烦了，就没好气地说："你说得挺好，挺对，可是你为什么不弹给我听听呢？"邹忌听齐威王这么问，就正色说道："大王瞧我拿着琴不弹，有点不乐意了吧？怪不得齐国人瞧见大王拿着齐国的大琴，九年来没弹过一回，都有点不乐意呢！"齐威王这才恍然大悟，就赶忙站起来，"原来先生是拿弹琴来劝我，我明白了。"他叫人把琴拿下去，就和邹忌谈论起国家大事来。邹忌劝他重用有才能的人，增加生产，节省财物，训练兵马，为了建立霸业。齐威王自称要发扬他父亲桓侯午的业绩，远的要祖述黄帝的光辉，近的要继承齐桓公、晋文公的霸业。后来齐国中兴，成为东方强国。

一个人所犯的错误首先会被别人看到，而在别人眼中，问题会显得更加客观和透彻。因此，我们没有任何理由拒绝听取别人的批评或建议，反而应该虚心听取他人的意见，这是自省进步的先决条件。假如我们不能虚心地接受别人的批评，不能从中汲取对自己有益的东西，就难以取得更大的进步。

心理支招

鬼谷子认为，一个人的智慧是有限的，一个人对事物的认识也会受到局限性的影响，我们只有不断地从他人的见解中汲取合理的部分，以此来弥补自己的不足，才会减少失误。一个积极主动的人应该虚心听取他人的意见，这是一种进取心的表现。拒绝接受他人的意见，就不会有效地完善自己，使自己赢得成功。

第四节　赏罚分明——赏罚均有信

鬼谷子曰："用赏贵信，用刑贵正。赏赐贵信，必验而目之所闻见，其所不闻见者，莫不谙化矣。诚畅于天下神明，而况奸者干君。右主赏。"

鬼谷子说："进行奖赏，最重要的是信守承诺。实行刑罚，坚决的态度是基础和前提。所以说，实施奖赏和处罚的态度很重要，在臣民所见所闻的最平常的事情中，一定要把这种信誉和坚决的态度坚持到底，这样，对于那些没有亲眼所见亲耳所闻的人们也一样会产生潜移默化的影响。如果人主的诚信能够畅达天下，那么，他一定能受到神明的保护，如此就更不用惧怕那些奸邪之徒了。以上讲的就是赏罚必信。"

鬼谷子主张，赏罚分明。曾国藩说："立法不难，行法为难。凡立一法，总须实实行之，且常常行之。"立法并不困难，而是难在执法，每每制定了一项法令，都应该切实地去执行它，而且，需要长期地坚持下去。曾国藩用人的基本原则是"赏罚分明"，平日里，他对下属十分严格，特别是对于立下的军令，更是要求下属必须做到，对此，他说："视委员之尤不职者，撤参一二员，司役之尤不良将，痛惩一辈。"曾国藩"赏罚分明"的态度，可谓是"赏时不吝千金，罚时六亲不认"。下属立了战功，他的奖赏不吝千金；然而，一旦下属违反了军令，哪怕是亲朋好友，他也绝不姑息。《孙子兵法》曰："主孰有道？将孰有能？天地孰得？法令孰行？兵众孰

强？士卒孰练？赏罚孰明？吾以此知胜负矣。”由此可见，赏罚分明将直接决定一支军队是否具有战斗力。而曾国藩如此赏罚分明，使得他成功地组建了一支遵守纪律的正规军队，而且，正是这支极具战斗力的军队帮助他成就了功名霸业。

李元度是曾国藩麾下的得力干将，而且，曾国藩自称与李元度“情谊之厚始终不渝”。咸丰年间，太平军攻打徽州，由于徽州是祁门老营的屏障，其得失关系重大。当时，李元度领兵前去救援，由于李元度本身只是一个文人，不善于带兵，对此，曾国藩生怕有什么闪失，当即与李元度约法三章，一再嘱咐要守住徽州，不得轻易出城接仗。然而，当太平军来袭的时候，李元度却违反了曾国藩的指令，出城迎敌，结果一败涂地，丢失了徽州。悔恨之下，为严肃军纪，曾国藩上疏弹劾，李元度失去了官职。

另外，对于应该嘉奖的将才良士，曾国藩却是有功即赏。雷嘉澍因失守德兴县，被江西扶臣弹劾罢免了官职。其实，他本身是一个品行端正的人，深受百姓爱戴。离职后，雷嘉澍来到了德兴，左宗棠委令其招集兵勇，训练勇士。于是，雷嘉澍就在五村地区训练勇士，与左宗棠齐心协力，会战太平军。曾国藩知道后，就上奏咸丰帝，陈述其事为雷嘉澍邀功，同时，请求圣上取消对其的处罚，让雷嘉澍到自己的军营听差，以观后效，稍后再加提拔。

李元度与曾国藩交情深厚，然而，在李元度不听劝告而丢失徽州后，曾国藩却大义灭亲，上疏弹劾，有人指责背离恩义，但是，曾国藩却为此严肃了军纪。不管是谁，且与自己交情如何，一旦违反军令，绝不姑息，这就是曾国藩的严惩不贷。另外，对那些有功之士，曾国藩却不计前嫌，毫不吝惜，为其邀功。对待下属，曾国藩真的做到了赏罚分明。

僖负羁是曹国人，曾救过晋文公的命，也算是晋文公的救命恩人。后来，晋文公在攻下曹国时，为了报答僖负羁的恩情，就向军队下令，不准侵扰僖负羁的家，如果有谁违反，就要处以死刑。

然而，其大将魏平和颠颉却不服从命令，他们带领军队包围了僖负羁的

家，放火焚烧了房子。魏平爬上了屋顶，想把僖负羁拖出杀死。不料，屋顶的梁木因承受不了他的重量而坍塌了，正好将魏平压在下面，幸好颠颉及时赶到，才把他救了出来。

这件事被晋文公知道后，十分生气，决定依照命令处罚。大臣赵衰向晋文公请求："他们两人都替国君立下汗马功劳，杀了不免可惜，还是让他们戴罪立功吧！"晋文公说："功是一回事，过是另一回事，赏罚必须分明，才能使军士服从命令。"于是下令，革去了魏平的官职，又将颠颉处死。从此以后，晋军上下，都知道晋文公赏罚分明，再也不敢违令了。

这是关于"赏罚分明"的典故，事实证明，一个领导者要想树立威望，要想整顿纪律，必须做到"赏罚分明"。赏罚分明，赏罚有信，这是管理下属的重要手段之一。

吴起说："进有重赏，退有重刑。"在日常工作中，领导者只有做到奖罚分明，才能真正地肃清纪律，否则，团队不像团队，做事自然没什么效率。奖赏，是很有必要的，天下熙熙，皆为利来，皆为利往，所谓"重赏之下，必有勇夫"，奖赏之后，下属才会尽职尽责，全心为你效力；有赏必有罚，这是必然的，违反了规章制度是应该予以惩罚的，当然，罚并不是将犯错的下属一棍子打死，而是给他机会，让他改正错误。

心理支招

武侯问曰："兵以何为胜？"吴起对曰："以治为胜。"又问曰："不在众乎？"吴起对曰："若法令不明，赏罚不信，金之不止，鼓之不进，虽有百万，何益于用？"赏是为了激励，罚是为了警醒，赏罚分明是领导者必须遵循的原则，人生在世，应刚柔并济，只有柔不能立事，只有刚不能立威。唯有赏罚分明，刚柔并济，领导者能号令如山，才能轻松自如地御人，最终获得成功。

第五节 恩威并施——征服下属心

鬼谷子曰:"心为九窍之治,君为五官之长。为善者,君与之赏;为非者,君与之罚。君因其所以求,因与之,则不劳。圣人用之,故能赏之。因之循理,故能长久。"

鬼谷子说:"心统治九窍,君主就是五官之首。对于那些做了好事的臣民,君主一定会给予赏赐,同样,对于那些做了坏事的臣民,君主也一样会对他们进行相应的惩罚。君主通常以臣民的政绩来对他们委以重任,根据实际情况来判断该赏赐些什么,只有这样,才不会劳民伤财。圣人要重用政绩的臣民,要好好地掌握臣民,最重要的是要遵循客观规律,以此才能长治久安。"

鬼谷子认为,对于那些做了好事的臣民,君主一定会给予赏赐,同样,对于那些做了坏事的臣民,君主也一样会对他们进行相应的惩罚。君主通常以臣民的政绩来对他们委以重任,根据实际情况来判断该赏赐些什么,只有这样,才不会劳民伤财。旨在要求领导者恩威并施,才能有效地征服下属。恩威并施,就是在驾驭下属的时候,既要施之以恩,感化影响,从而赢得下属的信任;又要施以权威,查验所为,使下属对自己产生敬畏之感。恩威并施,其实就是将恩惠与惩罚并用,自古以来,那些卓越的政治家、统治者都会运用软硬策略,施以恩惠,使你臣服于我,同时,又以武力和惩罚对付你

叛乱的行为。在现实生活中，许多领导者走向了两个极端：一是对下属太好，凡事都容忍，手段太弱；二是对下属太严，凡事都苛刻，手段太硬。无论怎样，下属就是不肯服从自己。其实，问题的症结在于，太弱或太强的方式都不适合驾驭下属，要想驾驭下属，就应该了解下属，对症下药，该强的时候强硬，该弱的时候容忍，如此，才能成功地驾驭下属，否则，任凭你使出浑身解数也无法征服人心。

刘铭传本是李鸿章的得力干将，后来为曾国藩所用。从曾国藩收服刘铭传的过程中，我们可以清晰地看到曾国藩的软硬皆施法。

刘铭传出生在民风强悍的淮北平原，他从小就养成了天不怕地不怕的豪霸之气。刘铭传十八岁那年，有一个土豪到他家去勒索，其父亲和哥哥都害怕得跪地求饶，可刘铭传听闻此事后就去找土豪报仇。那位土豪欺负他年少，用言语对他进行侮辱，不料，刘铭传大跨步上前，抢过大刀就割下了土豪的首级。后来，刘铭传在当地拉起了队伍，成了有名的流氓头。

不巧，李鸿章奉曾国藩之命招募淮军的时候，第一眼就看中了刘铭传。于是，他将刘铭传的队伍招募入淮军，名为"铭军"，另外，他还花钱给其购置枪支弹药，将这支"铭军"装备成了武装军队。虽然，这支军队为李鸿章立下了不少战功，但刘铭传太狂妄，使得李鸿章大感头疼。后来，在曾国藩需要借用淮军剿捻军的时候，李鸿章就将"铭军"拨给老师，希望他能加以管教。

在剿捻军的过程中，刘铭传与另外将领发生了争斗。曾国藩感到十分为难，如何处理这件事呢？不处理吧，双方都不能静下来，说不定以后还会有矛盾；处理吧，他毕竟是李鸿章的手下，而且，自己还要倚重于他。于是，曾国藩想了一个万全之策，他对刘铭传进行一顿斥责，话说得很严厉，但对其过失不予追究，这一招果然奏效，刘铭传对曾国藩心生敬畏。

就这样，刘铭传在曾国藩的教诲下，带领"铭军"在中法战争中一举打败法军。1885年，清政府将台湾正式改建为省，刘铭传当即被任命为台湾第一任巡抚。

曾国藩是一个善于驾驭悍将的人，无论多悍勇的将士，到了他的麾下，必被他"收拾"得服服帖帖。而他在驾驭悍将的时候，所使用的不外乎软硬皆施谋略，这样，才会使那些将士人尽其才。他明白，对于那些有才无德的人，要控制使用，就好像用剑一样，控制好了，就可以成为一把利器，若是控制不到位，就会成为一柄凶器。在湘军中，悍将并不少，大多悍将粗鲁、莽撞，但是，他们身上也有不少优点，诸如勇敢，在冲锋陷阵的时候，真是少不了他们。而且，悍将就像是一匹烈马，要想使用他，就先收服他，不过，要想好好利用悍将确实不是一件容易的事情。然而，曾国藩却是驾驭烈马的好手，软硬皆施，收服悍将可谓是轻松自如。

索尼公司是靠生产电子产品起家的，随身听是该公司的重要产品。有一次，公司的一家分厂生产的产品出了问题，而产品是远销东南亚的，对此，总公司不断收到来自东南亚的投诉。经过公司仔细调查，发现是随身听的包装出了问题，并不影响质量，不过，董事长盛田昭夫却不依不饶。

于是，那位分厂厂长被叫到公司的董事会上，陈述自己的错误。会议上，盛田昭夫对其进行了严厉的批评。那位厂长在公司干了几十年，没当着这么多人的面被骂过，心里十分难过，忍不住哭了起来。

会议结束后，分厂厂长神态窘迫地走出会议室，他已经决定递交辞呈了。这时，董事长的秘书走过来，邀请他一块儿去喝酒，两人进了一间酒吧，分厂厂长问："我现在是被总公司抛弃的人，你怎么还这样看得起我？"秘书说："董事长一点儿也没忘记你为公司作的贡献，今天的事情也是出于无奈。会后，他担心你为这事伤心，特地让我请你喝酒。"听了这话，分厂厂长的心理平衡了些，对之前受批评的事情也不那么在意了。

盛田昭夫是恩威并施的高手，在涉及总公司利益的时候，他丝毫不留情面，哪怕一个小错误，他也要追究到底，希望其他的下属引以为戒。但是，考虑到这位分厂厂长是老员工，如此严厉的指责似乎不那么恰当，于是，会后，又让秘书来施以恩惠，表达自己的歉意，如此一来，分厂厂长在不知不觉间就接受了之前的批评，从而心生感激，竭尽全力为公司效力。

那么，领导者该如何做到恩威并施呢？正如松下幸之助所说"经营者对于部下，应是慈母的手紧握钟馗的利剑，平日里关怀备至，犯错误时严加惩戒，恩威并施，宽严相济，如此才能成功统御"。

心理支招

鬼谷子认为，领导者要履行好自己作为五官之首的职责。在现实生活中，许多领导者走向了两个极端：一是对下属太好，凡事都容忍，手段太弱；二是对下属太严，凡事都苛刻，手段太硬。无论怎样，下属就是不肯服从自己。其实，问题的症结在于，太弱或太强的方式都不适合驾驭下属，要想驾驭下属，就应该了解下属，对症下药，该强的时候强硬，该弱的时候容忍，如此，才能成功地驾驭下属，否则，任凭你使出浑身解数也无法征服人心。

第六节 虚心请教——择其善者而从之

鬼谷子曰："一曰天之，二曰地之，三曰人之；四方上下，左右前后，荧惑之处安在。"

鬼谷子说："一称为天时，二称为地利，三称为人和。四方、上下、左右、前后，不清楚不明白的地方在哪里？"

鬼谷子认为，一个人要多方询问，才能知道许多事情的由来。在生活中，我们更需要虚心请教，学习他人的优点来弥补自己的缺点。生活中，每个人都有自己的长处和优点，但是，许多人习惯以一己之长来比他人之短，他们满足于现状，常常瞧不起其他人。时间长了，别人都有了进步，可他依然在原地踏步。如果你想充实自己，让自己不断地取得进步，就应该多看到别人的优点，看到别人的长处，正视自己的短处，再以他人之长来弥补自己的不足。在与他人的差距中取长补短，这样你才会不断地取得进步，让自己的内涵得到充盈。许多人总认为只有各方面都优秀的人才是自己学习的对象，其实，这种看法是有失偏颇的，每个人都有自己的长处和短处，有可能别人的长处恰好是自己的短处，千万不要小瞧他人。我们需要更好地取长补短，在差距中不断地充盈自己。

在现实生活中，也有许多人常常自恃学历很高，就看不起身边的人，不屑于与那些低等学历的人为伍。实际上，学历只是代表过去，只有学习的能

力才能代表将来。所以，即使面对那些比你学历低的人，也要学会尊重，这样你才有可能从他们身上学习一些经验，避免自己少走弯路。

水因为太满会溢出来，人也一样。如果一个人太自负只会令你丧失原有的价值，成功也会离你越来越远。孔子是伟大的圣人，但他也提倡"不耻下问"，以此来弥补自己某些不足，更何况我们呢？我们常说："骄傲使人落后，虚心使人进步。"所以，无论你处于什么位置，都要学会"取长补短"，促使自己不断地进步，最终获得成功。

古人云："三人行，必有我师焉。"哪怕对方只有一个人，也许，他身上也有我们值得学习的地方，这样"择其善者而从之"，会让我们变短处为长处，继而在人生的道路上取得成功。在生活中，我们要善于剖析自身的不足，向他人学习，以他人之长比己之短，不满足于一知半解，乐于虚心向他人请教。当你懂得了学他人之长来补己之短的道理，一定成长得更快！

心理支招

鬼谷子认为，一个人需要敏而好学，不耻下问，才能不断地充实自己，完善自己。古人云："弟子不必不如师，师不必贤于弟子。"一个人有了道德就可以作为典范，一个人有了一技之长就可以作为老师。或许，我们身边没有十全十美的人，但我们只需要从每一个身上学到一点长处，那么，我们就会日益完善。学习是永无止境的，在学习的过程中，我们要善于借他人之长，补己之短，这才是终身学习的方法。要知道，风筝本来没有翅膀，却是借东风之力飞上了天，在学习的过程中，不必拘泥于自己的想法和偏见，一意孤行，而是多学习别人的长处，这样你才会在学习的过程中有所进步。而那些总拿己之长比他人之短的人，最终只会在原地踏步。

第七节　圆融处世——刚柔并济才能伸屈自如

鬼谷子曰："人主不可不周；人主不周，则群臣生乱，家于其无常也，内外不通，安知所闻，开闭不善，不见原也。"

　　鬼谷子说："作为君主，必须对外界的事物进行广泛的了解，如果君主做事考虑不周详，社会就很容易动荡不安，很容易发生骚乱。社会鸦雀无声而过于沉闷都是不正常的，不进行外交，就不会知道世界的变化，就会落后。开放和封闭如果做得不到位、不适当，就没有办法发现事物的根源所在。这就是变通的处世道理。"

　　鬼谷子认为，处世需要圆融，需要变通，一刚一柔才能齐头并进。我们都知道物极必反的道理，但是，在日常生活中，我们却很难把握其尺度大小。有的人认为，做事需要自立刚强，显示出自己的魄力，然而，太过刚强会适得其反，同时会显得自己缺乏智慧。在万事万物中，水可以说是"柔"的代表，它能冲毁万物，又能随容器的改变而充盈其中，如果我们能将"刚"与"柔"结合起来，柔中带刚，善于适应环境，那么，做事必定圆融恰当。许多人认为只有自立自强才能成就大事，其实不然，太过刚强，会处处受人排挤，常常成为讽喻的中心话题人物。过于刚强易折，不能达到自强的目的，而只有刚柔并济，方能达到自立自强的目的。

　　有一次，宋太祖赵匡胤正手持弹弓在后苑打猎，忽然，传一位大臣有

急事求见。赵匡胤听说有急事不敢怠慢，立即召见了那位大臣听奏，然而，在听完大臣的禀报后，赵匡胤觉得事情远没有自己想象得那么着急，心中十分不悦，因为一件小事而扰了自己打猎的兴致。于是，赵匡胤便斥责那位大臣："这算什么急事？"大臣对皇上的态度十分不满，随口回答说："臣觉得这事情再小，也总比打猎的事情大吧！"一听此话，赵匡胤恼羞成怒，随手拿起身边的斧柄就朝这位大臣扔去，由于大臣躲闪不及，牙齿当即被打掉两颗，可是，大臣不卑不亢地捡起了被打落的牙齿。

这时，赵匡胤更生气了，他说："难道你还想保存这两颗牙齿，日后找我算账？"大臣回答说："我怎敢与您论是非呢？这事史官自然会记载下来的。"赵匡胤听了，心中一惊，随即换了一张笑脸，好言相慰，同时，为了表示自己的歉意，还送给了这位大臣许多金帛。

虽然，大臣本身的地位是"柔弱"的，无论是权势，还是地位，都无法与至高无上的皇位抗衡。但是，大臣却善于采用"柔中带刚"的态度，实现了自己人格上的自立，从而征服了至高无上的皇权。试想，如果大臣与皇上硬碰硬，保持刚强的势头，那吃苦头的只能是大臣自己；如果大臣总是显得软弱，那则会受强权压迫之苦。所以，无论从哪个角度讲，刚柔并济都是最智慧的选择。

曾国藩说："近年来得天地之道，刚柔并用，不可偏废，太柔则靡，太刚则折。刚非暴虐之谓也，强矫而已；柔非卑弱之谓，谦退而已。趋事赴公，则当强矫，争名逐利，则当谦退。开创家业，则当强矫，守成安乐，则当谦退。出与人物应接，则当强矫，入与妻孥享受，则当谦退。"从其话语中，得知其悟出了天地之间的道理，凡事需要刚柔互用，柔中带刚，不可偏废，太柔了会导致萎靡不振，太刚强了则容易折断。刚并不是暴虐，而是强矫；柔并不是卑弱，而是谦虚退让。为官，就应该强矫，为名利，就应该谦退。开创家业，就应该强矫，享受安乐，就应该谦退。与人应酬，就应该强矫；与家人享受，就应该谦退。

早年的曾国藩吃了"刚"之苦，这使得他明白：做事应刚柔并济，方能

伸屈自如。曾国藩常常说起老子的"柔弱胜刚强"的论断，他说："老子曾经说，天下没有比水更柔弱的东西了，但是，水可以冲击任何坚硬强大的东西，没有胜过它的，因为没有什么东西能够替代它。如果柔能跟刚结合，柔中带刚，运用在自立自强上，往往会产生巨大的效果。"对此，曾国藩这样总结："刚柔并济，才能达到自立自强之目的，人不能只具备骨架，还需要具备血肉，只有如此才能成为一个充满活力的人。"在曾国藩看来，柔是一种处事的手段，而刚则是事情的目的，刚柔并济，实现真正的自立自强，这才是真理所在。

曾国藩博览历史群书，不仅仅增长了知识，而且，还从中汲取了不少先人的智慧。同时，曾国藩将自己所学的知识与人生经验联系起来，总结出在什么样的情势下该伸，在什么样的情势下该屈，在什么样的情势下依据客观情况审时度势，刚柔并济。在这个世界上，任何事物都不能走极端，单纯地依靠"柔"或者片面地依靠"刚"都将导致失败。而只有刚柔并济，才能达到自立自强的目的，而才能铸就出真正的强者。

心理支招

鬼谷子主张变通的处世原则，以圆融为主。在日常工作中，有的人一遇到挫折与困难就不知所措，或者一味意气用事，结果撞得头破血流；而真正懂得大智慧的人却选择刚柔并济，能屈能伸，使本来不利的事情朝着有利的方向发展。其实，刚柔并济是处事中的谋略，那些太过"刚强"或太过"柔弱"的人都显得有棱有角，够锋利，但不够圆融。所以，在职场中，我们需要多一个心眼，凡事刚柔并济，方能伸屈自如。

第八节　辨声之术——听懂对方的弦外之音

鬼谷子曰："一曰长目，二曰飞耳，三曰树明。明知千里之外，隐微之中，是谓洞天下奸，莫不谐变更。右主恭。"

鬼谷子说："国君要借鉴天下人都看到的事物，自己就没有看不到的事物；借鉴天下人都听到的事情，自己就没有听不到的事情；借鉴天下人都思虑的问题，自己就没有不知道的；那么千里之外的事情，隐蔽细微的事情就都可以洞察。这样，天下的奸邪小人不得不悄悄地把自己的坏主张收敛起来。以上讲的是洞察奸邪。"

鬼谷子认为，一个人要做到洞察奸邪，就应该有千里眼、顺风耳和明察秋毫的能力。生活中也不例外，我们要善于听懂对方的弦外之音，这样才不至于灾难降临还被蒙在鼓里。如何听出一个人的"弦外之音"？对此，古人曰："辨声之法，必辨喜怒哀乐。"一个人的七情六欲，喜怒哀乐都可以通过声音中出来。所谓"话由心生"，心境不同，发出的"声"也会有很大的不同。在人际交往中，我们时常会遭遇这样尴尬的场面：对方刚才明明是一张笑脸，可转眼变成了黑脸。究其缘由，就在于我们没能适时听出对方的"弦外之音"。有时候，语言的交流相当于一场没有硝烟的战争，彼此都心照不宣，但为了保持一种良好的风度，却又不敢直接表露出来。于是，那些看似平静的言辞之中，往往隐藏着"刺儿"。如果稍有不慎，你就会被对方

的弦外之音所伤害，使自己陷入被动的境地。所以，与人交往，我们要留意对方的声音，学会听懂对方的"弦外之音"。

当吕不韦命令人编撰好《吕氏春秋》时，他召集了包括李斯在内的很多人举行了一次盛大的聚会。会上，吕不韦面带笑容，慷慨言道："东方六国，兵强不如我秦，法治不如我秦，民富不如我秦，而素以文化轻视我秦，讥笑我秦为弃礼义而上首功之国。本相自执政以来，无日不深引为恨。今《吕氏春秋》编成，驰传诸侯，广布天下，看东方六国还有何话说。"字字掷地有声，百官齐齐喝彩。

之后，吕不韦召士人出来答谢，吕不韦也坦然承认，这些士人是《吕氏春秋》的真正作者。李斯发现那些士人精神饱满，神态倨傲，浑不以满殿的高官贵爵为意。在他们身上，似乎有着直挺的脊梁，血性的张狂。当时的《吕氏春秋》中记载："当理不避其难，临患忘利，遗生行义，视死如归。""国君不得而友，天子不得而臣。大者定天下，其次定一国。""义不臣乎天子，不友乎诸侯，得意则不惭为人君，不得意则不肯为人臣。"

聪明的李斯看着那些强悍的将士猜出了吕不韦的弦外之音："哪怕有一天我吕不韦失去了天下，但是只要有这些英勇的将士，谁也别想轻视我。如果你想和我作对，还是需要好好考虑再作打算吧。"于是，李斯当即陷入了沉默，不再言语。在这里，吕不韦虽然笑容满面，声音也很正常，但从那平稳的语调中，却透露出一种胁迫的力量。

有时候，对方在大家都兴致很浓的时候，突然插入一句话，表面上看似没有什么，但是却深藏奥妙。这时候，你不妨宽容一下，对对方的弦外之音报以微笑，或者沉默，或者迅速转换话题。总之，你所做的一切就是告诉对方你故意忽视了他所表达的意思，让对方伤害你的意图落空。

第一次世界大战爆发前不久，美国出生的女权主义者南希·阿斯特到布雷尼宫拜访。丘吉尔热情地接待了她。在交谈中阿斯特大谈特谈妇女权利问题，并恳请丘吉尔能帮助她成为第一位进入众议院的女议员。

丘吉尔嘲笑了她的这一念头，也不同意她的一些观点，这使这位夫人大

为恼火。她对他说："如果我是您的妻子，我会在您的咖啡里下毒药的。"

丘吉尔接着温柔地说："如果我是你的丈夫，我就会毫不犹豫地把它喝下去！"

丘吉尔巧借弦外之音，既针锋相对，有力地反击了对方，又化解了尴尬的场面。这样既维护了自己的尊严，又很好地考虑到了对方的感受，的确是一个最佳的方法。

如果面对的是言辞犀利的对手，你不妨采用一些方法回击。当然，这也需要掌握一些语言上的技巧，或者是话里有话地答复对方，或者是采取自嘲的方式来使自己摆脱困境。你在措辞的时候，一定要注意即使回击也要不着痕迹，不要伤害到对方，在对方面前，你应该保持一个对手应该有的胸怀和气度。

心理支招

《南史·范晔传》："吾于音乐，听功不及自挥，但所精非雅声为可恨，然至于一绝处，亦复何异邪。其中体趣，言之不可尽。弦外之意，虚响之音，不知所从而来。"通常情况下，那些隐藏在话语里的"弦外之音"是不会轻易地被发现的，它只是在话里间接地透露出来，而不是清晰地表达出来，它有可能隐藏在语调里，有可能藏在音色里。这就需要我们在日常交际中时，仔细揣摩对方的弦外之音，从而弄清对方想表达的真实意图是什么。

第九节　以身作则——善于自省

鬼谷子曰："循名而为贵，安而完，名实相生，反相为情，故曰名当则生于实，实生于理，理生于名实之德，德生于和，和生于当。右主名。"

鬼谷子说："根据名分来考察实际，根据实际来确定名分。名分和实际是互为产生的条件，反之又是互相表现的。名分和实际如果是相符的，就能得以治理，相反，如果两者不相符，就很容易产生动乱。名分产生于实际之中，而实际产生于意愿，意愿又产生于分析，分析则来自于智慧，智慧最终产生于适当。以上讲的是名实相符。"

鬼谷子认为，一个人的名声越好，就越会按照道德规范行事，就越会受到他人的称赞，从而达到名副其实的境地。然而，好的名声来自于好的外在行为，只要行善积德，为民造福，就可以赢得好名声，就能真正地名副其实。古语说得好，其身不正，虽令不行；其身正，不令而行。成为一个顶天立地的正直之人，我们需要以自律为基础，以身作则，善于自省、自律，这才是一种可贵的精神品质。一个人要做到勤于自省，需要勇于认错，主动接受他人的批评和自我批评，不要害怕丢了面子，假如你只是怕丢面子而掩饰错误，那只会越来越错，最后你的面子就丢大了。自省是自我认错的开始，假如一个人关闭了自省的门，缺乏主动的精神，就会骄傲，经常会自我感觉良好，最后会停滞不前，也就难以赢得成功。

1984年暑假，李开复曾为宾夕法尼亚州60个最聪明的学生教授计算机课程。李开复非常享受这段美妙的时光，每天8点他就准时出现在教室，然后滔滔不绝地讲课，帮这些天才高中生设计各种作业。他还把学生分成8个小组，每个小组开发自己的黑白棋下棋算法，然后两两进行比赛。课程结束时，班里每个学生都学会了写程序，这使他获得了宾州州长的好评。

暑假快要结束时，李开复去系主任那里领工资，发现系主任办公桌上有厚厚的一叠报告，就随口问了一句："老板，那厚厚的一叠东西是什么？"系主任慢悠悠地说："噢，就是暑期宾州学生对老师的评估。""噢，那可不可以让我看看？"李开复对这叠报告立刻充满了好奇。系主任的脸色忽然变得尴尬起来："开复，你还是不要看的好。"

在李开复的软磨硬泡下，系主任给他看了学生们对他的评价。打分是5分制，其他科目的老师一般都是3到4分，而李开复居然只得了1分。学生们在评语里写道："李开复的课程太枯燥了，也许内容并不差，但经他诠释后，实在让我们受不了。""他上课时从不看我们的眼睛，只有他一个人在表演，我们把这叫做'开复剧场'。"还有一个学生写道："李老师的语气单调，有着强烈的催眠作用，就算我昨晚睡够了，还是顶不住李老师的催眠术。"

这些评语让李开复脸红心跳，但通过这些批评他也认识到自己的演讲能力和沟通能力有多么差。于是他开始向系里最知名的教授请教教学技巧，学习如何成为一个好的演讲者，并努力争取各种演讲机会。

现在的李开复每年至少在各所学校巡回演讲25场，他每天至少面对10万名学生，讲台上的他谈笑自如，风趣幽默，深得学生们的喜欢。而这一切需要感谢那个暑假，这让李开复懂得了自省，在不断的自我挑战中获得了进步。自省是一种境界，是一种态度，更是另一个开始，是对自身价值的真正肯定。

心理支招

  如果我们想成为鬼谷子所说的名副其实的人，那就要学会自我反省，以身作则。一个人最大的敌人就是自己，只有经常进行自我反省，才能弥补缺点、纠正过错，才能了解哪些事情可以做，哪些事情不可以做。善于自省的人能客观评估自己，不盲目乐观，坦诚面对自己的缺点和过错，当然，他们乐于接受挑战，正因为此，他们才会不断地进步。

第十二篇 本经阴符七篇

本篇在古代哲学和兵学中占有一定的地位，是道教的一部重要道经。『本』，是根本的意思；『本经』，主要是讨论精神修养；『阴符』，强调谋略的隐蔽性与变幻莫测。本篇集中于养神蓄锐之道，前三篇说明如何充实意志，涵养精神；后四篇讨论如何将内在的精神运用于外，如何以内在的心神去处理外在的事务。

第一节　修身养性——学会不断充实自己

鬼谷子曰："真人者，同天而合道，执一而养产万类，怀天心，施德养，无为以包志虑、思意，而行威势者也。士者通达之，神盛乃能养志。"

鬼谷子说："什么是真人呢？真人就是已经把自身与自然融为一体，与大道完全符合，坚守无为法则来化育万物，他们以大自然的胸怀，广施善德来滋养五气，本着无为法则，包容智慧、思意，施展神威。士人如果可以心术通达，心神盛大，就能修养自己的心志。"

鬼谷子认为，真人需要坚守无为法则来化育万物，以大自然的胸怀，广施善德来滋养五气，假如士人可以心术通达，心神盛大，那就能修养自己的心志。然而，在现实生活中，却有不少人甘于做士人，拒绝充实自己。许多人习惯了平凡，他们的日子过得波澜不惊，每天准时做饭，把家里的地板拖得干干净净，这样的人每天都在计划自己缺什么和能买什么，考虑着该做什么和能做什么。虽然，这些人的生活常态是平凡的，不过我们不应该甘于平凡，甘于一事无成，而应该怀着追求精彩生活的理想去奋斗、拼搏，不断地充实自己，从而把自己的生活打造得更加绚丽多彩。

有两个和尚分住在相邻两座山的庙里，这两座山之间有条河，两个和尚每天都会在同一时间下山去河边挑水，久而久之便成了朋友。

不知不觉5年过去了，突然有一天，左边这座山的和尚没有下山挑水，右

边那座山的和尚心想："他大概睡过头了。"就没太在意。哪知第二天，左边这座山的和尚还是没有下山挑水。一个星期过去了，右边那座山的和尚心想："我的朋友可能生病了，我要过去看看他，看能帮上什么忙。"等他看到老友之后，大吃一惊，原来他的老友正在庙前打太极拳，一点儿也不像一星期没喝水的样子。他好奇地问："你已经一星期没下山挑水了，难道你不用喝水了吗？"朋友把他带到庙的后院，指着一口井说："这五年来，我每天做完功课都会抽空挖这口井，即使有时很忙，也坚持能挖多少算多少。如今，我挖出了水，我就不必再下山挑水了，可以有更多的时间练习我喜欢的太极拳了。"

人活着就要不断地充实自己，要从长远的角度来规划自己的人生。这样我们才不会有那么多的遗憾。古人常说"活到老，学到老"，所以我们千万别忘记随时把握时间，不断地充实自己，挖一口真正属于自己的井，不断培养自己的实力。因为昨天的努力就是今天的收获，今天的努力就是未来的希望。时间是不等人的，等自己挑水挑不动了，你还会有水喝吗？或许我们都不是鬼谷子所说的真人，但是，我们要怀着一个坚定的信念：勤能补拙。每天不断地鼓励自己勤奋一点，相信有一分耕耘，就会有一分收获。

不断充实自己，人生才会有意义。只有气充满了，球才会跳得更高；只有油充足了，车才会行得更远；只有人生过得充实了，才不会枉费生命。人生需要不断充实，充实就是不虚度光阴，不浪费生命，在有生之年，通过不断学习，让自己的生命更有质量，更有价值。就好像保尔·柯察金所说的那样：只有使自己更充实，那么在临死之前才会感到幸福，而不会为自己空虚的一生后悔。

心理支招

鬼谷子认为，一个人先要修养身心，之后才能养志。充实自己，充实生活，不要让一段光阴白白流过，只留下一片空白，时间只是一颗流星，

我们也只是一个匆匆过客，不要总站在原地，光阴挥霍不得，机遇需要及时把握。

现实就好像挡在我们面前的大山，茫然深厚而不可预见。生活给予我们每个人一双鞋子，我们只有不断地攀登才能得以生存。有的人奋力向上，不惜一切，甚至疲于奔命；有的人在攀登大山时不停抱怨，埋怨上天的不公平，甚至自暴自弃；有的人在上山过程中过于迷恋山中美景，渐渐迷失了自己；有的人面对困难则不思上进，一蹶不振。然而，总有一些人，他们立志登顶，在这途中好好地享受攀登的乐趣，以此充实自己的人生。

我们可以发挥隐藏在自己身体里的许多力量，只是总有各种因素让我们退缩、颓废。但是，不要因此感到沮丧，学会不断地充实自己，不要总认为自己缺乏伟大的天赋，实际上，是由于没有好好发挥自己已有的天赋。

第二节　无志不立——成大事者无不有志

鬼谷子曰："志不养，则心气不固；心气不固，则思虑不达；思虑不达，则志意不实；志意不实，则应对不猛；应对不猛，则失志而心气虚；志失而心气虚，则丧其神矣；神丧，则仿佛；仿佛，则参会不一。养志之始，务在安己；己安，则志意实坚；志意实坚，则威势不分，神明常固守，乃能分之。"

鬼谷子说："如果一个人不注重培养志向，心志得不到修养，那么他的五气就不会稳固；五气不稳固，思想就不会舒畅；思想不舒畅，意志就不会坚定；意志不坚定，就没有足够的能力应付外界的变换；应付外界的能力不强，在遇到挫折的时候，就非常容易丧失意志，心里一旦空虚，也就丧失了神志；人一旦丧失了神志，那他的精神就会陷入恍惚的状态；精神一旦陷入恍惚的状态，那么他的意志、心气、精神三者就不会协调一致。意志、心气、精神三者不能协调一致就很容易被击败，所以培养志向的首要前提是要让自己安定下来。自己安定了意志才可以坚定；只要意志坚定了，自己的威势才不会分散，才能固守自己的心气与精神。只有固守自己的心气与精神，才能使对手的威势分散。"

鬼谷子通过这一小段论述了立志的重要性，在他看来，立志摆在人生的第一位，一个人若是有了远大的志向，就可以无事不成。人如果能立志，那

么他就可以做圣人，做豪杰，还有什么做不到的呢？他又何必去借助别人的力量呢？我们不可忽视其远大志向带来的动力，正所谓"成大事者无不有大志"。一个人如果不立志，必然会失去奋斗的力量，或许，一辈子只能碌碌无为。

当下的我们，从小就接触到"志向、理想"这样的字眼，当稚嫩的小手写下远大的志向时，我们心中涌起的是兴奋、自豪。可是，随着时间的流逝，我们曾经立下的远大志向也日渐模糊。或者，对于刚刚进入社会的我们，心中所剩下的志向不过是"安安分分做自己的工作"。如此这般，工作就失去了前进的动力，而我们也丧失了为理想而奋斗的斗志。相信，大多数的上班族每天都是这样一种状态：无精打采、计算着休息日和假期，过一天算一天。如果问他："你有什么远大的志向？"突然之间，他会觉得茫然失措，他曾经立下的远大志向早已千疮百孔。

说到"立志"，就不得不说曾国藩改号的故事。

进入弱冠之年，曾国藩在一次秀才考试中取得了第七名的好成绩，由于秀才考试需要经历种种考试，得知自己获得了第七名，他感到十分高兴，于是，为自己取了"涤生"这个名号。当时，曾国藩在日记中这样写道："涤者，取涤其旧染之污也；生者，取明袁了凡之言：'以前种种，譬如昨日死；从后种种，譬如今日生。'"意思就是我今后做的事情，就仿佛我要重生一样。

曾国藩被点为翰林之后，又一次改名以励志。他将名字改为"国藩"，暗寓"为国藩篱"，他说："第一要有志，第二要有识，第三要有恒。"同时，为了真正成为国家之藩篱，曾国藩抓住了机遇，努力读书。当他入了翰林院任侍郎后，还在拼命读书，曾经还自立课程十二条，尽力以赴。

曾国藩改号为"涤生"，以此来自律，如此看来，我们就不难理解他为什么会取得如此大的成就了，原因在于他不停地磨砺自己的志向，每天反省，天天自新，曾国藩的功业，大部分在于他能够对自己心灵永无休止的洗涤。

皇甫立志说："关于我的名字，我记得中学老师曾送我一句话，'无志之人常立志，有志之人立长志'，这句话成了我人生的一个座右铭。可能，每个人心中都有一个'懒'字在牵制自己的行动，关键看你有没有足够的自制力，当我想偷懒的时候，我就会拼命地鞭策自己，努力做到今日事今日毕。"

13年前，轰动全国的中原商战的硝烟尚未完全散尽，郑州二七广场的金博大楼宇竟无人来租。于是，河南建设银行鼓励员工"下海"，当时，皇甫立志只有二十多岁，心中有股冲劲，立志通过金博大开创出自己的一片天地，说干就干。就在这年的9月，金博大开业了，刚刚面世的金博大给人的印象是富丽堂皇，然而，由于自营积压了大量的库存，使得资金运转成了难题，从开业时起，就以每月100多万元的速度亏损。

事业刚刚起步，就遭受了巨大的挫折，皇甫立志坦言："对于当初立下的志向，从来没有想过放弃。"他告诉员工："我们是民营资本，没有靠山和后路，我们必须自我改变。如果不改，只有死路一条。"金博大开始实行改革措施，不久，它就向社会公布：所有的商品均按一到四折处理，并进行价格公正。这种举动引起了媒体和顾客的好奇，一时之间，媒体争相报道，商场顾客盈门。价格公正的清仓举动，让金博大甩掉了大包袱，并初步建立起自己的价格体系。对此，皇甫立志离目标又近了一步。

智者说："无志之人常立志，有志之人立长志。"有志之人有信念，有抱负，有理想，但是，这些还远远不够，更为重要的是，那份坚持，那份恒心，一旦立下了志向就终身追求之，不达目的绝不罢休。而那些无志的人，偶尔也会立下志向，但总是半途而废，可还是信誓旦旦地反复保证，毫无毅力，注定一事无成。可能，每个人都会立志，但只有极少数人能够立长志，尤其在职场，所以，成功的人从来都是少数。人在职场，就要为自己立下一个长远的志向，而不是经常立志，因为经常立志的人从来立不了长志，而只有立长志才有可能获得最后的成功。

心理支招

　　鬼谷子认为，立志是一件十分重要的事情。先立志，再立长志。其实，说到"立志"，每个人都不陌生，无非是我立下了什么样的志向，现在达到了怎样的目标。有的人，一旦立下了远大的志向，就不改变，朝着这个方向不断地努力，哪怕用一生的时间来奋斗，他们也会坚持到底；有的人，今天说"我先踏踏实实工作，存够钱了做生意去"，明天说"大家都说公务员是铁饭碗，我也考试去"，后天说"大学同学有的读研究生，读了研究生读博士，我也自学考试去吧"，到了第四天，他还在思考自己到底立怎样的志向。说到底，不知道他的人生志向到底是什么，似乎什么都想去做，但什么都是口头之说，无法投入真正的实践之中。前者，贵在有恒，无论志向多么远大，多么难以实现，对他来说，有恒心就有成功的希望；后者，纯粹是拿"立志"当混日子的借口，他们一会儿想做这个，一会儿想做那个，最后，一事无成。

第三节　静待时机——善于舍利待机

鬼谷子曰："故信心术，守真一而不化，待人意虑之交会，听之候之也。计谋者，存亡之枢机。虑不会，则听不审矣。候之不得，计谋失矣。则意无所信，虚而无实。"

鬼谷子说："所以要坚信通达心灵的方法，信守纯真始终不变，静静地等待意志和思虑的交汇，听候期待这一时机的到来。深远奇妙的计谋是国家存亡的关键，如果思虑没有与意志相互交汇，那么所听到的事情就不是十分详细清楚明了，在这种情况下，你即使等待再长的时间，好时机也不会到来，计谋也就失去了作用而变得毫无意义，那么你的意志也就失去了依托，计谋也就成了虚而不实的东西。"

鬼谷子主张，要坚信通达心灵的方法，信守纯真始终不变，静静地等待意志和思虑的交汇，听候期待这一时机的到来。时机，需要静静地等待，而不是急于求成。机遇不成熟的时候，你再着急也无济于事。在现实生活中，我们总想做一些事情，却往往做不成。有时候，因为条件不具备，或者存在一些障碍。在此情况下，该怎么办呢？坚持去做，有可能会一败涂地，那么，就选择等待吧。暂时先忍耐一下，等待最佳的时机，如此，我们才能重新奋起。扭转困难往往隐藏在我们不注意的地方，假如我们能发现它、抓住它、利用它，那么，我们将有机会摆脱困境，获得成功。

晚清时代，许多商人对打仗唯恐避之不及，但胡雪岩却不这么看。在他看来，做大生意，最好的办法就是帮军官打胜仗。他说："凡是能帮军官打胜仗的生意，我都做，哪怕亏本也要做。要知道这不是亏本生意，是放资本下去。只要军官打了胜仗，时势一太平，什么生意不好做？到那时候，你是为朝廷打败太平军出过力的，公家自会报答你，做生意处处给你以方便。你想想看，这还能不发达？"做生意不必急于求成，而是等待时机，基于这种想法，胡雪岩积极投入到帮助左宗棠军队的事业中，事实证明，他最终真的得到了丰厚的回报。

在帮助军队筹集粮饷的过程中，由于阜康钱庄资金有限，于是，胡雪岩打算寻找合作伙伴。出人意料的是，他选择了大源钱庄，在旁人看来，胡雪岩应该选择信和钱庄：一方面信和钱庄资本雄厚，做生意肯定会大赚；另一方面，于公于私，信和钱庄都与胡雪岩有着密不可分的关系，之前早就是阜康的生意伙伴。对于胡雪岩如此的决定，旁人感到很疑惑，就连挡手刘庆生也说："阜康和信和关系非同一般，你为什么不选信和来做？"如果与毫无名气的大源钱庄合作，万一失利怎么办？胡雪岩却有自己的小算盘，他希望将自己的生意做到最大，要做大生意，肯定是广结商界人士。对于这笔生意，且不论利益如何，但可以扩大自己的商业，无疑在为自己的生意制造"机会"。

一个人要想成就一番大的事业，不仅需要乘势，更需要等待时机。在时机尚不成熟的时候，唯有等待才是最好的选择。在那乱世年代，胡雪岩大力赞助左宗棠的军队，但他并不急于求成，而是善于等待。等到太平天国运动被平息，他也就成了有功之臣，在等待中积蓄力量，寻找时机，才能取得更大的成就。

在胡雪岩看来，作为一个成功的商人，不应局限于眼前的利益，而应该善于捕捉时机。做生意就是这样，有了投资，就不愁回报，它定会在某个时机到来，这就是自己辉煌之时。正是善于捕捉机会，使得胡雪岩从一个小小的伙计跃身成为红顶商人。在未出名之前，胡雪岩在左宗棠身上投资的财力

不计其数，可谓是倾囊相助，此时的胡雪岩完全将利益抛到了脑后，后来，终于等到了时机，在左宗棠的举荐下，胡雪岩被清政府赐封为"红顶商人"，而他自己也由此建立了庞大的白银帝国。胡雪岩经商成功的智慧，同样适用于现实社会。在生活中，做事不应急于求成，你越是着急，就越不利于事情的发展。反之，如果你心平气和，反而有利于事情朝好的方向发展。

有一天，一头驴不小心掉进了一口枯井里，农夫绞尽脑汁无果，几个小时过去了，那头驴还在枯井里痛苦地哀嚎着。最后，农夫决定放弃，心想，这头驴反正不少年头了，不值得大费周章把它救出来，但是，无论如何，要将这口枯井填满，以免其他动物掉进去。

于是，农夫请来了左邻右舍一起帮忙将枯井填满，同时，也想免去驴的痛苦。农夫和邻居们手拿铲子，开始将泥土铲进枯井中，当那头驴了解到自己的处境时，一副绝望的神情，忍不住流下眼泪，并不断在枯井里发出痛苦的嘶叫声。但是，出乎意料的是，没过多久，这头驴就安静了下来，农夫好奇地探头往井底一看，眼前的一幕令他大吃一惊：当铲进枯井里的泥土落在驴身上时，它将泥土抖搂在一旁，然后站到泥土堆上面。很快，那头驴便出现在人们的眼前，大家都惊讶地捂住自己的嘴巴。

当意识到自己将葬身于此时，那头驴着急了，挣扎、痛苦地嘶叫，可是无济于事。于是，它安静了下来，静静等待，没想到，伴随着灾难来临的还有机会，抓住机会，逃出了枯井。在事情尚未成功的时候，智者看到的是潜在的机遇，而愚者却对此无动于衷。所以，成功者从来不急于求成，他们就像猎豹一般默默潜伏着，等待机遇重拾成功。

心理支招

鬼谷子认为，一个人要善于静候时机，才能成大事。等待不是日复一日，年复一年的去等，而是蓄势待发。话说荆轲取樊将军首级后，准备好了一切，当荆轲在家等待友人同行时，太子丹前来指责，荆轲气太子丹对他的怀疑，没有等待友人同行。如果当年他向太子丹解释清楚，并静心地等待友人来，二人一起制订一个更完美无缺的计划，也许就会刺秦成功，这样历史就被改写了。

第四节 坚定志向——为自己插上梦想的翅膀

鬼谷子曰："分威者，神之覆也。故静意固志，神归其舍，则威覆盛矣。威覆盛，则内实坚；内实坚，则莫当；莫当，则能以分人之威而动其势，如其天。以实取虚，以有取无，若以镒称铢。故动者必随，唱者必和。挠其一指，观其余次，动变见形，无能间者。"

鬼谷子说："效法伏熊，分布隐蔽威风。分威的意思就是把一部分威风隐藏起来。要平心静气地坚持自己确立的志向，使精神归于心舍，那么威风就会变得更加强劲。威风因隐伏而强劲，内心就更加坚定有底；内心坚定，就可以所向无敌；所向无敌，就可以用分布隐伏威风来壮大气势，使其像天空一样壮阔。以实取虚，以有取无，就好比用镒来称铢一样轻而易举。这样一来，只要你一采取行动，就会有人跟随；只要你一呐喊，就自然有人附和。只要屈起一个指头，就可以观察其余各指，只要能见到各指活动的情形，就说明外人也无法离间它们。"

鬼谷子认为，一个人要把一部分威风隐藏起来，平心静气地坚持自己确立的方向，使精神归于心舍，那么威风就会变得更加强劲。生活中，只要我们确立了一个志向，怀揣了一个梦想，那就要坚定自己的志向，这样才有可能梦想成真。也许，在追逐志向的路途中，有的梦想破灭了，有的梦想实现了，有的梦想还在实现的路上。然而，我们要永远记住一个原则：只要坚定

自己的志向，它就不再遥不可及，梦想可以照进现实。"梦想成真"是一句美好的祝福，我们经常会用来祝福朋友，其实，美好的祝福依然可以送给自己。现实生活可能会给我们的梦想增加阻力，但是，还不足以毁灭我们的梦想，能够扼杀梦想的只能是我们自己。所以，无论现实生活多么令人绝望，我们都要坚定心中的梦想，因为梦想总会成真。无论自己的梦想多么模糊，不管自己的梦想多么不可思议，但只要坚定自己的梦想，梦想终究会变成现实。

一位穷苦的牧羊人带着两个年幼的儿子，依靠给别人放羊为生。

有一天父亲带着儿子们赶着羊来到一个小山坡，他们看到了一群大雁鸣叫着正从天上飞过，然后很快就消失了。小儿子好奇地问："大雁要往哪里飞？"牧羊人回答："为了度过寒冷的冬天，它们要去一个新的温暖的家。"大儿子羡慕地说："要是我们也能像大雁一样飞起来就好了，那我就要比大雁飞得还高，去天堂看望妈妈。"小儿子也对父亲说："做一只会飞的大雁多好啊！可以飞到自己想去的地方，那样就不用放羊了。"

牧羊人沉默了，然后对儿子们说："假如你们想，你们也会飞起来的。"两个儿子试了试，但没有飞起来，他们不解地看着父亲。牧羊人说："看看我是怎么飞的吧。"结果，他也没能飞起来，但是，他却肯定地告诉两个儿子："可能是因为我的年纪太大了，才飞不起来，你们还小，只要不断地努力，就一定能飞起来，去你们想去的地方。"从此，兄弟俩心中就有了一个飞翔的梦想，长大后他们终于飞起来了，他们就是美国的莱特兄弟。

黎巴嫩著名诗人纪伯伦曾说："我宁可做人类中有梦想和完成梦想愿望的、最渺小的人，而不愿做一个最伟大的无梦想、无愿望的人。"莱特兄弟从小就有一个飞翔梦，在追逐这个梦想的过程中，哪怕遇到再大的困难，他们也没有放弃，最终实现了自己心中伟大的志向。人类最可贵的本能就是对未来充满梦想，我们不仅要种下梦想的种子，而且要让梦想的种子长成参天大树。所以，坚定志向，不要放弃自己的梦想，用心灌溉，总有一天，梦想

鬼谷子的心理智慧

260

会变成现实。

在美国的一次作文课上，老师给出的题目是：我的梦想。一个小朋友飞快地写下了自己的梦想，他梦想着自己可以拥有一座占地十余公顷的庄园，里面有漂亮的小木屋，有专门烤肉的地区，有休闲旅馆。

但是，这篇作文却被老师画了一个大大的红"×"，并要求重写。小朋友很疑惑，这就是自己的梦想啊，怎么需要重写呢？老师问："我要你们写下自己的梦想，而不是这些如梦呓般的空想，我要实际的梦想，而不是虚无的幻想，你知道吗？"小朋友争辩道："可是，老师，这真的是我的梦想啊！"老师生气地说："不，那不可能实现，那只是你的幻想，我要你重写。"小朋友不愿意妥协："我很清楚，这才是我真正想要的，我不愿意改掉我梦想的内容。"老师摇摇头："如果你不重写，我就不让你及格了，你要想清楚。"小朋友坚定地摇摇头，不愿意重写，最后那篇作文他只得到了一个大"E"。

然而，30年过去了，老师带着一群小学生来到了一座很大的庄园，享受着舒适的住宿，品尝着香味四溢的烤肉。就在这里，老师遇见了庄园的主人，原来他就是那位作文不及格的学生，如今，他实现了自己儿时的梦想。老师惭愧地说："30年来为了我自己，不知道用成绩改掉了多少学生的梦想，而你，是唯一坚定自己梦想，没有被我改掉的。"

在生活中，不要让任何人偷走你的梦想，梦想根植于内心，那是我们最初的梦想，哪怕虚无缥缈，哪怕不切实际，但是，它依然烙上了我们的印记。自从有了梦想，我们就开始了追逐梦想的旅程，也许，这在旁人看来有些不可思议，但是，我们不能忽视了梦想的强大魔力，它无时无刻不在召唤我们，朝着梦想的方向，勇敢地前进，最终我们就能将那些所谓的"不切实际"的梦想变成现实。一定要记住一句话：坚定自己的梦想，总有一天梦想会成真。

心理支招

　　鬼谷子认为，只要你坚定自己正确的志向，就会唤醒你内心的威力。每个人都有自己的梦想和志向，可能并不是每个人都能实现自己的梦想，但是，只有坚持相信梦想成真的人，他们才会实现自己的梦想。即使生活中遇到了困难与挫折，不要沮丧，不要放弃，我们应该更加坚定自己的梦想，努力实现梦想，一旦机遇来临，我们就能实现它。人生不可能没有梦想，梦想是与成功接轨的桥梁，而坚定的信念就是追求梦想旅途上那源源不断的精神动力。梦想是人生中最宝贵的财富，不要放弃，也不要为之沮丧，因为它一定在人生的某个角落等着你，坚定自己的梦想，我们就一定会梦想成真。

第五节 攻其软肋——找准对方弱点下手

鬼谷子曰："散势者，神之使也。用之，必循间而动。威肃内盛，推间而行之，则势散。夫散势者，心虚志溢；意衰威失，精神不专，其言外而多变。故观其志意，为度数，乃以揣说图事，尽圆方，齐短长。无间则不散势者，待间而动，动而势分矣。"

鬼谷子说："效法鸷鸟，散开舒展气势。散开气势是由精神支配，实行时必须沿着空隙运行，才能威风壮大、内力强盛。如果寻找缝隙运行，那么气势就可以散开。散开气势的人，能包容一切和决定一切。意念一旦丧失威势，精神就会陷于涣散，言语就会外露无常。为此，要随时考察对方意志的涣散，比较彼此的方方面面，衡量彼此的优势劣势，这样利于用揣摩术来策划谋略大事。如果对方没有间隙就不分散气势。所谓散势，就是等待最有利的时机再采取行动。因为一旦采取行动，气势必然就会分散。"

鬼谷子认为，我们需要随时考察对方意志的涣散，等待最有利的时机再行动。其实，一旦我们触碰了某人的软肋，那这时就是对方意志涣散之时。软肋原指胸腔的肋骨，这一部位容易被他人攻击，后来用作形容事物的缺陷、弱点等容易发生问题或遭受破坏的地方，同时，也指一个人的痛处、小辫子、脆弱点等。事实上，每个人都有致命的弱点，有可能是贪图金钱，有可能是刚愎自用，有可能是曾经的痛处。假如我们能够在沟通时用言语适当

地触碰对方的这些"软肋"，他就会因为心理防线被瓦解而降服于你。"软肋"是一个很好的利用工具，任何人都不想自己的软肋被击中，一旦最薄弱的地方被击垮了，那他还有什么不能答应的呢？当然，"软肋"这种部位并不能随便触碰，需要拿捏好一个"度"，适当的触碰会令其心理发生变化，相反，稍微过分，对方就有可能被逼急而"跳墙"。

某广告公司策划了一次宣传活动，为了给宣传活动造势，他们打算请一位明星来代言。但是，明明已经签约的经纪人却以档期已满为由拒绝出席此次宣传活动，眼看宣传活动马上开始了，广告公司不得不放出狠话："如果现在咱们不能达成协议，新闻界就会坚持把整件事情的内幕刊登出来，到那时，我也不知如何才能合法地把新闻压制下去，对此，你有什么高见呢？"

利用对方的"软肋"给予适当的压力，这会令对方更容易作出决定，他会在压力之下不得不答应你的请求。如果我们想影响他人的心理，我们必须首先了解对方这个人。最关键在于了解其软肋之所在，在他们心中有何种欲念，有怎样的性格特征。然后，我们再根据对方的性格，寻求其弱点，投其所好去引诱他们，这样我们就可以支配其意志，达到说服的目的。

20世纪80年代，我国曾与突尼斯SIAP公司的商务技术代表关于在我国兴办化肥厂的有关事项进行谈判。中突双方都非常重视这个建设项目，双方完成了可行性研究报告经有关人员的反复论证，选择了具有优越港口条件的秦皇岛市作为建厂地点。可行性研究报告刚刚结束，科威特石油化学公司得此消息，便立即表态，愿参与此项目，与中方合资办厂，并派出了谈判代表。

可是，出乎意料，谈判一开始，对方听完我方介绍该项目的前期工作，就断然表示："厂址选在秦皇岛不合适，你们所做的一切工作都是毫无用处的，要从头开始！"这话无异于晴天霹雳，一时难以提出反驳意见，谈判陷入僵局。我方一代表却猛地起身发言："我们为了建设这个化肥厂，安置了……看来这事项要无限地拖延下去了，那我们也只好把这块地让出去！对不起，我还有别的事情需要处理，我宣布退出谈判，今天下午我等候你们最

后的决定！"三十分钟后，情势发生逆转，对方表态："快请代表先生回来，我们强烈要求迅速征用秦皇岛的厂地！"

谈判最终取得成功的秘诀在于，我方代表抓住了对方的"软肋"，他不敢真正地放弃秦皇岛这个占据优势的地理位置，当我方代表说"那我们只好把这块地让出去"的时候，一下子击中了对方的要害，令其不得不降服于我方。

在人际交往中，我们要善于抓住对方的"弱点"，即软肋。只要抓住了对方的这些弱点，他们就不得不听命于我们的安排。当然，当我们想办法抓住对方软肋的时候，还应该避免被对方抓住自己的软肋。

心理支招

鬼谷子认为，一个人精神涣散的时候，就是他最薄弱的时候。因此，我们要善于攻其软肋，找准对方弱点下手。即使你清楚对方的软肋在哪里，也不要直接说出来，而是通过语言巧妙暗示，否则有可能激怒对方，比如"你也知道，如果我把这些照片交给你的夫人或者你的上司，后果肯定……"暗示对方你已经抓住了"软肋"，逼其就范。

既然已经抓住了对方的软肋，就要向对方施加一定的压力，这样才会有效地影响对方的心理。换句话说，你应该说清楚如若不答应将产生什么后果，比如"如果你不及时采取行动，到时候我可控制不了势态的蔓延"，施加一定的压力，达到操控其心理的目的。

有时候，对方希望通过威胁来达到自己的目的，但事实上，他并不能真正地割舍那部分利益。面对对方这样的心理，我们应该将计就计，孤注一掷，发出最后警告"那我们实在没有办法，看来只好与下面一家公司签约了，今天我有事先告辞了，希望你尽快给我答复"。如此将计就计，他难道还不降服吗？

第六节 方圆并用——原则中求通融

鬼谷子曰："天地无极，人事无穷，各以成其类；见其计谋，必知其吉凶成败之所终。转圆者，或转而吉，或转而凶，圣人以道，先知存亡，乃知转圆而从方。圆者，所以合语；方者，所以错事。转化者，所以观计谋；接物者，所以观进退之意。皆见其会，乃为要结以接其说也。"

鬼谷子说："天地是广大无边的，人事是无穷无尽的。所有这些又以其特点分成不同的类别。考察其中的计谋，就可以预测成败与兴衰。所谓转圆，或转而吉，或转而凶。圣人凭智慧与自然规律来预测国家存亡事业兴衰的大事，他们深谙转圆就是为了就方的道理。所谓圆，就是为了便于语言合转；所谓方，就是为了使事物稳定；所谓转化，是为了观察计谋；所谓接物，是考察进退的想法。将这四种办法融会贯通，然后归纳总结出要点和结论，以发展圣人的学说。"

鬼谷子认为，一个人应该讲原则，同时也要懂得通融。"方"是做人的根本，是做人的脊梁，即需要遵守原则，但是，一个人仅仅依靠"方"是不够的，还需要有"圆"。假如一个人做足了通、融，那么一个成大事者就出现了。所谓"无以规矩不成方圆"，凡事是需要讲原则的，一旦规矩乱了，做事情没有任何原则，那么，世界就混乱了。然而，虽然原则是很重要的，但有时也需要通融一下，这就是鬼谷子所提倡的"圆"世。无论在商场、官

场，还是交友、处世，都需要圆世哲学，这样，我们才能无往而不利。在原则中求通融，在通融中持原则，了解了人们的喜怒哀乐，就随了人们的爱憎喜恶，做到这些，万事皆有可能，人心也会无不可得。在现实生活中，每一件事都有它的原则，遵循原则是应该的，但是，凡事以原则为主，这就显得太不近人情了。为人处世太过"方"，有棱有角，事情就很容易陷入绝境。所以，做人应该懂得变通，大方向上是以原则为主，但在适当的时候，我们还是要学会通融。

嵇鹤龄是一个能言善道，足智多谋的人，不过，由于方正不屈，凡事讲原则，他也落得个"恃才傲物"的下场。从表面上看，他也算是个有本事有骨气的人。好在他遇到了胡雪岩，因嵇鹤龄帮助王有龄出面解决了地方农民聚众闹事，然而，事后论功行赏的时候，却遇到了麻烦。

当时，一般情况下，在地方上有了大案子，比如兵剿、河工，或者漕运改河运等，只要办事妥当，都可以为出力人员请奖，这就是"保案"。保又分为两种，即明保和密保。不过，黄抚台却只给了嵇鹤龄一个明保。胡雪岩听说这件事后，心中为嵇鹤龄鸣不平，他觉得这事一定有蹊跷。于是，经过一番调查，胡雪岩弄清了事情的原委：原来，黄抚台手下有个文案员，曾向嵇鹤龄索取了两千两银子，可办事一向讲原则的嵇鹤龄不答应，声称自己没有银两，于是，他就得了一个明保。

胡雪岩在跟嵇鹤龄说起这事的时候，嵇鹤龄十分无奈，说道："官场中的世态炎凉，我早就看厌了，所谓此处不留爷，自有留爷处，我在浙江混不下去了，还可以回湖北办团练。"然而，胡雪岩却不这么看，他想：水往低处流，人往高处走。事情都是人做出来的，原则的事情自然也会有所通融才是。这样一想，他决定帮助嵇鹤龄办好这件事。

胡雪岩用钱庄的银号开了两张银票，一张两千，一张两百，用封套封好，下面具名"教愚弟嵇鹤龄"，托人送到了那位文案员手中，不到一个时辰，就有人送来了文案员的名片，上面写着四个字："拜领谢谢！"当天晚上，胡雪岩就通知嵇鹤龄去见抚台。

最后，事情办得相当顺利，第二天便有了消息，通知嵇鹤龄接管海运局。

案例中，如果胡雪岩也坚持原则办事，那嵇鹤龄只能回湖北办团练去了。不过，说到底，胡雪岩虽然读书不多，但其社会历练多，他懂得事情在何时能通融，在何时需要讲原则。在他看来，能够通融的时候，就不应执意原则办事，而是将原则放开，只要能将事情办好，摒弃原则又何妨呢？

在公交站台，一位老太太上了公交车后便刷卡乘车，可是，不知什么原因，却显示刷卡失败。司机建议老太太投币乘车，这位老太太无奈地说道："我卡里昨天刚充100元，我今天出门逛公园，就没带钱。"刷卡失败，身上又没带钱，司机便要求老太太下车，老太太不同意，始终坚持说自己卡里有钱，不肯下车。这下司机可不同意了，坚持要求老太太先投币再乘车，两人就这样僵持着，车上的人都静坐不语。这时，刚上车的一位中年男子连忙说道："老人家也不容易，让她下车不合适啊。司机也是为了遵守原则。这样吧，我来给这位大姐刷卡，大姐，您先找个位置坐下，这样既不让司机大哥为难，也解决了您的问题。"

这只是日常生活中的一件小事，公交车司机执着于自己的工作职责，老太太明明卡里充值了，却显示刷卡失败，恰巧身上又没带钱，这事情也不能怪她。于是，两人都坚持自己的说法，僵持不下，最后，还是一位中年男人帮忙刷卡才了事。其实，在这里，公交车司机不懂得通融，不过是一元钱，硬是坚持让老太太投币再乘车，其要求难免有点不近人情，大可以自己为她投币，或者询问身边的乘客是否有零钱，通融一下，事情解决了。所以，做人要懂得变通，适当的时候，我们可以绕过原则，灵活处事，这样一来，凡事均可尽善尽美了。

心理支招

鬼谷子主张，做人要方圆并用，既要讲原则，又要懂得通融。许多人觉

得办事"通融"无非就是拉关系、交朋友、塞红包、化解矛盾，然后，才能升官发财、过红火的日子。其实，这样的理解略有偏颇，虽然，以上所说的确实是一种社会现象。然而，真正的通融并不是这样，它所体现的是一种积极的人生态度，有了积极的通融，才能达到从容的境界。懂得通融，其实就是弹性处理事情，适当的时候，可以绕过原则来解决问题。在现实生活中，一些人感觉自己活得很累，因为计较太多，不懂得通融，所以，不能从容面对，这样，事情不仅没办好，自己的心也感觉很累。通融是一种审时度势的处世策略，只有懂得通融，才能从容做事。

第七节　损悦之术——取人之式

鬼谷子曰：“损悦者，机危之决也。事有适然，物有成败，机危之动，不可不察。故圣人以无为待有德，言察辞，合于事。悦者，知之也。损者，行之也。损之悦之，物有不可者，圣人不为之辞。”

鬼谷子说：“效法灵蓍变化之法，可以准确预测事物的损悦吉凶。所谓‘损悦’，是在事物刚刚有征兆的时候，作出的一种微妙的判断。有些事情在一定的情况下是合情合理的，有些事情总会有成功也有可能会失败，事物这些微妙的变化，也应该仔细观察。所以圣人用无为之治来对待有德之治，观察他的一言一行是不是合乎事物发展的变化。所谓‘悦’，就是用心地仔细观察外物。所谓‘损’，就是排除不利因素后再去实行。假如‘悦’与‘损’都行不通，圣人也不会以自己的言论来改变他人。”

鬼谷子认为，我们可以根据一个人细微的变化，诸如一言一行来判断对方是否合乎事物发展的变化。其实，这一方法完全可以用到如何选才上面。自古以来，似乎求才的标注大多是“唯才是举”，只要有才能的人，不管其品德，不管其性情，都可以列为上宾。在现代社会，许多领导在求才的时候，大多看重学历、名校，诸如品德、秉性都不细加考虑，殊不知，后者才是决定一个人做事成败的关键条件。在名校里，也有品德败坏的人；在高学历中，也有低素质的人。如此看来，在求才方面，需要综合运用，尤其需要

使用"损悦"之术。

在求才方面，曾国藩有自己的一套标准，历史证明，其方法是很有益的，值得后人学习和借鉴。

重忠义血性：曾国藩常说："带勇之人，第一要才堪治民，第二要不怕死，第三要不计名利，第四要耐受辛苦。治民之才，不外公、明、勤三字。不公不明，则诸勇必不悦服；不勤则营务巨细，皆废弛不治。教第一要务在此，不怕死，则临阵当先，士卒乃可效命，故次之。身体羸弱者，过劳则疾；精神匮乏，久用则散，故又次之。四者似过于求备，则苟阙其一，万不可带勇，大抵有忠义血性，则四者相从以俱至，无忠义血性，则貌似四者，终不可恃。"曾国藩所说的"忠义血性"就是指，能誓死效忠清王朝，自觉维护以三纲五常为根本的封建统治秩序，用我们现代的话说，就是要"忠"，忠于职守。

坚忍耐劳：在曾国藩看来，自己所选用的人才能在打仗时冲锋陷阵，身先士卒。他说："立坚忍不拔之志，卒能练成劲旅，数年坎坷艰辛，当成败决断之处，持孤注以争命，当危震撼之际，每百折而回。"为此，他求才不拘一格，不限出身，大量提拔书生为将士，当时，在湘军将领中，书生出身的人就占了百分之五十八。

淳朴之人：曾国藩说："国家养绿营兵五十万，二百年来所费何可胜计！今大难之起，无一兵足供一战之用，实以官气太重，以窍太多，漓朴散淳，其意蔼然。"对此，他认为选将必须注重一个人的"淳朴"，即没有官气、脚踏实地，不浮夸，对这样的人委以重任，才能有效地提高湘军的战斗力。

如此的求才标准，使得曾国藩收揽了大量的优秀人才。除了这些他明确提出的标准之外，还有一些实行但不公开的求才标准。诸如表现欲太强的人，不能久用；对于有才能但性格偏激的人，须慎用。就是因为他在求才时眼光独到，其所选用的人才均是可造之才，而非庸才，在这些有才之士的帮助下，最后成就了其一生的赫赫功绩。

曾氏幕府收揽了大量的人才，因此，曾国藩所见的人才中，各式各样的人都有，在利用一些人才的时候，他表现得尤其小心，尽可能人尽其才，才尽其用，量才录用，扬长避短。对此，曾国藩说："雄韬大略之人有其不足，鸡鸣狗盗也有其优势。"用人如同用器，也就是尽量用其长处，同时，避开他的短处。关于如何扬长避短，曾国藩提出了自己的几点看法。

"器能之政宜于治烦，以之治易则无易"：精明强干，德、术、法都精通，但主张与力度不够强的人，是独当一面的人才。在工作中，他们有足够的精力与智慧去治理整乱，在治理过程中，以暴制暴，以恶制恶，根除事源之根本。

"王化之政宜于统大，以之治小则迂"：以德行教化为主的政治，以德为主，这样的一类人适合做全面的统辖工作，即"以之治小则迂"。

"策术之政宜于治难，以之治平则无奇"：这样的人才善于策划，胸中有好的计谋，若是遇到了识人之士，定会做出惊天动地的大事来。无论是乱世，还是和平时期，这样的人才都不可缺少。

求才时，曾国藩不恪守"唯才是用"，而在用人上，他却坚持以"唯才是用"为根本，其中，蕴含了用人的博大智慧。俗话说："金无足赤，人无完人。"一个人难免有长处，也有缺陷，各有各的长处，又各有各的短处，如果要一个人能发挥出最大力量，那就是竭尽其能，即用其长处。这是人最普遍的特点，曾国藩了解这样的特点，并将其纳入用人的绝学中，如此一来，不管什么人，只要到了他的麾下，都能够被其所用。任何人在他那里，都找到了生存的价值，同时，曾国藩也达到了自己的目的，可谓是一举两得。

心理支招

鬼谷子所说的损悦，意思是即使最微小的变化，也不可不细察。世间万物有成有败，有偶然巧合，其间存在的隐微变化，不能不仔细观察，而观察言辞要与事物相结合，通过细节识人的方法确实非常特别，不过却很少被用。

鬼谷子曰：『持枢，谓春生、夏长、秋收、冬藏，天之正也，不可干而逆之。逆之者，虽成必败。故人君亦有天枢，生养成藏，亦复不可干而逆之，逆之虽盛必衰。此天道、人君之大纲也。』

鬼谷子说：『持枢，就是掌握行动的关键，控制事物的规律。比如春季耕种，夏季生成，秋季收割，冬季储藏乃是天时的正常运作规律。不可惊反这一自然规律，而例行逆施，凡是违反自然规律的，即使成功一时，也终究必败。』

由此而知，人君也有他必须遵循的客观规律。他要组织百姓生产生活，教养万民，收获，储藏等。也不能违抗这些规律，如果惊逆客观规律，即使表面上看似强大，也必将衰弱。这是客观规律，是人君必须遵守的大纲纪。

第一节 借力行事——借力顺势而行

　　从小我们就被教育要个人奋斗，自己的事情需要自己去做，不要把希望寄托在别人身上，凡事都要自力更生。虽然，这么多年来，我们从来没有否定个人奋斗的重要性，但当我们个人付出了很多的努力却难以得到回报的时候，难免产生一种忧闷的情绪，甚至灰心丧气、一蹶不振、自暴自弃。实际上，假如我们从另一个角度去想，想想如何借力行事，从而永远保持着积极向上的心态，这无疑是一条通往成功的蹊径。当然，这样的借力行事，并不是要我们完全摒弃个人奋斗，任何事情都需要依靠外力来帮忙。真正的借力行事，就是在我们原有努力的基础之上，巧妙外借他人之力，顺应天势，以此来达到我们预期的目的，这就是人生中的大智慧。孙中山曾说过："世界潮流，浩浩荡荡，顺之者昌，逆之者亡。"世间的任何事物都有其规律可循，只有顺势而为，才能事半功倍，即使是伟人，他们也不能逆势而为。而且，自古以来，人们就讲究"天时、地利、人和"，方能成就大事。实际上，这都是借外力而为，顺势成事才是真正的大智慧。所以，当我们直接前行却难以取得大的成就时，不妨舍弃坚持，借力行事，顺势而为之，必将成大事。

　　荀子在《劝学》中就曰："假舆马者，非利足也，而致千里；假舟楫者，非能水也，而绝江河。君子生非异也，善假于物也。"寥寥数语就道出了人生的大智慧，君子其实与其他人并没有大的差别，就是因为他们善于借助和利用外物而已，这就是一种善于借助外力的大智慧。因为一个人的能力

往往是有限的，你必须借助外界的力量来达成自己的目的，借他人之力来促使自己成功。在现实生活中，一个人要想成就一番事业，仅仅凭借单枪匹马是无法实现的，他或多或少都会依靠外来的力量，比如地位、名望、财富或者权力，否则他就举步维艰。比尔·盖茨曾经说过："一个善于借助他人力量的企业家，应该说是一个聪明的企业家，在办事的过程中善于借助他人力量的人也是一个聪明的人。"因此，在人生的路途中，当你拼命向前冲并不能解决问题时，就要学会舍弃一些坚持，必须借助他人的力量来增强自己的力量。

成吉思汗被世人称为"一代天骄"，可是，成吉思汗在历史上几次大规模的战争中都处于劣势，为什么大多以胜利而收场呢？

其实，成吉思汗善于利用外力来为自己打天下。他利用了札木合、王罕与蔑儿乞人之间的宿怨，利用塔塔儿人与王罕的旧仇，利用札木合与王罕之间的新隙，成功地分化了阿兰人与钦察人，然后各个击破，最后征服了整个东欧草原。他对待敌人时利用敌人内部矛盾，如利用札木合与他一些下属之间的矛盾，利用王罕父子之间的矛盾等。在扩张过程中，他利用金夏之间的矛盾，攻下西夏，从根本上清除了两国联合御敌的可能；而在攻打曲出律时，他又利用西辽的阶级矛盾与宗教矛盾，分化瓦解了曲出律的势力，使曾经强大的西辽变得不堪一击。

每当成吉思汗征服了一个地区，他就把所俘获的俘虏杀了，妇女掳为己有，儿童抚养长大成为蒙古的新生力量，不杀的男丁、士兵则编入了军队，充当伪军去进攻敌人。所以，随着蒙古大军的扩张，成吉思汗的军队不减少反而增多。另外，他还常用俘虏去攻打敌人，当攻下一个地区之后，他就把那些俘获的百姓安排在军队前面，让那些百姓充当"挡箭牌"，一般守城的士兵见了自己的同胞都会手软，自然大大减轻了对方军队的战斗力。

成吉思汗借助了敌人的力量，成就了"一代天骄"的美名。在他兵力尚不雄厚的时候，他就先后联合了"草原雄鹰"札木合和王罕，依靠联合他人的力量来成就自己的事业，最后成为草原霸主。事实上，许多历史上成大事

者都很善于借助他人力量来使自己获得成功。三国时期，草船借箭的故事几乎家喻户晓，试想，如果当时孔明坚持自己造弓箭，那肯定会以失败告终，所以，他借助外力获胜，也令周瑜刮目相看。

心理支招

鬼谷子认为，我们需要顺应规律，善于借力，如此才能顺势而行。无数的例子告诉我们，借力行事是获取成功的法宝。一个人的力量毕竟是有限的，而你要想在人生的道路上获得成功，除了靠自己的努力奋斗，有时候还需要借助他人的力量，就像三月里的风筝，凭借好风力，才得以望尽大好河山。所以，必要的时候，我们要摒弃"一意孤行"的固执，学会善于借助外力来获得成功。

第二节　乘势而行——借得东风好使船

有句老话说得好："做事情要如中国一句成语说的'与其待时，不如乘势'，许多看起来难办的大事，居然都顺顺当当地办成了，就是因为懂得乘势的缘故。"与其等待机会，不妨乘势而行，这样，机会反而掌握在自己手中。许多经验告诉我们，在事情的发展过程中，升势可能在跌势中产生，衰退也会从高潮中出现，因此，时机的选定是需要靠自己的，与其待时，不如乘势，如此，才能达到事情的尽善尽美。成功学大师卡耐基说："一个把握眼前机会的人，十有八九可以成功。"机遇来了，就应该抓住机遇，顺风而上，如此，何乐而不为呢？

在鬼谷子看来，一个人若是真正地把握机会，让机会变成实实在在的财源，出手要快，更重要的一点就是学会乘势而行。得时，乘势得在时，不在争；机会大小在势，能否赚到大钱要看势有多大，势大机会就大。关于时势，自有一番分别："时，需要等待，是一种天道酬勤的等待；势，可遇而不可求。时，要因时而动，时动则动；势，要顺势而为，赚足趋势。"如此，才能时势造英雄。很多时候，我们总是在等待机会的来临，殊不知，形势已经变了，之前所等待的机会如今就在眼前，那么，就要学会乘势而行，抓住机会，方可成功。

胡雪岩帮助左宗棠筹办船厂就是乘势的结果，而在这之前，他对"乘势"自有一番理解。

在一次闲聊之余，左宗棠对胡雪岩说："有句话叫'与其待时，不如乘

势’，许多看起来难办的大事，居然顺顺利利地办成了，就因为懂得乘势的缘故。谈到势，要看人、看事，还要看时。人之势者，势力，也就是小人势力之势，当初我几乎遭不测之祸，就因为湖广总督官文的势力，比湖南巡抚骆秉章来得大，朝中自然听他的，他要参我，容易得很。”

胡雪岩回答说：“是的，同样一件事，要看什么人说。”左宗棠接口说：“也要看说的是什么事？以当今大事来说，军务重于一切，而军务之急，肃清长毛余孽，又是首要，所以我为别的事说话，不一定有力量，要谈入闽剿匪，就一定会听我的，你信不信？”在谈到筹办船厂的事宜时，左宗棠说道：“办船厂一事，要等军务告竣，筹议海防，那才是一件大事。但也要看时机。不过，我们必得自己有预备，才不会坐视时机。你懂我的意思了吧？”胡雪岩自然深谙其中之意。

果然，胡雪岩在借款筹办船厂的时候，认准了形势，一办就成。

一件事情的成功在于天时地利人和，其中的“时”就是时机，若是时机不对，那么，事情自然会有所差池。我们常说：“此一时，彼一时。”其实，所道出的就是时势之妙。很多时候，即使同样一件事，你此时去办，有可能花了精力与财力都不能办好；而彼时去办，却是不办则已，一办即成。其中的玄妙之处在于，事情本身并没有改变，而是外在的形势变了。胡雪岩正是掌握了其中的奥妙，认准了形势发展的需要，促成了筹办船厂和向洋人借款的事宜。

村长很早就想经营养殖业，可是，在一个穷苦的小山村，谈何容易？比如说，养鱼，光是水源就是一大难题。无奈之下，村长只好作罢，日出而作，日落而息，耕种着自己那三亩田地。

去年，经常干旱的山村竟然迎来了一场暴风雨，三天三夜后，山洪暴发，把村长家仅有的三亩田冲成了大坑，积了十多米深的水。全家人见此情景，愁眉不展，感到生活没了希望。村长围着大坑走了几圈，突然笑了起来，他对家人说：“这不是上天给了我一个大鱼塘嘛，既然不能种地了，那就养鱼呗。”说干就干，他先到一个养鱼专业户那里学习了养鱼技术，又借

鬼谷子的心理智慧

钱买来了鱼苗，年底，他还清了所有的借款，还剩下一万多元。

从养鱼中尝到甜头的村长索性干到底，第二年，他又养鱼又养蟹，一年下来挣了好几万，这可比以前土地经营划算多了。

村长因祸得福，实际上他是乘势而上，如果没有那场山洪，他就圆不了自己的梦想；如果没有失去土地，他有可能还在土地上经营，那么，只能够温饱，哪能发家致富呢？本来，当形势未变的时候，即使花了大量的精力，也不能将事情做好；一旦形势有所变化，那些之前看起来困难的事情也变得简单了。所以，与其待时，不如乘势，借着东风的力量，才能将船只划得更快更远。

心理支招

鬼谷子认为，一个人善于乘势而行，这样才能行得更远，更稳当。俗话说："借得东风好行船。"东风所指就是势，若是没有东风，行船速度缓慢，不仅白花力气不说，还会耽误行程；相反，若是有了东风，船就能顺势而下，既节省力气，又不耽误行程，岂不美哉？现实生活中，我们既要善于发现时机，还需要关注大形势的变化，有时候，形势一变，就可能生出许多机遇，这时我们就要抓住机遇，顺势而上，自然事半功倍。

第三节　顺应环境——不惧怕陌生

　　鬼谷子主张顺应大自然规律，那作为我们则应该顺应这个社会环境。一个人总是要看陌生的风景，结识陌生的人，甚至，生活在一个陌生的环境里。因为这个世界是变化莫测的，如果我们固执地待在最初的原点，那么，我们将不能适应这个世界的变化，并逐渐被这个世界所淘汰。当然，对于大多数人来说，他们更喜欢接触熟悉的人和事，因为熟悉，内心少了恐惧。在陌生的人和事面前，人们往往乱了阵脚，多了胆怯，他们不知道自己该说什么话，该做什么事情，甚至，他们根本不知道自己应该把手放在哪里才好。既然，陌生的风景、陌生的人、陌生的环境是我们无法拒绝的，为什么不试着慢慢接受呢？其实，人生一直是在适应中体味快乐，我们又何必那么惧怕陌生呢？

　　成功学大师拿破仑·希尔曾讲述了这样一个故事：

　　一位将军去沙漠参加军事演习，妻子塞尔玛需要随军驻扎在陆军基地里。由于沙漠气候干燥高热，全然陌生的环境，令塞尔玛很难受，而身边又没有可以倾诉的人，陷于孤独的塞尔玛经常给父亲写信，在信中透露出自己想回家的强烈愿望。然而，当她拆开父亲的回信时，发现只有短短的两行字："两个人从牢中的铁窗望出去，一个看到泥土，一个却看到了星星。"父亲的回信令塞尔玛十分惭愧，她决定要在沙漠里寻找星星。

　　从此以后，塞尔玛开始与当地人交朋友，互相赠送礼品，闲来无事，她开始研究沙漠里的仙人掌、海螺壳。慢慢地，她迷上了这里，通过亲身的经

历，她写出了《快乐的城堡》。

沙漠并没有改变，当地的印第安人也没有改变，是什么使塞尔玛的生活发生了巨大的变化呢？心态，当然是心态，以前惧怕陌生的塞尔玛看到的只是泥土，但是，当心态发生变化之后，她开始慢慢适应这个陌生的环境，并在体味中追寻到了快乐，甚至，她在沙漠里找到了星星。

王先生热衷于广结朋友，而他最擅长的就是与陌生人打交道。有朋友问他："面对陌生人，你不害怕吗？"

王先生哈哈大笑，回答说："我这个人可从来不提倡'不要和陌生人说话'，相反，我觉得与陌生人聊天乃是人生的一大乐趣。前不久我回老家，坐在拥挤的大巴车里，人们用熟悉的乡音聊天，一位年逾70的老大爷跟我们讲了他参加革命的故事，我就特别喜欢，时而询问两句，看着他那颤动的皱纹，我觉得自己又结交了一个朋友。虽然，下车后，我们各走各的，可能以后都不会见面了，但是，他所讲述的那些故事，以及他这个人，都有可能成为我故事里的素材，我仍记得，我曾跟这样一个陌生的大爷在一辆破旧的大巴车上热情地聊天。"

朋友笑了，问道："难怪你能讲出那么多好听的故事，不认识你的人还以为你经历了很多事情呢？"王先生笑着说："其实，那些故事都来源于陌生人。人们常说'行万里路'，事实上，我与那些不同的人打交道，听不同的故事，认识不同的人，我又何尝不是行万里路呢？对于我来说，比起那些熟悉的朋友，有时我更愿意接触陌生人。"

与陌生人结识其实就是一段新奇的旅程，在这段旅程里，你会结识不同于以往所接触的人，包括他的秉性、长相、说话方式，以及发生在他身上的故事。其实，在这个世界上，对我们来说并没有绝对陌生的东西，因为一切陌生的人或事都会慢慢地变得熟悉起来。那熟悉的过程，事实上就是体味快乐的过程，有时候，快乐就是如此简单，比如听别人的故事。

心理支招

　　鬼谷子认为，只要你顺应了这个环境，那就不会陌生，那就万事皆好。"陌生"这个词儿常常会唤起人们内心的胆怯，人们害怕去接触，更害怕从一个熟悉的环境到一个全新的环境。其实，这样的心理是可以理解的，从陌生到熟悉，需要一个漫长的过程。但是，如果换一个角度，你就会发现，所谓的"陌生"其实就相当于一段新奇的探索之旅。在陌生的环境里，你会结识新的朋友，新的同事；你会有一间跟以前全然不同的房间，或许，你早就厌倦了之前的摆设，趁机可以重新装饰；你会有一种新的生活方式，以前那循规蹈矩的生活你早就厌倦了，为什么不趁机改变呢？在适应陌生的过程中，其实你一直都能体味到那种"新奇"的快乐，因为所有对你来说都是未知的，新鲜的，自然也是乐趣无穷的。

第四节　顺应时势——开阔思维新潮流

鬼谷子认为，我们应该顺应自然规律，在现实生活中则应该顺应时势，开阔思维，与时俱进。有这样一句老话："牢骚太盛防断肠，风物长宜放眼量。"做任何一件事，我们都要将目光放长远，与时俱进，无论是思维还是计划都需要超前，不能只顾盯着眼前，因为鼠目寸光是永远不可能做成大事的。在工作中，解放思想就是一种与时俱进，一些陈旧的思维和观念在我们头脑中根深蒂固，随着时间的推移，慢慢地，它变成了我们前进中的阻碍，脑中有了好的想法，可思维和计划却总受到陈旧观念的束缚，最后，我们什么事情都做不好。要想与时俱进，就要摒弃脑中那些陈腐观点，为大脑注入新的思想和观念。

曾国藩是传统文化的代表，可是，他本身并不拘泥于传统，他懂得，一个人既要务实，又不能因循守旧。于是，在他的一生中，思想经历了几次大的变化，对于"解放思想"这几个字，他几乎说到做到。

刚开始的时候，曾国藩致力于辞章之道，希望成为一名理学大师。不过，在这之中，他加入了经济的思想，而且，在他的推动下，编撰了《船山遗书》，彰显了经世哲学。太平天国时期，曾国藩一改传统思想，一个文弱书生竟然带起了兵。平定太平天国过程中，他解放了申韩之术，对待敌人，他异常冷漠，杀人如麻，由此获得了"曾剃头"这个绰号。等到太平天国平定以后，曾国藩开始修身养性，他主动裁撤湘军，并让功劳最大的弟弟回家养病，对此，曾国藩不仅能灵活运用传统文化，而且，他还懂得与时俱进。

曾国藩说："前世所袭误者，可以自我更之，前世所未能及者，可以自我创之。"这句话揭示了"与时俱进"精神的实质。曾国藩成为最早推动洋务运动之人，他派出了第一批留学生留学国外，学习西方科学技术。另外，他还引进了一系列科技人才和翻译人才，希望能够为国人所用。今天，我们不得不说，曾国藩与时俱进的思想，对中国近现代社会的发展产生了积极的作用。

一提到传统文化，有的人就会想到思想陈旧的老顽固，不过，对于曾国藩来说，他的解放思想不仅仅体现在为官上，更形象地体现在家庭教育上。熟悉曾国藩的人都知道，他有两个儿子，一个是能说一口流利英文的外交家曾纪泽，一个是著名数学家曾纪鸿。与曾国藩同一个时代的人，他们所读的书都是程朱理学，都是四书五经，但是，曾国藩却脱颖而出，这应该得益于他不唯书，敢于突破程朱理学的新思想。

创业之初，威尔逊的全部家当只有一台分期付款的爆米花机，价值50美元。第二次世界大战之后，威尔逊做生意赚了点钱，他决定做地皮生意。当时，在美国做地皮生意的人并不多，战后大多比较穷，买地皮修房子、建商店的人很少，地皮的价格也很低。

当威尔逊骄傲地宣布自己的决定时，他遭到了亲朋好友的反对，大家都对他说："你的决策是不是有问题，你应该慎重考虑一下。"然而，威尔逊却坚信自己的决策是正确的，他认为家人和朋友的目光太短浅了，美国毕竟是战胜国，其经济应该很快就能进入发展期，到那时买地皮的人增多，地皮的价格就会暴涨。

于是，威尔逊用自己的积蓄再加上贷款在市郊买下了很大的一片荒地，然而，这块土地地势低洼，不适宜耕种，简直无人问津。不过，威尔逊还是决定买下这块土地，他预测：美国经济很快就会复苏，城市人口增多，市区会不断扩展，必然向郊区延伸，不久之后，这块荒地就会变成黄金地段。

一两年过去了，威尔逊的预言成真了，美国城市人口剧增，市区迅速发展，大马路一直修到了威尔逊那块土地上。这时，人们发现这块土地风景宜

人，是夏天避暑的好地方。于是，这块土地的价格倍增，很多商人竞相出高价购买，但是，威尔逊却有着长远的打算。他在这块土地上盖起了一座"假日旅馆"，由于地理位置比较好，开业后生意非常兴隆，从此以后，威尔逊的生意越做越大，在世界各地都有威尔逊的"假日旅馆"。

虽然威尔逊创业的决定遭到了亲朋好友的反对，他们对于威尔逊的计划颇为不屑，甚至认为他的决策有问题。但是，威尔逊自有一番见解，认清了当下时局，分析了经济的走向，他没有局限在陈旧的思维和观念里，而是思维和计划都超前，事实证明，他的决定是明智的，凭着长远而敏锐的眼光开创了自己的事业。如果，威尔逊当初没有坚持自己的意见，放弃了地皮生意，那么他将是另外一种命运了。其实，完成任何一项工作任务，我们都要将思维提前，这样，一方面可预料到即将出现的问题，尽早做好准备；另一方面，灵活的思维将为你的成功多增添一个筹码。

心理支招

鬼谷子告诫我们，要想搭上潮流这艘船，就需要开阔思维，大胆创新。当然，放弃陈旧思想是需要勇气的，毕竟思想已经成为习惯，而对于新思想未出现之前，陈旧的思想和观念是一种权威，所以说，与时俱进也是一种勇气。传统的思想是值得尊崇的，但是，尊崇并不等于到此为止，故步自封，当身边的事物都发生了变化，你的思想和观念依然不变，你就会被时代所抛弃。

第五节　顺势而为——百战不殆

鬼谷子主张顺势而为，简单地说，就是做事要顺应潮流，不要逆势而行。老话说得好："留得青山在，不愁没柴烧。"我们生活在这个世界上，会遇到很多事情，有些事情做起来比较顺利，有些事情做起来却困难重重，有些事情根本做不好。对于这些，有人归结为"命"，命运好的人，运道亨通，做事顺利，没有阻碍；运气差的人则处处受阻，哪怕看似水到渠成也会功亏一篑，而且别人能做的事情换你来做就不行。其实，细细想来，事情成功与否可以归结为一个字——势。若顺势而为，如水推舟，事半功倍；若逆势为之，则逆水行舟，艰难险阻，功败垂成。所以，一个人能干成大事，并不是他有多大的本事，也不是我们所说的这个人命有多好，而是他顺应了大势，时势成就了他，这就是所谓的"时势造英雄"。

1993年，陈志刚到圣彼得堡市留学，当时正值俄罗斯经济转轨，各种生活物资都很匮乏，国内有许多人扛着大包的生活物资到俄罗斯倒货，大发横财。陈志刚鼓起勇气，尝试着做了第一笔生意。没想到，这笔生意很顺利，因此赚到了100多美元，他对此很有成就感。当时学校的课程不多，于是课余时间，他都用来做生意。到了1996年，业务已经很繁忙，尽管他一个月只工作八天，却可以赚上万美元。博士毕业后，他决定留下来，继续做生意。

1998年年底，正是陈志刚生意最火爆的时候，但是他却在这时作出了一个决定：退出皮货市场。接下来他清空了所有的货物，在俄罗斯房地产比较混乱的时候，陈志刚用了自己所有的积蓄买了一处房产，并把它装修一新，

起名北京饭店，开起了中餐馆。原来，他发现俄罗斯经济开始复苏，这个国家将广泛地与世界各国进行交流，他们热爱古老的东方文化，爱上了中餐，认为吃中餐是一种时尚。陈志刚正是抓住了这个时机，准备全力以赴经营餐饮业。

正当北京饭店的生意如火如荼时，陈志刚又出人意料地在一个既无人气，更谈不上地段的，甚至很混乱的地方——一处买卖牲畜和干草的广场旁买了两处房产，同样开中餐馆。他认为，他看好的这个地方，将成为圣彼得堡将来的商业中心，因为他太了解这座城市了。300多年来，这座城市几乎保存了各式各样的旧式建筑，闻名的不闻名的，通通都不允许破坏原样，所以圣彼得堡是世界上唯一一座被列为世界文化遗产的城市。

事实也正如他所料，仅仅五年时间，这个昔日又脏又乱的地方，变成了圣彼得堡繁华的商业中心了，他的香港饭店，赚足了大钱不说，他购买的房产，也是24小时都在增值。此时，虽然他已经组建了一个相当大的国际兄弟贸易集团，旗下包括饭店、旅游、贸易清关、航空票务等一系列分公司，但他又从房产的巨大增值，看到了新的商机——解决老百姓的居住问题，已经成为俄罗斯的基本国策。

陈志刚又立马投身到建筑业，他在当地寻找专业的合作伙伴，主要做设计，掌控建筑风格和建筑标准，然后从中国找建筑队，他的房地产业很快紧锣密鼓地开张了。而且，他的工地搞得热火朝天，连州长都跑去参观，说是二十年没有见过这样的工地了！

顺势而为，百战不殆。回顾陈志刚在俄罗斯将近十五年的时间，从做皮货，开餐饮，到做房地产，都正好适应了苏联解体，俄罗斯陷入极度困境的情况下，从解决穿衣问题开始，到追求饮食文化，再到现在的对居住的需求，每一次都是凭着他深厚的文化素养，把圣彼得堡的历史、政治、经济等环境研究得一清二楚，把握了经济发展的趋势，才以敏锐的眼光捕捉到一个又一个商机，顺势而为，因此成就了他今日的辉煌。

心理支招

　　鬼谷子告诫我们，凡事应顺势而为。顺势而为，关键在于一个"势"字，要有一双慧眼，判明大势进退；要有一颗明亮的心，悟达通透。只有看得清，瞅得准，心如明镜，才会知晓大方向，大趋势，知进退。关键在于一个"顺"字，顺应，顺道，顺利，而不是悖逆，逆反，这样朋友不容你，环境不容你，世道不容你。关键在于一个"为"字，只有作为才能成就事业，只有作为，才能通向未来。切记，你改变不了世界，只有改变自己，你让世界适应你，只会头破血流，你主动适应世界，才会顺风顺水，一帆风顺。

第十五篇 中经

『中经』所说的是那些救人危难，给人教诲和施以大恩大德的人。如果他们救助了那些拘捕在牢房的人，那些被救者，是不会忘记其恩德的。能言之士，能行善而广施恩惠，有德之人，按照一定的道义准则去救助那些被拘押的人，被拘押的人一旦被救，就会感恩而听命了。一些士人，生不逢时，在乱世里侥幸免遭兵乱；有的因善辩而受残害；有的起义成为英雄，更遭受陷害；有的恪守善道；有的虽遭失败，却自强自立。

所以，恪守『中经』之道的人，推崇以『中经』之道施于人，而不要被他人控制。控制他人者掌握主动权，而一旦被他人控制，就会失去许多机遇。

第一节　以貌识人——脸型透露其性格

鬼谷子曰："见形为容，象体为貌者，谓爻为之生也，可以影响、形容、象貌而得之也。有守之人，目不视非、耳不听邪，言必'诗''书'行不僻淫，以道为形，以德为容，貌庄色温，不可象貌而得也，如是隐情塞郗而去之。"

鬼谷子说："所谓'见形为容，象体为貌'，是因人而变化的人的行为，可以影响形容和相貌。伪狡者，仅凭他们的形容和外貌就可以识别他们。而恪守道德的有为之人，他们不看非礼的东西，他们不听邪恶之言，他们谈论的都是《诗经》《尚书》之类，他们没有乖僻淫乱行为，他们以道为外貌，以德为容颜，相貌端庄、儒雅，不是光从外貌就能识别他们的，常常是隐名埋姓而回避人世。"

鬼谷子认为，所谓"见形为容，象体为貌"，是因人而变化的人的行为，可以影响形容和相貌。古人曰："人心之不同，各如其面。"人也许可以控制自己的言谈举止，但是，却绝对控制不了自己的外形容貌。而且，一个人的外形容貌则是其内心世界的显示屏，从它所流露出的是比言行举止更真实的信息。了解一个人，首先要从其外形容貌开始，这也是最直接的方式，比如一个人的脸型就预示其内在性格。

婴儿时期，我们的脸没有经过雕琢，不知道长大后会变成什么样子。走

过青春，步入成年之后，我们的脸型固定下来，那些岁月慢慢地在脸上留下了印记。脸型，不仅记载了我们的过去，似乎也代表了我们美好的未来。在这个世界上，并没有两张完全相同的面孔，即使常人无法分辨的双胞胎，经过精密的肌肉测定，也可以找出其中的差别来。尽管如此，我们还是归纳出一个分类的标准，有的人脸方，有的人脸圆，有的人脸呈倒三角形，等等，这就是脸型。脸型取决于颊骨、颚骨与肌肉的纹理以及结构，对此，自古以来，脸的形状就被用作判断命运、性格的重要依据。

心理支招

如何做到鬼谷子所说的以貌识人呢？林肯曾说："人生到了40岁，就必须对自己的脸负责。"其实，脸型除了记录喜怒哀乐，也印刻着一个人的性格，从面相窥探其性格，这并不是没有任何根据的。

1.圆形

拥有圆形脸的人，性格温和，这样的人，其体形多半也是圆圆的。平日里待人温和，与任何人都能相处融洽，有着较强的亲和力。他们喜欢遵守规范，思想与行为都比较保守，多喜欢休闲、有规律的生活。在性格方面，偶尔也会任性，不过，面对他人的请求，很难拒绝，是少见的老好人。

2.四角形

这类人脸型方正，下方呈四角形，脸颊骨发达，嘴唇薄，口大。拥有这类脸型的人大多是运动员，个性积极，有着较强的意志力，哪怕遇到了挫折也绝不放弃。木身有着强烈的正义感，不喜欢迁就别人，不懂得通融，只要是自己认定的事情就一定坚持到底，经常与人发生冲突。

3.倒三角形

这类人额头比较宽，脸型往下巴方向开始变窄，形成了倒三角形的脸。他们做事喜欢一丝不苟，如果不能按照自己所想的去做事，常常感到很焦躁。不过，在作决定的时候，缺少果断，常常优柔寡断。做事的时候，如果

过于自信，妄自行动，有可能会失败。

4.混合脸型

这类人要么脸型有棱有角，要么额头小颧骨宽大。他们的个性比较顽固，从来不认输，有些神经质，爱慕虚荣，似乎没有什么优点。不过，做事的时候，表现得异常积极。他们遇到与自己志同道合的人就很高兴，与之相处也十分融洽，但是，只要对方身上有一点是自己不满意的，他就会全盘否定对方。

5.细长型

这类人脸型比较长，下巴呈四角形，口鼻显得小巧。他们对细微的事情也能考虑到，待人热情，比较擅长交际。从表面上看，他们比较通情达理，但是，有时候，却很难表达自己的心意，在与人交流的时候，容易发生冲突。

6.方形脸

这类人脸型方而大，有棱有型。做事时胆大过人，喜欢冒险，不过，总是草率鲁莽，缺乏周密的思考。在交际中，很容易得罪人。他们思考问题的时候，常停留在表面，看不到隐藏的忧患。平日里爱憎分明，对喜欢的人就是一张笑脸；对自己讨厌的人，则会摆出一张臭脸。

另外，还有轮廓明显、五官端正的方形脸，与上一类的区别在于下颚。这类人的脸型下颚比较柔顺，他们崇尚中庸，既遵守规则，又有一定的弹性，眼光长远，是典型的领导人才。这类人举止大方稳重，富于机智，待人诚恳，在人们中比较有威望。

第二节　闻声和音——量体裁衣好办事

鬼谷子曰："闻声和音，谓声气不同，则恩爱不接。故商角不二合，徵羽不相配。能为四声主，其唯宫乎？故音不和则不悲，不是以声散伤丑害者，言必逆于耳也。虽有美行盛誉，下可比目，合翼相须也，此乃气不合、音不调者也。"

鬼谷子说："'闻声和音'，听到声音是否与之相和，也是一种方法。如果说人与人意气不相投，也就不接受对方的恩爱友好。就如同在五音中，商与角不相和，徵与羽不相配一样。能成为四声的主音唯有宫声而已？所以说，音声不和谐，悲伤韵律是不会产生的，散、伤、丑、害都是不和之音，如果把它表现出来一定是很难入耳的。如果有美好的言行，高尚的声誉，却不能像比目鱼或比翼鸟那样和谐，也是因为气质不和，音不协调所致。"

鬼谷子认为，"闻声和音"，听到声音是否与之相和，也是一种方法。如果说人与人意气不相投，也就不接受对方的恩爱及好。人际交往中，需要有效地揣摩对方的心思，了解其心理需求，才能够进行更为有效的交流。但是，当你清楚了解对方的心理需求，更需要懂得如何"量体裁衣"。俗话说："知己知彼，百战不殆。"在交往中，知彼很重要，它可以让我们掌握对方的一些信息，了解其心理需求。而在实际交流中，我们就会借助那些信息以及对方的心理需求，对症下药，这样才能使双方之间的交流更加畅快。

其实，每个人都有自己的心理需求，有的人喜欢听好听的话，有的人喜欢占点小便宜，有的人喜欢被别人赞赏，有的人喜欢表现自己。这其实都是形形色色的人的各种不同的心理需求，而他们在某一固定阶段也会有其固定的心理需求，这当然要从其具体生活环境或工作环境，还有其心理环境来洞察其当时的心理需求。在交际中，只要我们能够有效地掌握对方的心理需求，再对症下药，就能够取得人际交往的成功。了解对方的心理其实并不困难，我们通过仔细观察对方的言行举止就可以洞察对方在想什么，需要什么。而更为重要的就是懂得如何对症下药，面对不同心理需求的人，我们需要投其所好，迎合对方的心理需求，寻求对方的一种认同感，消除对方的戒备心理和警惕心理，有效地进行思想上的沟通。

袁世凯窃取了辛亥革命的胜利果实，掌握了中华民国临时大总统权力后，整天做着自己的皇帝梦。一天，袁世凯正在午睡，一位侍婢端来参汤，等袁世凯睡醒后喝。谁知这位侍婢在进门的时候，不小心趔趄了一下，虽然身子稳住了，但却将手中珍贵的羊脂玉碗打翻在地，化为碎片。玉碗的破碎声惊醒了袁世凯，他一见自己心爱的羊脂玉碗被摔得粉碎，气得脸色发紫，大声吼道："今天俺非要你的贱命不可！"

在这关键时刻，婢女连忙跪着哭诉："这不是小人之过，婢女有下情不敢上达。"

袁世凯大骂道："快说快说，看你死到临头，还能编出什么鬼话。"

侍婢哭着回答："小人端参汤进来，看见床上躺的不是大总统。"

"混账东西，"袁世凯更加怒不可遏，"床上不是俺，能是啥？"

"小人不敢说，怕人哪！"婢女哭声更大了。

袁世凯气得陡然立起，咬牙切齿地说："你再不说，瞧俺不杀了你！"

"我说，我说。床上，床上……床上躺着一条五爪大金龙！婢女一见，吓得跌倒在地……"

袁世凯一听，不由得一阵狂喜，心想：原来自己真的是真龙转世，一定会登上梦寐以求的皇帝宝座的。顿时，袁世凯怒气全消，还拿出厚厚的一沓

钞票为婢女压惊。

那位婢女是何等的聪明，她整日侍奉袁世凯，当然对他梦想当皇帝的心理体察入微。当宝碗玉碎，自己的性命眼看不保，她情急智生，顺口编出"五爪金龙惊落玉碗"的故事。而这个故事正是对袁世凯心理需求的对症下药，满足了其心理需求，顿时使袁世凯转怒为喜。于是，婢女不仅保住了自己的小命，还得到了意外的赏赐，这就是她不仅了解袁世凯的心理需求，更懂得如何对症下药。由此可见，在交际中了解对方的心理需求，懂得如何对症下药是非常重要的。

心理支招

鬼谷子主张"闻声和音"，就是对方有什么需求，我们就迎合其心理，真正做到量体裁衣。西方心理学家马斯洛说，人的需要由低级向高级分为五个层次，排列为：生理的需要，安全的需要，从属和爱的需要，尊重的需要，自我实现的需要。而我们需要做的就是将这些心理需求应用于交流之中，学会洞察人心，了解对方最为迫切的心理需求，有的放矢，并且采用"对症下药"的方式予以满足，就会使之产生所需求的行为。一般来说，人与人之间大多是通过语言或行为进行交流，那么首先你就要在这两方面下功夫。

有的人喜欢听好听的话，那么你不妨投其所好，适当地对他说一些好话，就会赢得对方的好感；有的人不喜欢别人的恭维，那么你说话时就要把握好一个"度"，言语真诚而不显阿谀，态度友好而不显谄媚。语言是人与人之间交往最基本的工具，所以交往中面对不同心理需求的人，要学会对症下药，说到对方的心坎儿上，才能够打动对方，从而进行卓有成效的沟通与交流。

不同的人有着不同的兴趣爱好，那么你在与其交谈的时候，不妨巧妙地把话题引到对方所感兴趣的话题上来。比如，他比较喜欢收集纪念品，那么你不妨也谈谈关于收藏的价值，就会激发其谈话的兴趣；他比较喜欢音乐，

你不妨聊聊当下最流行的音乐。总之，他的兴趣爱好是什么，你们在进行语言交流的时候，最好从对方的兴趣爱好切入话题，这样才能使对方消除戒备心理，对你产生一种认同感。

其实，我们所面对的形形色色的人，他们都有着自己的性格，自己的兴趣爱好，自己的心理需求。不管对方有着怎样的心理需求，只要你能够有的放矢，对症下药，满足其心理需求，就会在交往中取得主导权，成为交际中的大赢家。

第三节　缀去之术——给予其能力的肯定

鬼谷子曰："缀去者，谓缀己之系言，使有余思也。故接贞信者，称其行、厉其志，言可为可复，会之期喜，以他人之庶，引验以结往，明款款而去之。"

鬼谷子说："所谓'缀去'的方法是说对于即将离开自己的人，说出真心挽留的话，以使对方留下回忆与追念。所以遇到忠于信守的人，一定要赞许他的德行，鼓舞他的勇气，表示可以再度合作，后会有期，对方一定高兴，以他人之幸运，去引验他往日的光荣，即使款款而去，也十分留恋于我们。"

鬼谷子认为，遇到忠于信守的人，一定要赞许他的德行，鼓舞他的勇气。表示可以再度合作，后会有期，对方一定会高兴。在生活中，我们也要善于肯定他人，认可他人。一个人的最大愿望不是自己拥有多么大的能力，而是在于他的能力被人所肯定。一个人的能力若是得不到任何人的肯定，那么他就不会发现自己的价值，不知道自己有何价值的人，那他潜在的能力又怎么会释放出来。在生活中，我们总希望自己的能力能被人所肯定，哪怕只有一个人，那也是对我们信心无比的鼓舞。其实生活中每一个人都如此。凡是能够带领自己的团队并获得成功的领导者，通常是一个善于赞扬别人的人，换句话说，他是一个善于肯定别人能力的人。他知道一旦员工的能力受

到肯定，就会激发他无限的潜力，爆发出惊人的创造力。聪明的领导者在肯定他人能力的同时，也收获了自己的成功。

卡内基的副手派伯中校是一位有些古怪、有些可爱的人。有一次，卡内基正准备在圣路易斯的某个地方为公司刚修好的一座桥征收税款。在这个关键时刻，中校派伯却突然想家了，他头脑一热，就想搭夜班车马上回匹兹堡。眼看着计划就要毁于中校的心血来潮行为了，卡内基灵光一闪，他没有乞求中校留下来帮他完成计划。相反，他不动声色地和中校谈起了另一个话题。平时，他就留意到，中校特别喜欢名马，并且对名马颇有研究。于是，卡内基就对中校说，以前他听人说过，圣路易斯专门产名马，因此一直以来，他就想给他的姐妹买匹好马，以供她们驾车，所以，他请求中校帮他挑匹好马，暂时不要急着回家。听了卡内基的话，这位可爱的派伯中校果然心甘情愿地留下了。

卡内基就这样把着急回家的派伯留下了，而且派伯没有一丝抱怨。卡内基肯定了派伯对名马的赏识能力，并且恰当地向他提出一些小小的帮助，就获得了自己事业上的成功。每个人都这样，当别人拜托自己帮个小忙时，通常会十分高兴，特别是当他人所请求的恰恰是自己最擅长的，尤其会更加乐意帮忙。因为，从某种程度上说，自己的能力已经得到了他的肯定。有的时候，我们面对的仅仅是一个普通人，但是一旦你对他的能力表示肯定，他就会从原来的不自信变得异常自信，就会认为自己是优秀的。在工作中，他就会爆发出强大的潜力。

有一位教育博士曾在一所学校做过一个著名的实验：新学期开始时，博士让校长把三位老师叫进办公室，对他们说："根据你们过去的教学表现，你们是本校最优秀的老师。因此，我们特意挑选了一百名全校最聪明的学生组成三个班让你们教。这些学生的智商比其他孩子都高，希望你们能让他们取得更好的成绩。"

三位老师都高兴地表示一定尽力。校长又叮嘱他们，对待这些孩子，要像平时一样，不要让孩子或孩子的家长知道他们是被特意挑选出来的，老师

们答应了。

一年之后，这三个班的学生成绩果然排在整个学区的前列。这时，校长告诉了老师们事情的真相：这些学生并不是刻意选出的最优秀的学生，只不过是随机抽调的最普通的学生。老师们万万没有想到，都认为自己的教学水平确实很高。

这时校长又告诉他们另一个真相，那就是：他们也不是被特意挑选出来的全校最优秀的老师，也不过是随机抽调的普通老师罢了。这个结果正是博士所料到的，因为这三位教师都认为自己是最优秀的，并且学生又都是高智商的，因此对教学工作充满了信心。

校长首先肯定了老师们的教学能力，所以老师们也认为自己是最优秀的，对自己的工作充满了信心。最终的真相是，其实老师和学生都是普通的，都是随机挑选出来的。但是依然能使学生的成绩名列前茅。当然，这其中离不开老师和学生的努力，但是最重要的还是老师们的能力被肯定了，他们对自己的教学充满了自信，从而激发出来无限潜力。

每个人都希望做一个强者，特别是在别人面前做一个强者。这样，既满足了自己的一种虚荣心理，又拥有巨大的成就感和自豪感。人际交往中，我们可以为了迎合别人的这种心理，而适当放低自己的姿态。有时候，我们需要别人的帮忙，而他具有这样的能力。那么，不妨让他做一回强者。我们要对他的能力表示赞赏和肯定，表示自己的敬佩之情，适时表现一下自己的谦卑。当我们的行为向他人传达一种信息：你很优秀，你很能干，在我面前，你就是一个强者，而我现在需要你的帮助。那么，他就会觉得自己高高在上，只是给你一点小帮助，他觉得这根本不是什么大事，并且会十分愿意帮助你。

心理支招

鬼谷子认为，生活中，给予他人适当的肯定，会让他人觉得你是欣赏

他的。同时，会让他人对你好感倍增，并且信任你、感激你。肯定他人的能力，会增强他人的自信心和自尊心；肯定他的能力，会激发他内在的潜力；肯定他的能力，也会使自己获得帮助。

第四节　摄心之术——鼓励+赞美=无穷潜力

鬼谷子曰："摄心者，谓逢好学伎术者，则为之称远方验之，惊以奇怪，人系其心于己。效之于人，验去乱其前，吾归于诚己。遭淫色酒者，为之术音乐动之，以为必死，生日少之忧。喜以自所不见之事，终可以观漫澜之命，使有后会。"

鬼谷子说："'摄心'的方法是，遇到那些好学技术的人，应该主动为他扩大影响，然后验证他的本领，让远近的人都尊敬他，并惊叹他的奇才异能，别人则将与自己心连心。为别人效力者，要将之与历史上的贤才相对照，称其与前贤一样，诚心诚意地相待，这样方能得到贤能的人。遇到沉于酒色的人，就要用音乐感动他们，并以酒色会致人于死，要忧余命无多，以此，教谕他们，让他们高兴地看到见所未见的事，最终认识到遥远的未来，使命之重大，使之觉得将会与我后会有期。"

鬼谷子认为，遇到那些好学技术的人，应该主动为他扩大影响，然后验证他的本领，让远近的人都尊敬他，并惊叹他的奇才异能，别人则将会与自己心连心。扩大对方的影响，其实就是给予鼓励，给予赞美，让远近的人都尊敬他，佩服其才能，这样对方才会与自己心连心。每个人都渴望鼓励与赞扬，哪怕只是一句简单的赞语，都会给人带来无比的温馨和振奋。某企业家曾说："人都是活在掌声中的，当部属被上司肯定、受到奖赏的时候，他

才会更加卖力地工作。"换句话说，巧妙地鼓励与赞扬，可以激发出一个人无限的潜能，鼓励与赞美合乎人性的交际法则，得体的赞扬，会使人感到开心、快乐，这时，他会发出这样的心声："他很清楚赞扬我的表现，我就知道他是真挚地关心我，尊重我。"同时，我们会得到意想不到的回报，那就是当人们感到自己的表现受到肯定和重视的时候，他们会以感恩之心表现得越来越出色，越来越精彩。

美国南北战争开始时，北方联军连吃败仗。后来林肯大胆起用了一位将军——格兰特。他出身平民，衣着不整，言语粗俗，行为莽撞，有人还说他是个酒鬼。林肯心里明白，所有对他的传言都是夸大之词……后来，竟然有人要求林肯撤掉格兰特的军职，其理由是说他喝酒太多。林肯则不以为然，他赞扬格兰特说："格兰特总是打胜仗，要是我知道他喝的是哪种酒，我一定要把那种酒送给别的将军喝。"格兰特没有辜负林肯的信任，为结束南北战争立下了赫赫战功，证明自己的确是一位能力卓越的将军。后来，他成为美国第十八任总统。

在这里，林肯适当的赞扬加鼓励，激发出格兰特将军潜在的热情，形成了良性的链状反应。而且，这是一种愉快的潜隐刺激伴随说服性交流信息而产生的巨大作用。最终，格兰特将军焕发出积极的热情，为结束南北战争立下了赫赫战功，他成了林肯所说的"总是打胜仗的将军"。

美国历史上第一个年薪过百万的管理人员名叫史考伯，他是美国钢铁公司的总经理。记者曾问他："你的老板为什么愿意一年付你超过100万的薪金，你到底有什么本事？"史考伯回答："我对钢铁懂得并不多，我的最大本事是我能使员工鼓舞起来。而鼓舞员工的最好方法，就是表现真诚的赞赏和鼓励。"简单地说，就是史考伯年薪过百万是因为他善于赞美他人。每一个人都渴望自己受到别人的赞美，希望自己的价值得到认可，这主要是源于其自尊心和虚荣心。

有一个女孩，5岁就开始登台演唱。她有着优美的歌声，她的天才从一开始就显现无遗。长大后，她的家人请了一个很有名的声乐老师来指导她，不

论何时，只要这女孩一想到放弃或节奏稍微不对，老师都会很细心地指正。后来，她的老师离开了，她那优美的歌声发生了变化，声带拉紧、硬邦邦的，不再像以前那样动听。渐渐地，几乎没有人邀请她了。后来，有一位推销员追求她，每当她哼着小调，或一个乐曲旋律时，那位推销员都会惊叹她的歌声的美妙："再唱一首，亲爱的，你有全世界最美的歌喉。"她开始重新焕发对音乐的热情，她又开始前往世界各地演唱。

他总是这样说，事实上，他并不确知她唱得好不好，但是他确实非常喜欢她的歌声。如此的赞扬与鼓励，使得小女孩的潜能被激发出来，我们可以预见，她日后肯定会成为一名出色的歌唱家，而这一切都源于赞扬与鼓励。

赞扬与鼓励，不仅满足了一个人的心理需求，而且还能够增强对方的自信心，激发其无限潜能，促使其不断地取得进步。生活中是不能缺少赞扬的，有了赞美才有了愉悦的心情，才能与他人建立和谐友好的人际关系。我们不仅要学会赞扬，而且，更需要不吝于赞扬，每个人都有其闪光点，当我们发现了对方的优点时，就要大方赞扬，不能吝于赞扬。

心理支招

鬼谷子的摄心之术，就是给予一个人真诚的鼓励和赞扬，这样才会征服其心。一个人被肯定，是他的价值得到了最期望的肯定，当他们得到赞扬和鼓励之后，会本能地焕发出更多的光和热。在日常交际中，我们要尝试着从对方身上寻找值得自己赞扬和肯定的闪光点，鼓励对方，并真诚地告诉他。

第五节 仁义之道——以真诚打动别人

鬼谷子的心理智慧

鬼谷子曰："守义者，谓守以人义。探心在内以合也。探心深得其主也。从外制内，事有系由而随也。故小人比人则左道，而用之至能败家辱国。非贤智，不能守家以义，不能守国以道，圣人所贵道微妙者，诚以其可以转危为安，救亡使存也。"

鬼谷子说："'守义'的方法说的是，自己坚持仁义之道，并用仁义探察人心，使对方从心底里广行仁义。从外到内控制人心，无论什么事，都可以用此而解决。而小人对待人，则用旁门左道，用此则常常会家破国亡。如果不是圣贤之辈，是不能用义来治家的，用道来守国的。圣贤是特别重视'道'的微妙的。因为'道'确实可以使国家转危为安，救亡存国的。"

鬼谷子认为，一个人需要坚持仁义之道，并用仁义探察人心，使对方从心底里广行仁义。从外到内控制人心，无论什么事情，都可以用此而解决。仁义，即真情实意。不管是治国还是治家，乃至对一个人，我们都要保持真诚的态度，如此才能施行所谓的仁义之道。信任往往是人与人之间关系的一座桥梁。这座桥梁是否坚固，就要看彼此是不是建立在信任基础上的交往，是不是彼此真诚的交往。戴维·威斯格特说："信任是一种有生命的感觉，信任也是一种高尚的情感，信任更是一种联结人与人之间的纽带。你有义务去信任另一个人，除非你能证实那个人不值得你信任；你也有权利受到另一

个人的信任，除非你已被证实不值得那个人信任。"

北宋词人晏殊，素以诚实著称。在他十四岁时，有人把他当作神童举荐给皇帝。皇帝召见了他，并要他与一千多名进士同时参加考试。结果晏殊发现试题是自己十天前刚练习过的，就如实向真宗报告，并请求改换其他题目。宋真宗非常赞赏晏殊的诚实品质，便赐给他"同进士出身"。

晏殊当职时，正值天下太平。于是，京城的大小官员便经常到郊外游玩或在城内的酒楼茶馆举行各种宴会。晏殊家贫，无钱出去吃喝玩乐，只好在家里和兄弟们读写文章。有一天，真宗提升晏殊为辅佐太子读书的东宫官。大臣们惊讶异常，不明白真宗为何作出这样的决定。真宗说："近来群臣经常游玩饮宴，只有晏殊闭门读书，如此自重谨慎，正是东宫官合适的人选。"晏殊谢恩后说："我其实也是个喜欢游玩饮宴的人，只是家贫而已。若我有钱，也早就参与宴游了。"通过这两件事，晏殊在群臣面前赢得了信誉，而宋真宗也更加信任他了。

晏殊真诚的态度使他不但在群臣面前赢得了信誉，而且还受到了宋真宗的信任，让自己的一腔抱负得以实现，取得了仕途上的成功。要想获得他人的支持，前提就是让他人信任你。在人际关系中，彼此的信任也是最关键的，只有你设法让他人信任你，你才有可能从他人那里获取能够成功的力量。

杜普伊说："真诚是灵魂的面孔，虚伪则是假面具。"真诚是可贵的，它就像一把钥匙，在我们的感情中穿梭，为我们打开因自己不小心关上的情感大门。而真诚的话语恰如温暖的阳光，清甜的雨露。说话时如果只是一味地强调说话本身，而不带一丝真诚，那么就缺少说服力。如同推销员或者演说家，滔滔不绝，一泻千里的语言虽然流畅动听，但如果缺少真诚，那就失去了一定的吸引力，如同一束没有生命力的绢花，虽美丽但不鲜活动人，缺少魅力。真诚的话语不仅能温暖我们的心扉，也能滋润我们的心田。一句真诚的话能使我们在紧张的气氛中轻松，能使我们在僵局中缓和矛盾，在真诚面前，再大的矛盾也会冰消融化。

1915年，在科罗拉多，人们最仇恨的人就是洛克菲勒，美国工业史上规模最大的罢工浪潮就在这个州持续了两年。矿工们要求富勒煤铁公司提高工人工资。当时这个公司由洛克菲勒主持，愤怒的罢工者砸坏机器，拆毁设备，由此导致了军队的干预并发生多起流血事件。就在人们对洛克菲勒充满愤恨的时候，他却把罢工者都争取到自己这一边。洛克菲勒为了争取罢工者，向罢工代表发表了热情洋溢的讲话，他的真挚的讲话堪称杰作。他面对的是几天前还想把他绞死的人。尽管这样，他还是表现出极大的真诚和友好，他甚至发出了肺腑之言："朋友们，我今天能为在你们面前讲几句话而感到自豪。我已经拜访了你们的家庭，见到了你们的妻室儿女，可以这样说，我们现在在这里相聚的不是局外人，而是朋友！今天是我一生中值得纪念的日子，我为能和这个大公司的工人代表、职员和管理人员第一次在此相会而感到荣幸。请相信，我为此而自豪并永远记住这一天。假如我们相聚在两个星期之前，对你们中的大多数人来说我还是个陌生人。因为那时仅有个别人认识我。在拜访了你们的家庭并和你们当中不少人进行交谈后的今天，我非常有把握地说，我们是作为朋友在这里相聚的……"最终，洛克菲勒以真诚打动了罢工者，不但安抚了罢工者愤怒的心，还成功地把他们争取到自己这一边。

当洛克菲勒面对的是几天前还想把他绞死的人时，心中没有暴怒，更多的是用真诚的话语安抚罢工者愤怒的心情。他热情洋溢的演讲以及肺腑之言，没有白费，罢工者在真诚的话语中，慢慢放下对他的愤怒，而重新作为朋友站在他身边。洛克菲勒正是用自己真诚的话打动了罢工者的心，最终化敌为友，把罢工者争取到自己这一边。足见，洛克菲勒的那份演讲，并不需要专业技能，只需要饱含足够的真诚。

心理支招

鬼谷子认为，仁义之道能打动一个人，可治家，可治国，仁义即真诚。

古人云："见其诚心而金石为之开。"真诚是打开他人心灵的一把钥匙，一句真诚的话，会让你更具亲和力，得到信任。说话真诚表明自己对对方坦诚相待，不虚伪做作，这样彼此更容易敞开心扉。如果说话委婉、虚伪，别人往往心存警惕；而对于说话真诚的人，别人通常是敞开心扉，不会存有戒心。说话中带着诚意，才能打动别人，收到事半功倍的效果，这就是所谓的"以诚动人"。说话少一份虚伪，多一份真诚，多一份诚意，就会多一份说服力。

附录：《鬼谷子》全文

捭阖第一

粤若稽古圣人之在天地间也，为众生之先。观阴阳之开阖以名命物。知存亡之门户。筹策万类之终始，达人心之理，见变化之朕焉，而守司其门户。故圣人之在天下也，自古及今，其道一也。变化无穷，各有所归，或阴或阳，或柔或刚，或开或闭，或弛或张。

是故圣人一守司其门户，审察其所先后，度权量能，校其伎巧短长。夫贤、不肖；智、愚；勇、怯；仁、义有差。乃可捭，乃可阖，乃可进，乃可退，乃可贱，乃可贵；无为以牧之。审定有无，与其虚实，随其嗜欲以见其志意。微排其言而捭反之，以求其实，实得其指。阖而捭之，以求其利。或开而示之，或阖而闭之。开而示之者，同其情也；阖而闭之者，异其诚也。可与不可，审明其计谋，以原其同异。离合有守，先从其志。

即欲捭之，贵周；即欲阖之，贵密。周密之贵微，而与道相追。捭之者，料其情也。阖之者，结其诚也。皆见其权衡轻重，乃为之度数，圣人因而为之虑。其不中权衡度数，圣人因而自为之虑。故捭者，或捭而出之，而捭而内之。阖者，或阖而取之，或阖而去之。捭阖者，天地之道。捭阖者，以变动阴阳，四时开闭以化万物；纵横、反出、反复、反忤必由此矣。

捭阖者，道之大化，说之变也。必豫审其变化。吉凶大命系焉。口者，心之门户也。心者，神之主也。志意、喜欲、思虑、智谋，此皆由门户出入。故关之矣捭阖，制之以出入。捭之者，开也，言也，阳也。阖之者，闭

也，默也，阴也。阴阳其和，终始其义。故言长生、安乐、富贵、尊荣、显名、爱好、财利、得意、喜欲为"阳"，曰"始"。故言死亡、忧患、贫贱、苦辱、弃损、亡利、失意、有害、刑戮、诛罚，为"阴"，曰"终"。诸言法阳之类者，皆曰"始"；言善以始其事。诸言法阴之类者，皆曰"终"；言恶以终其谋。

揵阖之道，以阴阳试之。故与阳言者，依崇高。与阴言者，依卑小。以下求小，以高求大。由此言之，无所不出，无所不入，无所不可。可以说人，可以说家，可以说国，可以说天下。为小无内，为大无外；益损、去就、倍反，皆以阴阳御其事。阳动而行，阴止而藏；阳动而出，阴随而入；阳还终阴，阴极反阳。以阳动者，德相生也。以阴静者，形相成也。以阳求阴，苞以德也；以阴结阳，施以力也。阴阳相求，由揵阖也。此天地阴阳之道，而说人之法也。为万事之先，是谓"圆方之门户"。

反应第二

古之大化者，乃与无形俱生。反以观往，复以验来；反以知古，复以知今；反以知彼，复以知此。动静虚实之理不合于今，反古而求之。事有反而得复者，圣人之意也，不可不察。

人言者，动也。己默者，静也。因其言，听其辞。言有不合者，反而求之，其应必出。

言有象，事有比；其有象比，以观其次。

象者，象其事。比者，比其辞也。以无形求有声。其钓语合事，得人实也。其张置网而取兽也。多张其会而司之，道合其事，彼自出之，此钓人之网也。常持其网驱之。

己反往，彼复来，言有象比，因而定基，重之、袭之、反之、复之，万事不失其辞。圣人所诱愚智，事皆不疑。

古善反听者，乃变鬼神以得其情。其变当也，而牧之审也。牧之不审，得情不明。得情不明，定基不审。变象比必有反辞以远听之。欲闻其声，反默；欲张，反敛；欲高，反下；欲取，反与。欲开情者，象而比之，以牧其辞。同声相呼，实理同归。或因此，或因彼，或以事上，或以牧下。此听真伪，知同异，得其情诈也。动作言默，与此出入；喜怒由此以见其式；皆以先定为之法则。以反求复，观其所托，故用此者。

己欲平静以听其辞，观其事、论万物、别雄雌。虽非其事，见微知类。若探人而居其内，量其能，射其意；符应不失，如螣蛇之所指，若弈之引矢；故知之始己，自知而后知人也。其相知也，若比目之鱼；其见形也，若光之与影；其察言也不失，若磁石之取铁；若舌之取燔骨。其与人也微，其见情也疾；如阴与阳，如圆与方。未见形，圆以道之；既见形，方以事之。进退左右，以是司之。己不先定，牧人不正，是用不巧，是谓忘情失道。己审先定以牧人，策而无形容，莫见其门，是谓天神。

内楗第三

君臣上下之事，有远而亲，近而疏；就之不用，去之反求；日进前而不御，遥闻声而相思。

事皆有内楗，素结本始。或结以道德，或结以党友，或结以财货，货结以采色。用其意，欲入则入，欲出则出；欲亲则亲，欲疏则疏；欲就则就；欲去则去；欲求则求，欲思则思。若蚨母之从子也；出无间，入无朕。独往独来，莫之能止。

内者，进说辞也。楗者，楗所谋也。欲说者务稳度，计事者务循顺。阴虑可否，明言得失，以御其志。方来应时，以和其谋。详思来楗，往应适当也。夫内有不合者，不可施行也。乃揣切时宜，从便所为，以求其变。以变求内者，若管取楗。言往者，先顺辞也；说来者，以变言也。善变者审知地

势，乃通于天，以化四时，使鬼神，合于阴阳，而牧人民。

见其谋事，知其志意。事有不合者，有所未知也。合而不结者，阳亲而阴疏。事有不合者，圣人不为谋也。

故远而亲者，有阴德也。近而疏者，志不合也。就而不用者，策不得也。去而反求者，事中来也。日进前而不御者，施不合也。遥闻声而相思者，合于谋待决事也。

故曰：不见其类而为之者，见逆。不得其情而说之者，见非。得其情乃制其术，此用可出可入，可楗可开。故圣人立事，以此先知而楗万物。

由夫道德仁义，礼乐忠信计谋，先取《诗》、《书》，混说损益，议论去就。欲合者用内，欲去者用外。外内者，必明道数。揣策来事，见疑决之。策无失计，立功建德，治民入产业，曰楗而内合。上暗不治，下乱不寤，楗而反之。内自得而外不留，说而飞之，若命自来，己迎而御之。若欲去之，因危与之。环转因化，莫知所为，退为大仪。

抵巇第四

物有自然，事有合离。有近而不可见，有远而可知。近而不可见者，不察其辞也；远而可知者，反往以验来也。

巇者，罅也。罅者，涧也。涧者，成大隙也。巇始有朕，可抵而塞，可抵而却，可抵而息，可抵而匿，可抵而得，此谓抵巇之理也。

事之危也，圣人知之，独保其身；因化说事，通达计谋，以识细微。经起秋毫之末，挥之于泰山之本。其施外，兆萌芽蘖之谋，皆由抵巇。抵巇隙，为道术。

天下纷错，上无明主，公侯无道德，则小人谗贼，贤人不用，圣人窜匿，贪利诈伪者作，君臣相惑，土崩瓦解而相伐射，父子离散，乖乱反目，是谓萌芽戏罅。圣人见萌芽戏罅，则抵之以法。世可以治，则抵而塞之；不

可治，则抵而得之；或抵如此，或抵如彼；或抵反之，或抵覆之。五帝之政，抵而塞之；三王之事，抵而得之。诸侯相抵，不可胜数，当此之时，能抵为右。

自天地之合离终始，必有巇隙，不可不察也。察之以捭阖，能用此道，圣人也。圣人者，天地之使也。世无可抵，则深隐而待时；时有可抵，则为之谋；可以上合，可以检下。能因能循，为天地守神。

飞箝第五

凡度权量能，所以征远来近。立势而制事，必先察同异，别是非之语，见内外之辞，知有无之数，决安危之计，定亲疏之事，然后乃权量之，其有隐括，乃可征，乃可求，乃可用。

引钩箝之辞，飞而箝之。钩箝之语，其说辞也，乍同乍异。其不可善者，或先征之，而后重累；或先重累，而后毁之；或以重累为毁；或以毁为重累。其用或称财货、琦玮、珠玉、璧帛、采色以事之。或量能立势以钩之，或伺候见涧而箝之，其事用抵巇。

将欲用之于天下，必度权量能，见天时之盛衰，制地形之广狭、阻险之难易，人民货财之多少，诸侯之交孰亲孰疏，孰爱孰憎，心意之虑怀。审其意，知其所好恶，乃就说其所重，以飞箝之辞，钩其所好，乃以箝求之。

用之于人，则量智能、权财力、料气势，为之枢机，以迎之、随之，以箝和之，以意宣之，此飞箝之缀也。用之于人，则空往而实来，缀而不失，以究其辞，可箝可横，可引而东，可引而西，可引而南，可引而北，可引而反，可引而覆，虽覆能复，不失其度。

忤合第六

凡趋合倍反，计有适合。化转环属，各有形势，反覆相求，因事为制。是以圣人居天地之间，立身、御世、施教、扬声、明名也；必因事物之会，观天时之宜，因之所多所少，以此先知之，与之转化。

世无常贵，事无常师；圣人无常与，无不与；无所听，无不听；成于事而合于计谋，与之为主。合于彼而离于此，计谋不两忠，必有反忤；反于是，忤于彼；忤于此，反于彼。其术也，用之于天下，必量天下而与之；用之于国，必量国而与之；用之于家，必量家而与之；用之于身，必量身材气势而与之；大小进退，其用一也。必先谋虑，计定而后行之以飞箝之术。

古之善背向者，乃协四海，包诸侯，忤合之地而化转之，然后求合。故伊尹五就汤，五就桀，而不能所明，然后合于汤。吕尚三就文王，三入殷，而不能有所明，然后合于文王，此知天命之箝，故归之不疑也。

非至圣达奥，不能御世；非劳心苦思，不能原事；不悉心见情，不能成名，材质不惠，不能用兵；忠实无真，不能知人；故忤合之道，己必自度材能知睿，量长短远近孰不知，乃可以进，乃可以退，乃可以纵，乃可以横。

揣篇第七

古之善用天下者，必量天下之权，而揣诸侯之情。量权不审，不知强弱轻重之称；揣情不审，不知隐匿变化之动静。

何谓量权？曰：度于大小，谋于众寡；称货财有无之数，料人民多少、饶乏，有余不足几何？辨地形之险易，孰利孰害？谋虑孰长孰短？

揆君臣之亲疏，孰贤孰不肖？与宾客之智慧，孰多孰少？观天时之祸福，孰吉孰凶？诸侯之交，孰用孰不用？百姓之心，孰安孰危？孰好孰憎？

反侧孰辨？能知此者，是谓量权。

揣情者，必以其甚喜之时，往而极其欲也；其有欲也，不能隐其情。必以其甚惧之时，往而极其恶也；其有恶者，不能隐其情。情欲必出其变。感动而不知其变者，乃且错其人勿与语，而更问其所亲，知其所安。夫情变于内者，形见于外，故常必以其者而知其隐者，此所以谓测深探情。

故计国事者，则当审权量；说人主，则当审揣情；谋虑情欲，必出于此。乃可贵，乃可贱；乃可重，乃可轻；乃可利，乃可害；乃可成，乃可败；其数一也。

故虽有先王之道；圣智之谋，非揣情隐匿，无可索之。此谋之大本也，而说之法也。常有事于人，人莫能先，先事而生，此最难为。故曰：揣情最难守司。言必时其谋虑。故观蜎飞蠕动，无不有利害，可以生事美。生事者，几之势也。此揣情饰言，成文章而后论之也。

摩篇第八

摩者，揣之术也。内符者，揣之主也。用之有道，其道必隐。微摩之以其索欲，测而探之，内符必应；其索应也，必有为之。故微而去之，是谓塞窖匿端，隐貌逃情，而人不知，故能成其事而无患。

摩之在此，符之在彼，从而用之，事无不可。古之善摩者，如操钩而临深渊，饵而投之，必得鱼焉。故曰：主事日成，而人不知；主兵日胜，而人不畏也。圣人谋之于阴，故曰神；成之于阳，故曰明，所谓主事日成者，积德也，而民安之，不知其所以利。积善也，而民道之，不知其所以然；而天下比之神明也。主兵日胜者，常战于不争不费，而民不知所以服，不知所以畏，而天下比之神明。

其摩者，有以平，有以正；有以喜，有以怒；有以名，有以行；有以廉，有以信；有以利，有以卑。平者，静也。正者，宜也。喜者，悦也。

怒者，动也。名者，发也。行者，成也。廉者，洁也。信者，期也。利者，求也。卑者，谄也。故圣人所以独用者，众人皆有之；然无成功者，其用之非也。

故谋莫难于周密，说莫难于悉听，事莫难于必成；此三者唯圣人然后能任之。故谋必欲周密；必择其所与通者说也，故曰：或结而无隙也。夫事成必合于数，故曰：道、数与时相偶者也。说者听，必合于情；故曰：情合者听。故物归类；抱薪趋火，燥者先燃；平地注水，湿者先濡；此物类相应，于事誓犹是也。此言内符之应外摩也如是，故曰：摩之以其类，焉有不相应者；乃摩之以其欲，焉有不听者。故曰：独行之道。夫几者不晚，成而不拘，久而化成。

权篇第九

说者，说之也；说之者，资之也。饰言者，假之也；假之者，益损也。应对者，利辞也；利辞者，轻论也。成义者，明之也；明之者，符验也。（言或反覆，欲相却也。）难言者，却论也；却论者，钓几也。

佞言者，谄而干忠；谀言者，博而干智；平言者，决而干勇；戚言者，权而干信；静言者，反而干胜。先意承欲者，谄也；繁称文辞者，博也；纵舍不疑者，决也；策选进谋者，权也；他分不足以窒非者，反也。

故口者，机关也；所以关闭情意也。耳目者，心之佐助也；所以窥间见奸邪。故曰：参调而应，利道而动。故繁言而不乱，翱翔而不迷，变易而不危者，（者见）要得理。故无目者不可示以五色，无耳者不可告也五音。故不可以往者，无所开之也。不可以来者，无所受之也。物有不通者，圣人故不事也。古人有言曰："口可以食，不可以言"者，有讳忌也。众口烁金，言有曲故也。

人之情，出言则欲听，举事则欲成。是故智者不用其所短而用愚人之

所长；不用其所拙而用愚人之所工；故不困也。言其有利者，从其所长也；言其有害者，避其所短也。故介虫之捍也，必以坚厚；螫虫之动也，必以毒螫。故禽兽知用其长，而谈者亦知其用而用也。故曰：辞言有五：曰病、曰恐、曰忧、曰怒、曰喜。病者，感衰气而不神也。恐者，肠绝而无主也。忧者，闭塞而不泄也。怒者，妄动而不治也。喜者，宣散而无要也。此五者精则用之，利则行之。

故与智者言，依于博；与博者言，依于辨；与辨者言，依于要；与贵者言，依于势；与富者言，依于高；与贫者言，依于利；与贱者言，依于谦；与勇者言，依于敢；与愚者言，依于锐；此其术也，而人常反之。是故与智者言，将以此明之；与不智者言，将以此教之；而甚难为也。故言多类，事多变。故终日言不失其类，而事不乱；终日不变，而不失其主。故智贵不忘。听贵聪，辞贵奇。

谋篇第十

凡谋有道，必得其所因，以求其情；审得其情，乃立三仪。三仪者，曰上、曰中、曰下，参以立焉，以生奇；奇不知其所壅；始于古之所从。

故郑人之取玉也，载司南之车，为其不惑也。夫度材、量能、揣情者，亦事之司南也。

故同情而相亲者，其俱成者也；同欲而相疏者，其偏害者也；同恶而相亲者，其俱害者也；同恶而相疏者，偏害者也。故相益则亲，相损则疏，其数行也；此所以察异同之分也。故墙坏于其隙，木毁于其节，斯盖其分也。

故变生事，事生谋，谋生计，计生仪，仪生说，说生进，进生退，退生制；因以制于事，故百事一道，而百度一数也。

夫仁人轻货，不可诱以利，可使出费；勇士轻难，不可惧以患，可使据危；智者达于数，明于理，不可欺以不诚，可示以道理，可使立功；是三才

也。故愚者易蔽也，不肖者易惧也，贪者易诱也，是因事而裁之。

故为强者，积于弱也；为直者，积于曲也；有余者，积于不足也；此其道术也。

故外亲而内疏者，说内；内亲而外疏者，说外；故因其疑以变之，因其见以然之，因其说以要之，因其势以成之，因其恶以权之，因其患以斥之；摩而恐之，高而动之，微而证之，符而应之，拥而塞之，乱而惑之，是谓计谋。

计谋之用，公不如私，私不如结；结比而无隙者也。正不如奇；奇流而不止者也。故说人主者，必与之言奇；说人臣者，必与之言私。其身内，其言外者，疏；其身外，其言身者，危。无以人之所不欲而强之于人，无以人之所不知而教之于人。人之有好也，学而顺之；人之有恶也，避而讳之；故阴道而阳取之。故去之者，从之；从之者，乘之。貌者不美又不恶，故至情托焉。

可知者，可用也；不可知者，谋者所不用也。故曰：是贵制人，而不贵制于人。制人者，握权也。见制于人者，制命也。故圣人之道阴，愚人之道阳；智者事易，而不智者事难。以此观之，亡不可以为存，而危不可以为安；然而无为而贵智矣。智用于众人之所不能知，而能用于众人之所不能见。既用，见可否，择事而为之，所以自为也。见不可，择事而为之，所以为人也。故先王之道阴。言有之曰："天地之化，在高在深；圣人之制道，在隐于匿。"非独忠信仁义也，中正而已矣。道理达于此之义，则可于语。由能得此，则可以杀远近之诱。

决篇第十一

凡决物，必托于疑者。善其用福，恶其用患；善至于诱也，终无惑。偏有利焉，去其利，则不受也；奇之所托。若有利于善者，隐托于恶，则不受

矣，致疏远。故其有使失利者，有使离害者，此事之失。

圣人所以能成其事者有五：有以阳德之者，有以阴贼之者，有以信诚之者，有以蔽匿之者，有以平素之者。阳励于一言，阴励于二言，平素、枢机以用；四者微而施之。于事度之往事，验之来事，参之平素，可则决之。

王公大人之事也，危而美名者，可则决之；不用费力而易成者，可则决之；用力犯勤苦，然不得已而为之者，可贵则决之；去患者，可贵则决之；从福者，可则决之。故夫决情定疑，万事之基，以正治乱，决成败，难为者。故先王乃用蓍龟者，以自决也。

符言第十二

安徐正静，其柔节先定。善与而不争，虚心平意以待倾损。

右主位。

目贵明，耳贵聪，心贵智。以天下之目视者，则无不见；以天下之耳听者，则无不闻；以天下之心思虑者，则无不知；辐辏并进，则明不可塞。

右主明。

听之术曰勿望而许之，勿忘而拒之。许之则防守，拒之则闭塞。高山仰之可极，深渊度之可测，神明之德术正静，其莫之极。

右主德。

用赏贵信，用刑贵正。赏赐贵信，必验而目之所闻见，其所不闻见者，莫不谙化矣。诚畅于天下神明，而况奸者干君。

右主赏。

一曰天之，二曰地之，三曰人之；四方上下，左右前后，荧惑之处安在。

右主问。

心为九穷之治，君为五官之长。为善者，君与之赏；为非者，君与之

罚。君因其所以求，因与之，则不劳。圣人用之，故能赏之。因之循理，故能长久。

右主因。

人主不可不周；人主不周，则群臣生乱，家于其无常也，内外不通，安知所闻，开闭不善，不见原也。

右主周。

一曰长目，二曰飞耳，三曰树明。明知千里之外，隐微之中，是谓洞天下奸，莫不谙变更。

右主恭。

循名而为贵，安而完，名实相生，反相为情，故曰名当则生于实，实生于理，理生于名实之德，德生于和，和生于当。

右主名。

转丸第十三

（本章节已佚，本文内容乃后人猜测整理，仅供参考）

说者，说之也；说之者，资之了。饰言者，假之也；假之者，益损了。应对者，利辞也；利辞者，轮论也。成义者，明之也；明之者，符验也。难言者，却论也；却论者，钓几几。佞言者，谄而于忠；谀言者，博而于智；平言者，决而于勇；戚言者，权而于言；静言者，反而于胜。先意承欲者，谄也；繁称文辞者，博也；策选进谋者，权也。纵舍不疑者，决也；先分不足而窒非者，反也。

故口者，机关也，所以关闭情意也。耳目者，心之佐助也，所以窥间奸邪。故曰："叁调而应，利道而动"。故繁言而不乱，翔翔则迷，变易而不危者，观要得理。故无目者不可示以五色。无耳者，不可告以五音。故不可以往者，无所开之也。不可来者，我所肥之也。物有不通者，故不事也。古人有

言曰："口可以食，不可以言"。讳忌也；"众口烁金"，言有曲故也。

人之情，出言则欲听，举事则欲成。是故智者不用其所短，而用愚人之所长；不用其所拙，而用愚人之所巧，故不困也。言其有利者，从其所长也；言其有害者，避其所短也。故介虫之捍也，必以坚厚。螫虫之动也，必以毒螫。故禽兽知用其所长，而谈者知用其用也。

故曰："辞言有五，曰病、曰恐、曰怒、曰喜。"病者，感衰气而不神也；恐者，肠绝而无主也；忧者，闭塞而不汇也；怒者，妄动而不治也；恐者，肠绝而无主也；忧者，闭塞而不泄也；怒者，妄动而不治也；喜者，宣散而无要也。此五者，精则用之，利则行之。故与智者言，依于博；与博者言，依于辨；与辨者言，依于要；与贵者言，依于势；与富者言，依于豪；与贫者言，依于利；与贱者言，依于谦；与勇者言，依于敢；与愚者言，依于锐。此其术也，而人常反之。是故与智者言，将此以明之；与不智者言，将此以教之；而甚难为也。故言多类，事多变，故终日言，不失其类，故事不乱。终日变，而不失其主，故智贵不妄。听贵聪，智贵明，辞贵奇。

却乱第十四

（本章节已佚，本文内容乃后人猜测整理，仅供参考）

将为胠箧探囊发匮之盗，为之守备，则必摄缄縢，固扃鐍，此世俗之所谓智也。然而巨盗至，则负匮揭箧，担囊而趋，唯恐缄縢、扃鐍之不固也。然则向之所谓智者，不乃为大盗积者也。故尝试论之：世俗之所谓知故者，有不为大盗积者乎？其所谓圣者，有不为大盗守者乎？

何以知其然耶？昔者，齐国邻邑相望，鸡狗之音相闻，网罟屋州闾乡里者，曷常不法圣人哉！然而，田成子一朝杀齐君，而盗其国。所盗者，岂独其国耶？并与其圣智之法而盗之。故田成子有乎盗贼之。故田成子有乎盗贼之名，而身处尧舜之安，小国不敢非，大国不敢诛，十二代而有齐国。则是

不乃窃齐国，并与其圣智之法。以守其盗贼之身乎？

盛神法五龙

　　盛神法五龙：盛神中有五气，神为之长，心为之舍，德为之大。养神之所，归诸道。道者，天地之始，一其纪也。物之所造，天之所生。包容无形化气，先天地而成，莫见其形，莫知其名，谓之"神灵"。故道者，神明之源，一其化端。是以德养五气，心能得一，乃有其术。术者，心气之道所由舍者，神乃为之使。九窍、十二舍者，气之门户、心之总摄也。生受之天，谓之真人。真人者，与天为一。而知之者，内修炼而知之，谓之圣人。圣人者，以类知之。故人与生一，出于化物。知类在窍。有所疑惑，通于心术，术必有不通。其通也，五气得养，务在舍神。此之谓化。化有五气者，志也、思也、神也、心也、德也，神其一长也。静和者养气，养气得其知，四者不衰，四边威势，无不为，存而舍之，是谓神化归于身，谓之真人。真人者，同天而合道，执一而养产万类，怀天心、施德养，无为以包志虑、思意，而行威势者也。士者，通达之，神盛乃能养志。

附录：《鬼谷子》全文

321

养志法灵龟

　　养志法灵龟：养志者，心气之思不达也。有所欲，志存而思之。志者，欲之使也。欲多则心散，心散则志衰，志衰财思不达也。故心气一则欲不惶，欲不惶则志意不衰，志意不衰则思理达矣。理达则和通，和通则乱气不烦于胸中。故内以养气，外以知人；养志则心通矣，知人则分职明矣。将欲用之于人，必先知其养气装。知人气盛衰，而养其气志，察其所安，以知其所能。志不养，心气不固；心气不固，则思虑不达；思虑不达，则装意不

实，志意不实，则应对不猛；应对不猛，则失志而心气虚；志失而心气虚，则丧其神矣。神丧则仿佛，仿佛则参会不一。养志之始，务在安己；己安则志意实坚，志意实坚则威势不分。神明常固守，乃能分之。

实意法腾蛇

实意法腾蛇；实意者，气之虑也。心欲安静，思欲深远；心安静则神明荣，思深远则计谋成；神明荣则志不可乱，计谋成则功不可间。意虑定则收遂，安则其所行不错，神者得则凝。识气寄，奸邪得而倚之，诈谋得而惑之，言无由心矣。故信心术，守真一而不化，待人意虑之交会，听之侯之也。计谋者，存亡枢机。虑不会，则听不审矣，侯之不得。计谋失矣，则意无所信，虚而无实。无为而求安静，五脏和通六腑，精神魂魄固守不动，乃能内视、反听、定志，思之太虚，待神往来。以观天地开闭，知万物所造化，见阴阳之终始，原人事之政理；不出户而知天下，不窥牖而见天道；不见而命，不行而至，是谓"道"。知以通神明，应于无方而神宿矣。

分威法伏熊

分威法伏熊；分威者，神之覆也。故静固志意，神归其舍，则威覆盛矣。威覆盛，则内实坚；内实坚，则莫当。莫当则能以分人之威而动其势，如其天。以实取虚，以有取无，若以镒称铢。故动者必随，唱者必和，挠其一指观其馀次，动变见形，无能间者，审于唱和，以间见间，动变明，而威可分。将欲动变，必先养志，伏意以视间。知其固实者，自养也。

让己者，养人也。故神存兵亡，乃为之形势。

散势法鸷鸟

散势法鸷鸟；散势者，神之使也。用之，必循间而动，威肃、内盛，推间而行之，则势散。夫散势者，心虚志溢。意失威势，精神不专，其言外而多变，故观其志意为度数，乃以揣说图事，尽圆方、齐短长。无间则不散势，散势者待间而动，动势分矣。故善思间者，必内精五气，外视虚实，动而不失分散之实，动则随其志意，知其计谋。势者，利害之决，权变之势。势败者，不以神肃察也。

损悦法灵蓍

损悦法灵蓍；损悦者几危之决也。事有适然，物有成败。几危之动，不可不察。故圣人以无为待有德，言察辞合于事。悦者知之也，损者行之也，损之悦之，物有不可者，圣人不为辞也。故智者不以言夫人之言。故辞不烦，而心不虚装不乱，而意不邪。当其难易，而后为之谋，自然之道以为实。圆者不行，方者不止，是谓"大功"。悦之损之，皆为之辞。用分威散势之权，以见其悦威其机危，乃为之决。故善损悦者，譬若决水于千仞之堤，转圆石于万仞之谷。而能行此者，形势不得不然也。

转圆法猛兽

转圆法猛兽；转圆者，无穷之计。无穷者，必有圣人之心，以原不测之智，以不测之智而通心术。而神道混沌为一，以变论万类，说义无穷。智略计谋，各有形客，或贺机方、或阴或阳、或吉或凶，事类不同。故圣人怀此

之用，转圆而求其合。故与造化者为始，动作无不包大道，以观神明之域。

天地无极，人事无穷，各以成其类。见其计谋，必知其吉凶、成败之所庄也。转圆者，或转而吉，或转而凶。圣人以道先知存亡，乃知转圆而从方。圆者，所以合语；方者，所以错事；转化者，所以观计谋；接物者，所以观进退之意。皆见其会，乃为要结，以接其说也。

本经·持枢

持枢，谓春生、夏长、秋收、冬藏，天之正也，不可干而逆之。逆之者，虽成必败。故人君亦有天枢，生养成藏，亦复不可干而逆之，逆之虽盛必衰。

此天道、人君之大纲也。

中　经

中经，谓振穷趋急，施之能言厚德之人。救拘执，穷者不忘恩也。能言者，俦善博惠，施德者，依道；而救拘执者，养使小人。盖士，当世异时，或当因免阗坑，或当伐害能言，或当破德为雄，或当抑拘成罪，或当戚戚自善，或当败败自立。故道贵制人，不贵制于人也；制人者握权，制于人者失命。是以见形为容，象体为貌，闻声和音，解仇斗郄，缀去却语，摄心守义。本经纪事者纪道数，其变要在"持枢""中经"。

见形为容，象体为貌者，谓爻为之生也，可以影响、形容、象貌而得之也。有守之人，目不视非、耳不听邪，言必"诗""书"行不僻淫，以道为形，以德为容，貌庄色温，不可象貌而得也，如是隐情塞郄而去之。

闻声和音，谓声气不同，则恩爱不接。故商角不二合，徵羽不相配。

能为四声主，其唯宫乎？故音不和则不悲，不是以声散伤丑害者，言必逆于耳也。虽有美行盛誉，下可比目，合翼相须也，此乃气不合、音不调者也。

解仇斗郄，谓解赢微之仇。斗郄者，斗强也。强郄既斗，称胜者，高其功，盛其势。弱者哀其负，伤其卑，污其名，耻其宗。故胜盅，闻其功势，苟进而不知退。弱者闻哀其负，见其伤则强大力倍，死为是也。郄无极大，御无强大，则皆可胁而并。

缀去者，谓缀己之系言，使有余思也。故接贞信者，称其行、厉其志，言可为可复，会之期喜，以他人之庶，引验以结往，明款款而去之。

却语者，察伺短也。故言多必有数短之外，议其短验之。动以忌讳，示以时禁，其人因以怀惧，然后结以安其心，收语尽藏而却之，无见己之所不能于多方之人。

摄心者，谓逢好学伎术者，则为之称远方验之，敬以奇怪，人系其心于己。效之于人，验去乱其前，吾归于诚已。遭淫色酒者，为之术音乐动之，以为必死，生日少之忧。喜以自所不见之事，终可以观漫澜之命，使有后会。

守义者，谓守以人义。探心在内以合也。探心深得其主也。从外制内，事有系由而随也。故小人比人则左道，而用之至能败家辱国。非贤智，不能守家以义，不能守国以道，圣人所贵道微妙者，诚以其可以转危为安，救亡使存也。

参考文献

[1] 许富宏.鬼谷子[M].北京：中华书局，2012.

[2] 陈蒲清.鬼谷子详解[M].长沙：岳麓书社，2005.

[3] 寒川子.战国纵横：鬼谷子的局[M].南京：江苏文艺出版社，2011.

[4] 张兵.我不是教你玩阴的：鬼谷子的诡计[M].昆明：云南人民出版社，2012.

鬼谷子的心理智慧